Lengua Castellana 3

ESO

DOSIER

Programa
María de Zayas

BARCANOVA INNOVA

» ÍNDICE

» PRESENTACIÓN Y ESTRUCTURA

Este proyecto consta de 9 unidades, de 24 o 26 páginas cada una. Cada unidad se estructura en los siguientes apartados: **Club de lectura**; **Toma la palabra**; **Dilo por escrito**; **Lengua y sociedad**; **Literatura**; **Gramática**; **Léxico**; **Ortografía**. En general, se presenta la teoría en la página izquierda y las actividades correspondientes a su derecha.

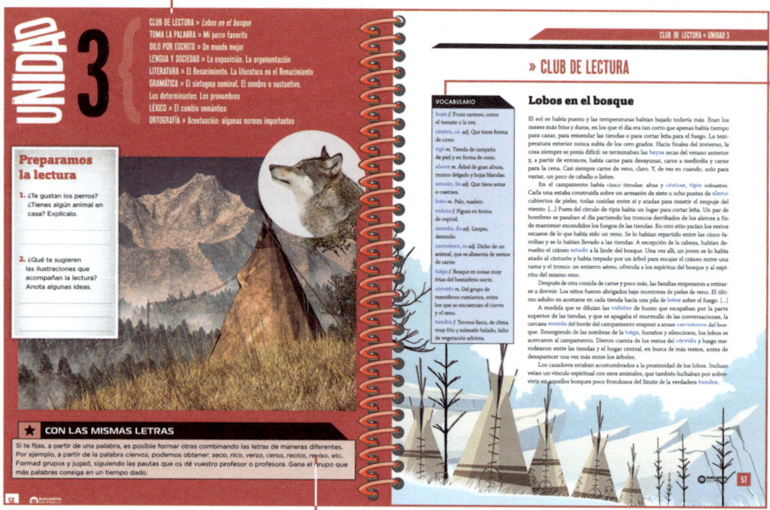

Índice de los apartados en que se divide la unidad.

Vocabulario con las definiciones de las palabras y expresiones más complicadas para facilitar la lectura del texto.

Se plantean unas preguntas previas, **Preparamos la lectura**, así como un **juego** de lengua para trabajar en grupo la comunicación oral.

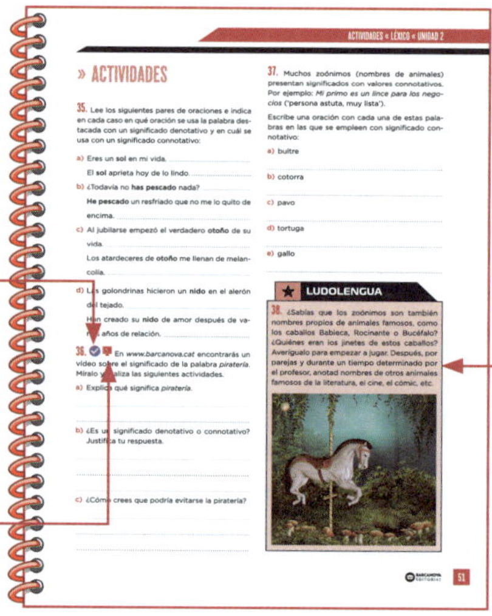

Este símbolo ✔ indica que es una actividad para evaluar por competencias.

Con el icono 🖥 se indica que para resolver la actividad es necesario el uso del ordenador o acceder al espacio personal de la web *www.barcanova.cat*.

Para dar presencia a la gamificación, se incluyen actividades lúdicas: **Ludolengua**.

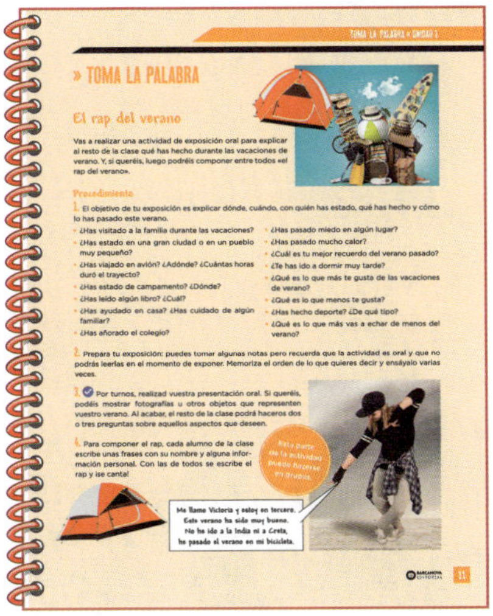

Con la finalidad de trabajar la comunicación oral y la expresión escrita se han creado dos apartados específicos en cada unidad: **Toma la palabra** y **Dilo por escrito** respectivamente.

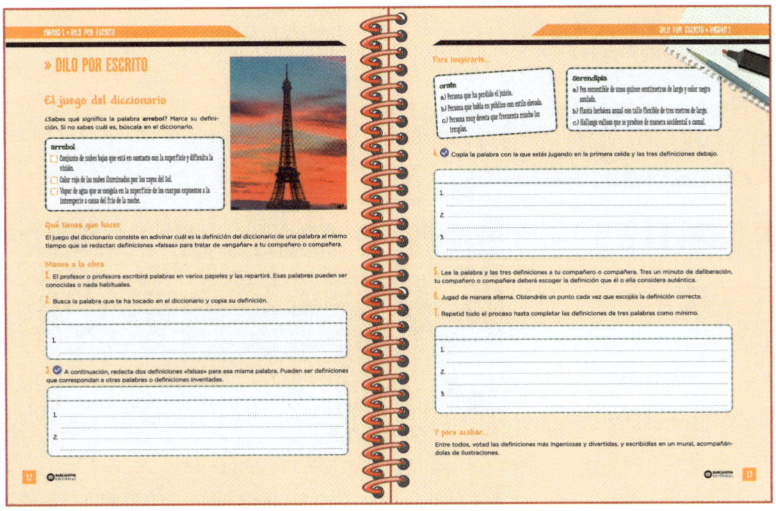

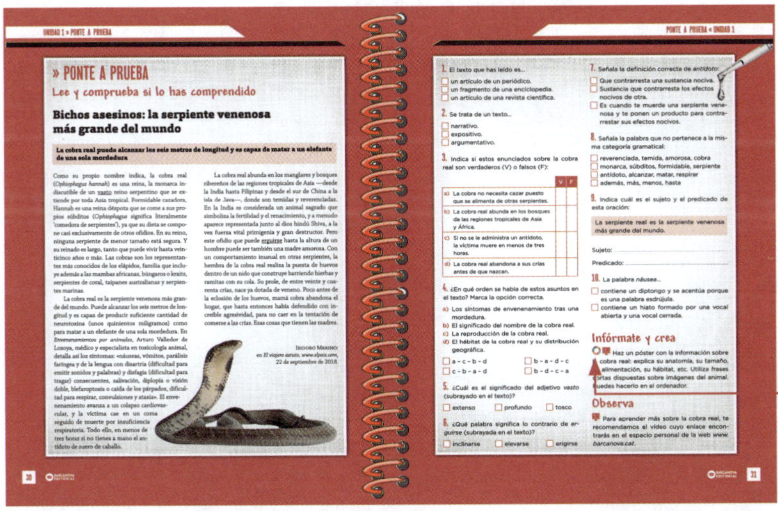

En **Ponte a prueba** se propone una evaluación final de la unidad para conocer si se han asimilado de forma adecuada los contenidos.

El símbolo señala que la actividad está relacionada con uno de los 17 objetivos de desarrollo sostenible establecidos por Naciones Unidas.

Al final de cada trimestre, se propone un **Proyecto** para trabajar en grupo. Cada proyecto se puede realizar en varias sesiones seguidas, o bien ir preparándolo a lo largo del curso.

UNIDAD 1

Preparamos la lectura

1. ¿Conoces el nombre de alguna serpiente venenosa? Coméntalo con tus compañeros.

2. ¿Sabes cómo se elaboran los antídotos contra las mordeduras de serpiente? Anota alguna idea y comprueba si has acertado después de leer el texto.

★ NOMBRES ENTRELAZADOS

Empezad el curso jugando a entrelazar vuestros nombres. El profesor o profesora escribirá el suyo en la pizarra y, a continuación, por turnos, cada uno de vosotros hará lo mismo, procurando que todos los nombres queden entrelazados, a modo de crucigrama. ¡Aprovechad la ocasión para presentaros o dar un mensaje de bienvenida y de ánimo para el nuevo curso! También podéis entrelazar vuestros nombres en una hoja y guardarla como portada para los apuntes de Lengua.

» CLUB DE LECTURA

La fuga de las serpientes

Era la una de la tarde. Por el campo de fuego, al resguardo de las matas de **esportillo**, se arrastraba Cruzada hacia la Casa. No llevaba otra idea, ni creía necesario tener otra, que matar al primer hombre que se pusiera a su encuentro. Llegó al corredor y **se arrolló** allí, esperando. [...] En ese instante el perro se detuvo husmeando, y volvió la cabeza... ¡Tarde ya! Ahogó un aullido de sorpresa y movió desesperadamente el hocico mordido.

—Ya tiene este su asunto listo... —murmuró Cruzada, replegándose de nuevo. Pero cuando el perro iba a lanzarse sobre la víbora, sintió los pasos de su amo y se arqueó ladrando a la **yarará**. El hombre de los lentes ahumados apareció junto a Cruzada.

—¿Qué pasa? —preguntaron desde el otro corredor.

—Una *alternatus*... Buen ejemplar —respondió el hombre.

Y antes de que hubiera podido defenderse, la víbora se sintió estrangulada en una especie de prensa **afirmada** al extremo de un palo. [...] El hombre la llevó así colgando, y fue arrojada en el Serpentario.

Constituíalo este un simple espacio de tierra **cercado** con chapas de **cinc** liso, provisto de algunas jaulas, y que **albergaba** a treinta o cuarenta víboras. Cruzada cayó en tierra y se mantuvo un momento arrollada y congestionada bajo el sol de fuego.

Un instante después la yarará se veía rodeada y pasada por encima por cinco o seis compañeras que iban a reconocer su especie. Cruzada las conocía a todas; pero no así a una gran víbora que se bañaba en una jaula cerrada con tejido de alambre.

—¿Quién eres? —murmuró Cruzada—. ¿Eres de las nuestras?

Es decir, venenosa. La otra, convencida de que no había habido intención de ataque en la aproximación de la yarará, aplastó sus dos grandes orejas.

—Sí —repuso—. Pero no de aquí; muy lejos... de la India.

—¿Cómo te llamas?

—Hamadrías... o cobra capelo real.

—Yo soy Cruzada.

—Sí, no necesitas decirlo. He visto muchas hermanas tuyas ya... ¿Cuándo te cazaron?

—Hace un rato... No pude matar.

Pero la asiática no la escuchaba ya, **absorta** en sus pensamientos.

—¡Óyeme! —dijo de pronto—. ¡Estoy harta de hombres y de todo este infierno de estupidez y crueldad! Tú me puedes entender, porque lo que es esas... Llevo año y medio encerrada en una jaula como si fuera una rata, maltratada, torturada periódicamente. Y, lo que es peor, despreciada, manejada como un trapo por viles hombres... Y yo, que tengo valor, fuerza y veneno suficientes para concluir con todos ellos, estoy condenada a entregar mi veneno para la preparación de **sueros** antivenenosos. ¡No te

VOCABULARIO

esportillo *m.* Planta con tallos de unos 70 cm de altura.

arrollarse *v.* Enrollarse.

yarará *f.* Víbora muy venenosa de un metro y medio de largo y color marrón oscuro con unas manchas blancas en forma de cruz en la cabeza, de ahí su nombre popular de «víbora de la cruz». Su nombre científico es *Bothrops alternatus*. Habita en las selvas de Bolivia, Argentina y Paraguay.

afirmado, da *adj.* Sujetado, apoyado.

cercado, da *adj.* Rodeado con una cerca o valla.

cinc *m.* Metal de color blanco azulado.

albergar *v.* Contener en el interior.

absorto, ta *adj.* Concentrado, enfrascado en sus propias cavilaciones.

suero *m.* Aquí se refiere a la sustancia que, elaborada a partir del propio veneno de las serpientes, se emplea como antídoto contra las mordeduras de estos reptiles.

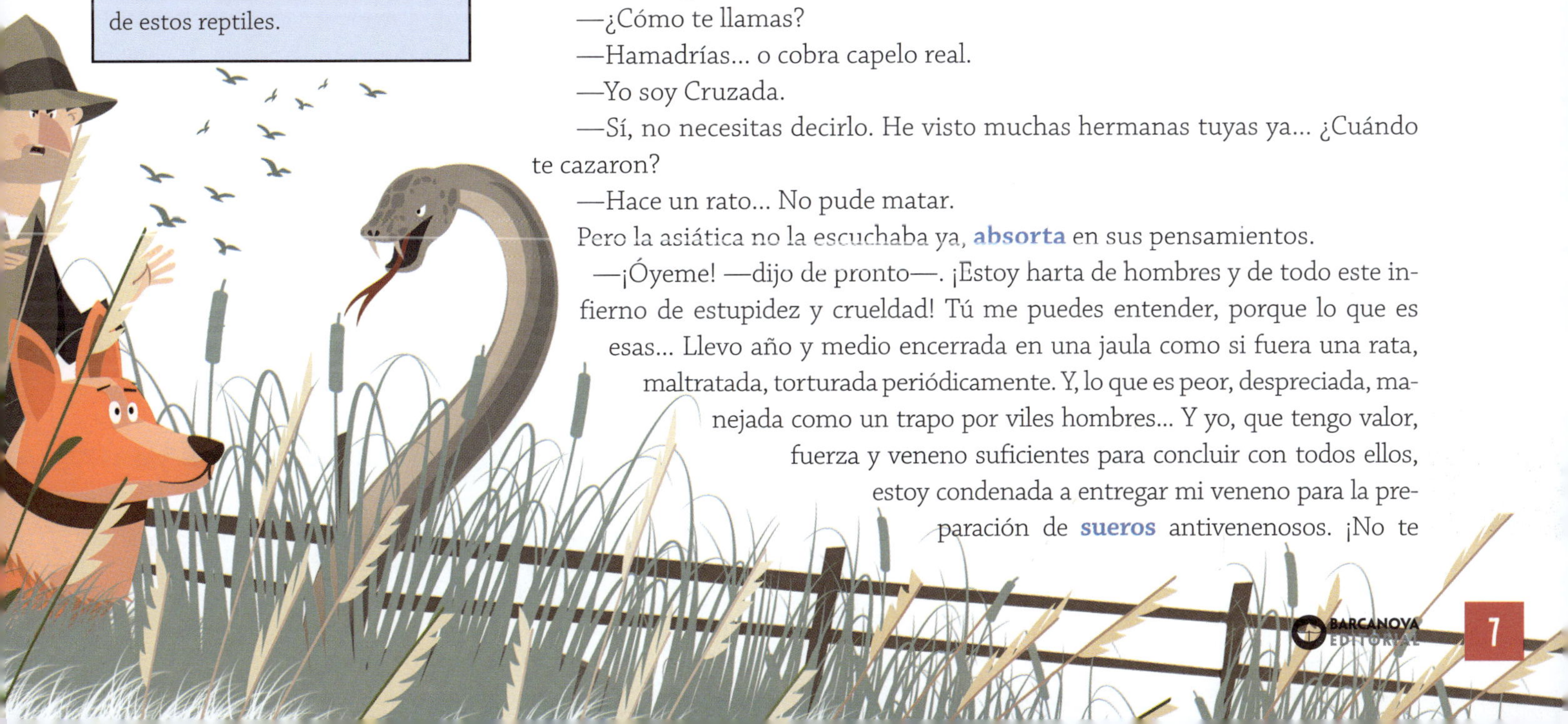

puedes dar cuenta de lo que esto supone para mi orgullo! ¿Me entiendes? —concluyó mirando a los ojos a la yarará.

—Sí —repuso la otra—. ¿Qué debo hacer?

—Una sola cosa; un solo medio tenemos de vengarnos... Acércate, que no nos oigan... Tú sabes la necesidad absoluta de un punto de apoyo para poder desplegar nuestra fuerza. Toda nuestra salvación depende de esto. Solamente...

—¿Qué?

La cobra real miró otra vez fijamente a Cruzada.

—Solamente que puedes morir...

El diálogo continuó un rato en voz tan baja que el cuerpo de la yarará frotaba, **descamándose**, contra las mallas de alambre. De pronto, la cobra se abalanzó y mordió por tres veces a Cruzada. Las víboras, que habían seguido de lejos el incidente, gritaron:

—¡Ya está! ¡Ya la mató! ¡Es una traicionera!

Cruzada, mordida por tres veces en el cuello, se arrastró pesadamente por el pasto. Muy pronto quedó inmóvil, y fue a ella a quien encontró el empleado del Instituto de **Seroterapia Ofídica** cuando, tres horas después, entró en el Serpentario. El hombre vio a la yarará, y empujándola con el pie, le hizo dar vuelta como a una soga y miró su vientre blanco. [...]

—¡Hum! —se dijo el hombre—. Esta no puede ser más que Hamadrías... Veinte veces le he dicho al director que las mallas del tejido son demasiado grandes. Ahí está la prueba... En fin —concluyó, cogiendo a Cruzada por la cola y lanzándola por encima de la barrera de cinc—, ¡un bicho menos que vigilar!

Fue a ver al director:

—Hamadrías ha mordido a la yarará que introdujimos hace un rato. Vamos a extraerle muy poco veneno.

—Es un fastidio grande —repuso aquel—. Pero necesitamos para hoy el veneno... No nos queda más que un solo tubo de suero... ¿Murió la *alternatus*?

—Sí: la tiré afuera... ¿Traigo a Hamadrías?

—No hay más remedio... Pero para la segunda recolección, de aquí a dos o tres horas. [...]

El velo denso de sus ojos comenzaba a **desvanecerse**, y Cruzada alcanzó a distinguir el contorno. Vio —y reconoció— el muro de cinc, y súbitamente recordó todo: el lazo, la inmensa serpiente asiática y el plan de batalla de esta en que ella misma, Cruzada, iba jugando su vida. [...] Atravesó el patio, llegó a la puerta en el momento en que el empleado, con las dos manos, sostenía, colgando en el aire, a Hamadrías, mientras el hombre de los lentes ahumados le introducía el **vidrio de reloj** en la boca. La mano se dirigía a oprimir las glándulas, y Cruzada estaba aún en el umbral.

—¡No tendré tiempo! —se dijo desesperada. Y arrastrándose en un **supremo** esfuerzo, tendió adelante los blanquísimos colmillos. El peón, al sentir su pie descalzo abrasado por los dientes de la yarará, lanzó un grito y bailó. No mucho; pero lo suficiente para que el cuerpo colgante de la cobra real **oscilara** y alcanzase a la pata de la mesa, donde se arrolló velozmente. Y con ese punto de apoyo, arrancó su cabeza de entre las manos del peón y fue a clavar hasta la raíz los colmillos en la muñeca izquierda del hombre de lentes negros, justamente en una vena.

¡Ya estaba! Con los primeros gritos, ambas, la cobra asiática y la yarará, huían sin ser perseguidas.

Horacio Quiroga: «Anaconda», en *Cuentos de la selva y otros relatos*.

VOCABULARIO

descamar *v.* Quitar las escamas.

seroterapia *f.* Tratamiento basado en la aplicación de sueros.

ofídico, ca *adj.* De los reptiles.

desvanecerse *v.* Desaparecer.

vidrio de reloj *m.* Pequeño recipiente de forma cóncava que se usa en los laboratorios de química.

supremo, a *adj.* Máximo, extraordinario.

oscilar *v.* Moverse a un lado y a otro una cosa que está suspendida, que está sujeta por un solo punto.

» ACTIVIDADES

Comprensión de la lectura

1. ¿Con qué intención se dirige la yarará a la Casa?

☐ Matar al primer animal que encuentre.
☐ Matar al primer hombre que encuentre.
☐ Encontrarse con otra serpiente de su especie.

2. ¿De qué país procede la serpiente asiática?

☐ De Tailandia. ☐ De Japón. ☐ De la India.

3. ¿Por qué los hombres apresan a las serpientes y las mantienen en cautividad?

☐ Son animales peligrosos.
☐ Necesitan su veneno para fabricar sueros antivenenosos.
☐ Quieren estudiar el modo de vida de estos animales.

4. ¿De qué manera Cruzada pone en peligro su propia vida?

☐ Se enfrenta a otras víboras que están en el Serpentario.
☐ Intenta huir mordiendo a un empleado del Serpentario.
☐ Acepta el plan de Hamadrías y se deja morder por la cobra.

5. ¿Cuál es el desenlace del relato? ¿Consiguen las serpientes lo que se proponen? Explícalo.

___

___

___

Expresión personal

6. ¿Qué adjetivos utilizarías para describir a Cruzada? ¿Y a la cobra Hamadrías? Escoge cuatro para cada serpiente.

imprudente • audaz • calculadora
valiente • interesada • temeraria
inteligente • sacrificada

Cruzada (yarará)	
Hamadrías (cobra)	

7. ¿Qué conclusión puedes extraer de la narración? Lee estas ideas y justifica la que te parezca más adecuada.

a) Los seres humanos son enemigos de los animales.
b) Las serpientes son animales extremadamente peligrosos.
c) Con astucia e inteligencia se puede vencer cualquier obstáculo.

___

___

___

___

8. Escoge en cada caso el sinónimo más adecuado de las palabras que están en cursiva.

a) De pronto la cobra *se abalanzó*.
☐ se retiró ☐ se arrojó ☐ se cayó

b) ¡Es una *traicionera*!
☐ cobarde ☐ desertora ☐ traidora

c) *Tendió* adelante los blanquísimos colmillos.
☐ clavó ☐ estiró ☐ apretó

d) La mano se dirigía a *oprimir* las glándulas.
☐ sujetar ☐ contener ☐ apretar

e) *Arrancó* su cabeza de entre las manos del peón.
☐ sacó ☐ hundió ☐ encajó

9. Explica con tus palabras el significado de la expresión que aparece destacada en cursiva en este fragmento:

Manejada como un trapo por viles hombres

____

____

____

____

10. Ordena estas palabras y podrás leer algunas frases de la lectura:

a) Cruzada la cobra otra real fijamente miró a vez

____

b) no ser Hamadrías puede más que la esta

____

c) Hamadrías la a ha yarará la mordido

____

d) la perseguidas cobra y la sin yarará asiática huían ser

____

11. En la literatura las serpientes tienen «mala fama». ¿Con qué idea o cualidad relacionarías a estos animales?

astucia | sabiduría | disciplina | fidelidad | independencia | lentitud

perro ______________________________

búho ______________________________

zorro ______________________________

gato ______________________________

tortuga ______________________________

hormiga ______________________________

12. En la lectura los hombres elaboran sueros «antivenenosos» para contrarrestar los efectos del veneno de las serpientes. Combina el prefijo *anti-* con estas palabras y escríbelas junto a la definición que corresponda.

deportivo | balas | adherente | alérgico | robo | reglamentario

a) ____________________: Material que impide que algo se pegue a su superficie.

b) ____________________: Que no se ajusta a las normas que deben respetarse en la práctica de un deporte.

c) ____________________: Contrario al reglamento.

d) ____________________: Que previene la alergia o que la combate.

e) ____________________: Que protege de los disparos de un arma de fuego.

f) ____________________: Que sirve para avisar de un robo o impedir que se cometa.

13. Relaciona los animales de la columna de la izquierda con el nombre de alguna parte de su anatomía, que encontrarás en la columna de la derecha.

león •	• cuernos
elefante •	• garras
abeja •	• joroba
gallo •	• colmillo
toro •	• cresta
pulpo •	• crin
camello •	• aletas
tiburón •	• antenas
caballo •	• tentáculos

BARCANOVA EDITORIAL

» TOMA LA PALABRA

El rap del verano

Vas a realizar una actividad de exposición oral para explicar al resto de la clase qué has hecho durante las vacaciones de verano. Y, si queréis, luego podréis componer entre todos «el rap del verano».

Procedimiento

1. El objetivo de tu exposición es explicar dónde, cuándo, con quién has estado, qué has hecho y cómo lo has pasado este verano.

- ¿Has visitado a la familia durante las vacaciones?
- ¿Has estado en una gran ciudad o en un pueblo muy pequeño?
- ¿Has viajado en avión? ¿Adónde? ¿Cuántas horas duró el trayecto?
- ¿Has estado de campamento? ¿Dónde?
- ¿Has leído algún libro? ¿Cuál?
- ¿Has ayudado en casa? ¿Has cuidado de algún familiar?
- ¿Has añorado el colegio?
- ¿Has pasado miedo en algún lugar?
- ¿Has pasado mucho calor?
- ¿Cuál es tu mejor recuerdo del verano pasado?
- ¿Te has ido a dormir muy tarde?
- ¿Qué es lo que más te gusta de las vacaciones de verano?
- ¿Qué es lo que menos te gusta?
- ¿Has hecho deporte? ¿De qué tipo?
- ¿Qué es lo que más vas a echar de menos del verano?

2. Prepara tu exposición: puedes tomar algunas notas pero recuerda que la actividad es oral y que no podrás leerlas en el momento de exponer. Memoriza el orden de lo que quieres decir y ensáyalo varias veces.

3. ✓ Por turnos, realizad vuestra presentación oral. Si queréis, podéis mostrar fotografías u otros objetos que representen vuestro verano. Al acabar, el resto de la clase podrá haceros dos o tres preguntas sobre aquellos aspectos que deseen.

4. Para componer el rap, cada alumno de la clase escribe unas frases con su nombre y alguna información personal. Con las de todos se escribe el rap y ¡se canta!

Esta parte de la actividad puede hacerse en grupos.

Me llamo Victoria y estoy en tercero.
Este verano ha sido muy bueno.
No he ido a la India ni a Creta,
he pasado el verano en mi bicicleta.

» DILO POR ESCRITO

El juego del diccionario

¿Sabes qué significa la palabra **arrebol**? Marca su definición. Si no sabes cuál es, búscala en el diccionario.

arrebol

- ☐ Conjunto de nubes bajas que está en contacto con la superficie y dificulta la visión.
- ☐ Color rojo de las nubes iluminadas por los rayos del Sol.
- ☐ Vapor de agua que se congela en la superficie de los cuerpos expuestos a la intemperie a causa del frío de la noche.

Qué tienes que hacer

El juego del diccionario consiste en adivinar cuál es la definición del diccionario de una palabra al mismo tiempo que se redactan definiciones «falsas» para tratar de «engañar» a tu compañero o compañera.

Manos a la obra

1. El profesor o profesora escribirá palabras en varios papeles y las repartirá. Esas palabras pueden ser conocidas o nada habituales.

2. Busca la palabra que te ha tocado en el diccionario y copia su definición.

1. ______________________________

3. A continuación, redacta dos definiciones «falsas» para esa misma palabra. Pueden ser definiciones que correspondan a otras palabras o definiciones inventadas.

1. ______________________________

2. ______________________________

BARCANOVA EDITORIAL

Para inspirarte...

orate

a) Persona que ha perdido el juicio.

b) Persona que habla en público con estilo elevado.

c) Persona muy devota que frecuenta mucho los templos.

Serendipia

a) Pez comestible de unos quince centímetros de largo y color negro azulado.

b) Planta herbácea anual con tallo flexible de tres metros de largo.

c) Hallazgo valioso que se produce de manera accidental o casual.

4. Copia la palabra con la que estás jugando en la primera celda y las tres definiciones debajo.

1. ______
2. ______
3. ______

5. Lee la palabra y las tres definiciones a tu compañero o compañera. Tras un minuto de deliberación, tu compañero o compañera deberá escoger la definición que él o ella considera auténtica.

6. Jugad de manera alterna. Obtendréis un punto cada vez que escojáis la definición correcta.

7. Repetid todo el proceso hasta completar las definiciones de tres palabras como mínimo.

1. ______
2. ______
3. ______

Y para acabar...

Entre todos, votad las definiciones más ingeniosas y divertidas, y escribidlas en un mural, acompañándolas de ilustraciones.

» LENGUA Y SOCIEDAD

1. El texto

Un texto es una **unidad lingüística** que tiene una **intención comunicativa** concreta. Puede estar constituido por una sola palabra (*Sí*), un sintagma (*Esta noche*), una oración (*He recibido una llamada de Esther*), un párrafo, un capítulo de un libro, un poema, etc.

El siguiente mensaje, dicho por una persona a su amigo, no parece muy adecuado:

> Apenas había empezado el sol a ocultarse bajo el horizonte, cuando nos dirigimos allí donde las olas del mar mueren espumosas.

Sería más adecuado así:

> En cuanto el sol empezó a ocultarse por el horizonte, nos dirigimos a la playa.

1.1. Propiedades de los textos

Los textos deben cumplir una serie de condiciones, llamadas **propiedades textuales**. Son estas:

- **Adecuación.** Para que un texto sea adecuado su contenido debe estar adaptado a la situación comunicativa. Para ello debe tenerse en cuenta a quién va dirigido, cuál es su propósito, etc.
- **Coherencia.** Para que un texto sea coherente sus ideas se tienen que ir presentando de forma progresiva y no deben ser contradictorias entre sí.
- **Cohesión.** Para que un texto esté cohesionado sus partes deben estar relacionadas entre sí. Existen varios procedimientos para cohesionar un texto:

PROCEDIMIENTOS DE REFERENCIA

DEIXIS	ANÁFORA	CATÁFORA	ELIPSIS
Uso de palabras que se refieren a elementos extralingüísticos: *aquí, ahora, yo, tú.*	Uso de pronombres, adverbios, determinantes, que reproducen elementos ya mencionados.	Uso de palabras para referirse a un elemento que aparecerá después.	Supresión de elementos lingüísticos porque se sobrentienden.

PROCEDIMIENTOS DE SUSTITUCIÓN LÉXICO-SEMÁNTICA

SINÓNIMOS/ ANTÓNIMOS	HIPERÓNIMOS/ HIPÓNIMOS	PERÍFRASIS	METÁFORA	METONIMIA
Leí las ***aventuras*** *del héroe. Me encantan sus* ***hazañas****.*	*Vimos* ***pinos*** *y* ***encinas*** (hipónimos). *Los* ***árboles*** (hiperónimo) *de aquel bosque son maravillosos.*	*Hablaron con Marc Márquez.* ***El piloto de Cervera*** *fue amable.*	*La* ***serpiente multicolor*** (pelotón ciclista) *llegó a la meta.*	*El* ***cuero*** (balón) *entró en la portería.*

PROCEDIMIENTOS DE CONEXIÓN

En este caso se usan nexos o enlaces y conectores (o marcadores discursivos).
Ejemplos de conectores: *en primer lugar, por último, según dijimos, o sea, es decir, finalmente, en resumen, así pues, porque, en caso de que, a fin de que, sin embargo, además, incluso, entonces, luego, por ejemplo, al contrario, en absoluto, bueno, desde luego*, etc.

» ACTIVIDADES

14. Justifica por qué el siguiente texto cumple con la propiedad de la adecuación y de la coherencia.

M o t o r i s t a s

LA SINIESTRALIDAD DE ESTE COLECTIVO CRECE Y EXIGE MEDIDAS URGENTES

Hasta finales de julio, habían fallecido en España 152 motoristas, ocho de ellos usuarios de ciclomotores. En España circulan 5,4 millones de vehículos motorizados de dos ruedas, que suponen el 15% del parque total, mientras que en cuanto a víctimas, el porcentaje se eleva al 21%. La Dirección General de Tráfico prepara, cuando se active la nueva legislatura, un paquete de medidas para frenar esta tendencia alcista.

RAÚL ROMOJARO, en *ICON*, suplemento n.º 67 de *El País*.

15. Explica por qué no es coherente este texto:

Carlos y Lidia se conocieron en un pequeño pueblo del sur de Francia. En Francia fabrican quesos estupendos. El queso de cabra es el que más me gusta. Las cabras montesas viven en libertad. La libertad es el mayor bien de las personas.

16. En el siguiente texto hay elementos cohesionadores de referencia. Léelo atentamente y completa la tabla.

(El narrador está hablando del pintor Piskaryov)
Entre todos sus sueños había uno más delicioso que todos los demás: soñaba que estaba en el taller. Se sentía feliz, y con genuino placer estaba sentado ante su caballete con la paleta en la mano. Y ella se hallaba allí también. Era su esposa. Estaba sentada junto a él, apoyando su codo precioso en el respaldo de su silla y viéndole trabajar. Los ojos de ella, lánguidos y cansinos, revelaban una extremada carga de felicidad.

NIKOLAI GÓGOL: *Historias de San Petersburgo*.

ELEMENTOS COHESIONADORES DE REFERENCIA

Elemento cohesivo	Nombre del procedimiento	Se refiere a...
uno	anáfora	sueño
los demás		sueños
su (caballete)		del pintor (Piskaryov)
ella		su esposa
allí	anáfora	
él		Piskaryov
su (codo)	anáfora	
viéndole	anáfora	

» LITERATURA

1. La literatura

La literatura (del latín *littera*, 'letra') es un **arte** cuyo medio de expresión es el **lenguaje**.

1.1. El lenguaje literario

El **lenguaje literario** es aquel que utiliza la **función poética o estética** del lenguaje. Estos son sus principales rasgos:

- **Selección** cuidadosa del léxico y **combinación** ingeniosa de las palabras.
- Uso del **significado connotativo** de las palabras: se emplean a menudo con sentido figurado, distinto al uso cotidiano.
- Creación de **efectos musicales**, sobre todo en los textos en **verso**.
- Utilización de **tópicos** y de **recursos literarios** para llamar la atención del lector.

¿SABÍAS QUE...?

Se conoce como *ciberliteratura* aquella que se desarrolla en medios digitales, especialmente en internet. Se trata de obras que permiten la participación de diversos autores, por ejemplo, a través de las redes sociales.

1.2. Textos literarios y textos no literarios

Lee los dos textos siguientes y observa las diferencias entre un texto literario y otro no literario sobre un diccionario:

Libro en el que se recogen y explican de forma ordenada palabras y expresiones de una o más lenguas o de una materia determinada.

Definición de la RAE

- Se define qué es un diccionario.
- La función del lenguaje es representativa, pues se describe objetivamente un objeto.
- Se emplea un lenguaje denotativo.
- No se llama la atención del lector jugando con ritmos especiales o con figuras literarias.

El Diccionario,
viejo y pesado, con su chaquetón
de pellejo gastado,
se quedó silencioso
sin mostrar sus probetas.

PABLO NERUDA, *Oda al diccionario*

- El autor transmite una visión subjetiva del diccionario.
- La función del lenguaje es poética.
- Se emplea un lenguaje connotativo.
- El poeta juega con el ritmo y emplea figuras literarias (personificación, metáfora...).

» ACTIVIDADES

17. Lee el siguiente cuento escrito por Ana María Matute y, después, marca la opción correcta en cada caso:

El año que no llegó

El niño debía cumplir un año. Salió a la puerta y miró el borde de las cosas, donde se puso una luz de color distinto a todo. «Voy a cumplir un año, esta noche, a las diez», dijo. La luz se hizo más viva, extendiéndose, llenando la corteza del cielo. El niño tendió los brazos y empezó a andar, torpemente. Tenía, sujeto a cada pie, un saquito de arena dorada. Oyó el grito **estridente** de los **vencejos**. Subían, como una salpicadura de tinta, hacia aquella luz hermosa. «Voy a cumplir un año, esta noche, a las diez». Pero el grito de los vencejos agujereó la corteza de luz, el color que era distinto a todas las cosas, y aquel año, nuevo, verde, tembloroso, huyó. Escapó por aquel agujero, y no se pudo cumplir.

ANA M.ª MATUTE, en *Los niños tontos*.

VOCABULARIO

estridente Agudo, chirriante.

vencejo Pájaro de temporada en España, de color blanco y negro. Se alimenta de insectos y anida en los tejados.

a) Es un texto escrito...

☐ en prosa. ☐ en verso.

b) Es un texto...

☐ narrativo. ☐ descriptivo.

c) El lenguaje que se emplea tiene una función...

☐ representativa. ☐ poética o estética.

d) Explica con tus palabras y de manera objetiva qué se narra en el texto.

e) La autora combina sus palabras con las del niño. Anota qué dice el niño. ¿Qué signo ortográfico las distingue?

f) ¿Desde qué momento sabemos que el deseo del niño no se va a cumplir?

g) ¿Qué puede significar la imagen del niño con un saquito de arena dorada sujeta a sus pies?

☐ Que el niño tiene mucho dinero.

☐ Que el niño tiene un defecto en los pies.

☐ Que el niño no puede avanzar por el camino de la vida.

h) Localiza y copia todos los adjetivos que acompañan al sustantivo *año* en la línea 13 del texto. ¿Son adjetivos que habitualmente lo acompañarían? ¿Qué valor aportan?

18. Lee la definición de la palabra *cielo* que aparece en el diccionario de la RAE:

Esfera aparente azul y diáfana que rodea la Tierra.

- Ahora, escribe una descripción literaria de la palabra *cielo*.

2. Los tópicos literarios

Son temas o ideas que se han ido repitiendo a lo largo de la historia de la literatura. Se identifican mediante una expresión en latín porque la mayoría proceden de la cultura grecolatina. Estos son algunos de los más conocidos:

- ***Locus amoenus*** ('Lugar agradable'): descripción de un paisaje ameno, bello e idealizado, descrito a través de sus diversos componentes (prado, arroyo, árbol...).
- ***Carpe diem*** ('Goza de este día. Aprovecha el momento'): invitación al aprovechamiento de los años de juventud, antes de que el paso del tiempo conduzca a la vejez y a la muerte.
- ***Ubi sunt?*** ('¿Dónde están?'): conjunto de interrogaciones retóricas acerca del destino o paradero de grandes personajes, hechos u objetos que han desaparecido.

Las etapas de la vida, obra del pintor alemán C. D. Friedrich. El paso del tiempo y la fugacidad de la vida humana es uno de los tópicos presentes en el arte de todos los tiempos.

3. Los recursos literarios

Los recursos literarios son los que utiliza el autor para crear un **lenguaje bello** y con **nuevos significados**. Estos son algunos de las más destacados:

RECURSOS SINTÁCTICOS
(se basan en combinaciones repetitivas de palabras o estructuras sintácticas sorprendentes)

ANÁFORA

Repetición de una o más palabras al comienzo de varios versos o frases.

***Por vos** nací, **por vos** tengo la vida,*
***por vos** he de morir, y **por vos** muero.*

GARCILASO DE LA VEGA

PARALELISMO

Repetición de la misma estructura sintáctica de dos o más versos o frases.

Todo en furiosa armonía,
todo en frenético estruendo,
todo en confuso trastorno,
todo mezclado y diverso.

JOSÉ DE ESPRONCEDA

HIPÉRBATON

Alteración del orden lógico de las palabras.

Del salón en el ángulo oscuro,
de su dueño tal vez olvidada,
silenciosa y cubierta de polvo,
veíase el arpa.

GUSTAVO ADOLFO BÉCQUER

ENUMERACIÓN

Sucesión de elementos.

Vargas señaló el carrusel de vajillas, espejos, sillas, libros, tallas, arcones, armarios, consolas, cajoneras, bicicletas, juguetes, esquís, zapatos, maletas, cuadros, jarrones y cien mil enseres acumulados unos contra otros hasta formar un mosaico abigarrado que tenía más de catacumba que de otra cosa.

CARLOS RUIZ ZAFÓN

» ACTIVIDADES

19. Escribe debajo de cada texto qué tópico literario puede apreciarse en él.

Locus amoenus | *Ubi sunt?* | *Carpe diem*

Tantos duques excelentes,
tantos marqueses y condes y barones
como vimos tan potentes,
di, Muerte, ¿do los escondes y traspones?

JORGE MANRIQUE

Coge la fruta y muérdela, y que el jugo te empape la boca. Ese bocado es el que vale. La vida es eso, derroche, hija mía.

RAFAEL CHIRBES

Hermosas ninfas, que, en el río metidas,
contentas habitáis en las moradas
de relucientes piedras fabricadas
y en columnas de vidrio sostenidas [...].

GARCILASO DE LA VEGA

20. Indica qué dos tópicos literarios pueden apreciarse en este texto y escríbelos.

¿Por qué he de aceptar las ideas de mis padres? ¿Solo porque ellos las aceptaron antes?... ¡Bah! Vive todos tus minutos antes de que sea tarde. Y, sobre todo, no pienses nunca en el mañana. No existe una edad concreta y definitiva a alcanzar. No está la felicidad a los veinte, a los treinta o a los cincuenta años. Todas las edades pasan, huyen sin detenerse... No, no. El mañana es otra mentira. Ni siquiera sabes si vivirás esta noche...

ANA MARÍA MATUTE: *Luciérnagas*.

21. Restablece el orden correcto de estos versos de Bécquer en los que se produce un hipérbaton:

Del altar que alcé en el alma mía
la voluntad su imagen arrojó...

22. Fíjate en las palabras subrayadas e indica qué recurso predomina en estos versos:

Sueña el rico en su riqueza,
que más cuidado le ofrece;
sueña el pobre que padece
su miseria y su pobreza;
sueña el que a medrar empieza,
sueña el que afana y pretende,
sueña el que agravia y ofende.

CALDERÓN DE LA BARCA

23. Identifica los recursos sintácticos utilizados: hipérbaton, enumeración, anáfora, paralelismo.

Al octavo mes ríes
con cinco azahares.
Con cinco diminutas
ferocidades.
Con cinco dientes
como cinco jazmines
adolescentes.

MIGUEL HERNÁNDEZ

Más allá de la vida
quiero decírtelo con la muerte;
más allá del amor,
quiero decírtelo con el olvido.

LUIS CERNUDA

Se hundía y sacaba guijarros rojos, blancos, azules;
guijarritos verdes o jaspeados.

RAFAEL SÁNCHEZ FERLOSIO

RECURSOS LÉXICO-SEMÁNTICOS
(juegan con la polisemia, la homonimia, los dobles sentidos de las palabras, etc.)

ANTÍTESIS O CONTRASTE

Contraposición de dos ideas o palabras.

Fue la noche de Santiago
y casi por compromiso.
***Se apagaron** los faroles*
*y **se encendieron** los grillos.*

FEDERICO GARCÍA LORCA

COMPARACIÓN O SÍMIL

Relación de semejanza que se establece entre dos elementos mediante un nexo comparativo (*como*, *igual que*, *cual*, etc.).
El elemento que se compara es el término real (A) y aquel con el que se compara es la imagen (B).

*Aunque sí hubo un día en que la infancia se cerró **como la cueva de Alí Babá** y quedó sepultada en la arena.*

ANTONIO G. ITURBE

EPÍTETO

Adjetivo explicativo, semánticamente innecesario, con un valor ornamental.

Si a tu lado deslizo
*mi **oscura** sombra larga que te desea...*

VICENTE ALEIXANDRE

HIPÉRBOLE

Exageración expresiva de una idea.

En los banquetes, algunos comensales abusan de tan temeraria manera de los helados que a casi todos les suelen salir sabañones en los intestinos.

WENCESLAO FERNÁNDEZ FLÓREZ

METÁFORA

Identificación entre un elemento real (A) y otro figurado (B) con el que se establece algún tipo de semejanza.
En la metáfora se suprimen los nexos que relacionan A y B en la comparación.

*La guitarra (A) **es un pozo** (B)*
Con viento en vez de agua...

METONIMIA

Sustitución de un elemento real (A) por otro figurado (B) con el que se establece una relación de contigüidad, de inclusión, de proximidad, de causalidad, de procedencia, etc.

*El abad de Ulloa, al cual veía con más frecuencia, no le era simpático, por su desmedida afición al **jarro*** (bebida) *y a la **escopeta*** (caza).

EMILIA PARDO BAZÁN

PERSONIFICACIÓN

Atribución de cualidades humanas a seres inanimados.

*Las calles de Barcelona **se desperezaban** del trasnochado verano.*

ESTEBAN NAVARRO

» ACTIVIDADES

24. Añade un epíteto a cada uno de estos sustantivos:

elefante ______ fuego ______

nubes ______ pluma ______

nubes ______ golondrinas ______

25. Reescribe los siguientes textos sustituyendo las comparaciones por otras creadas por ti. En el caso de que sea verso, no te preocupes por la medida silábica ni por la rima.

A Con frecuencia el herrero trabajaba en camiseta y su pecho hercúleo subía y bajaba, al respirar, <u>como si fuera el de un elefante herido</u>.

MIGUEL DELIBES: *El camino*

B La noche se puso íntima
<u>como una pequeña plaza</u>.

FEDERICO GARCÍA LORCA

C ¡Oh, soledad sonora! Mi corazón sereno
se abre, <u>como un tesoro</u>, al soplo de tu brisa.

JUAN RAMÓN JIMÉNEZ

D Gotas largas,
<u>como alfileres líquidos</u>,
brillan al primer sol de la mañana.

ÁNGEL GONZÁLEZ

26. Señala el recurso literario que se emplea en cada uno de estos textos:

a) *Castilla es ancha y plana como el pecho de un varón.* (JOSÉ ORTEGA Y GASSET)

☐ metáfora ☐ metonimia ☐ comparación

b) *No hay extensión más grande que mi herida.* (MIGUEL HERNÁNDEZ)

☐ metonimia ☐ hipérbole ☐ comparación

c) *La luna nueva es una vocecita en la tarde.* (JORGE LUIS BORGES)

☐ metáfora ☐ metonimia ☐ comparación

d) *Volverán del amor en tus oídos / las palabras ardientes a sonar.* (GUSTAVO ADOLFO BÉCQUER)

☐ anáfora ☐ metáfora ☐ hipérbaton

27. Identifica las metáforas que aparecen en estos textos y explica su significado:

El sol es un globo de fuego,
la luna es un disco morado.

ANTONIO MACHADO

______

______

Ríense las fuentes,
tirando perlas
a las florecillas que están más cerca.

ANTONIO MACHADO

______

______

28. Escribe el nombre del recurso literario que se aprecia en los fragmentos subrayados.

a) Sentí pena por él, aunque se suponía que <u>yo era el cazador y él, la presa</u>. (CARLOS RUIZ ZAFÓN)

______

b) La esplendorosa [moto] Guzzi estornudó y eructó durante un rato y luego se quedó exhausta. (JUAN MARSÉ)

______

» GRAMÁTICA

1. La lengua como sistema

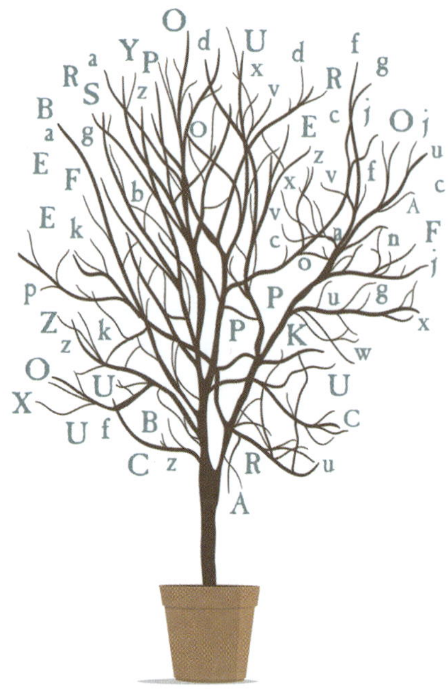

La lengua es un sistema formado por elementos que se combinan entre sí y dependen unos de otros:

fonemas | morfemas | palabras | sintagmas

oraciones | textos

1.1. El fonema

El **fonema** es la unidad mínima de la lengua: /l/ /i/ /b/ /r/ /e/ /t/ /a/. En español hay 5 fonemas vocálicos y 19 consonánticos.

Los fonemas no tienen significado por sí mismos, pero sí permiten diferenciar palabras: *p**a**so* – *p**e**so*; *sue**l**o* – *sue**ñ**o*

1.2. El morfema

El **morfema** es la unidad mínima de la lengua con significado. Existen tres tipos de morfemas:

LEXEMA O RAÍZ	Es la parte de la palabra que siempre se mantiene igual y aporta el significado principal: ***libr***-o, ***libr***-ero, ***libr***-ería, ***libr***-ito. Las palabras que contienen raíces y, por tanto, tienen significado léxico son el **nombre**, el **adjetivo**, el **verbo** y el **adverbio**.
MORFEMAS FLEXIVOS O DESINENCIAS	Se añaden a la raíz para indicar el género, el número, el tiempo, el modo... Así, la palabra *enfermas*, contiene la raíz *enferm-* ('que padece enfermedad') y los morfemas flexivos *-a* y *-s* que indican femenino y plural, respectivamente. La palabra *saltábamos* contiene la raíz *salt-* ('alzarse con impulso', 'arrojarse desde una altura') y el morfema flexivo *-ábamos*, que indica primera persona, plural, pretérito imperfecto, indicativo.
MORFEMAS DERIVATIVOS O AFIJOS	Se añaden a la raíz para formar palabras derivadas. Hay tres tipos de afijos: • **Prefijos:** van delante de la raíz: ***re**-carga*, ***im**-par*, ***pre**-disponer*... • **Sufijos:** van detrás de la raíz: *oficin-**ista***, *hermos-**ura***, *cart-**ero***... • **Interfijos** (o **infijos**): van entre la raíz y el sufijo: *polv-**ar**-eda*, *coch-**ec**-ito*...

¿SABÍAS QUE...?

Los **determinantes**, las **preposiciones** y las **conjunciones** carecen de significado léxico. Sirven para presentar al nombre y para establecer relaciones entre diferentes unidades lingüísticas: palabras, sintagmas, oraciones, etc. Se consideran **morfemas independientes** porque no necesitan unirse a una raíz.

» ACTIVIDADES

29. Forma diferentes palabras cambiando el primer fonema de la palabra *cana*.

30. Ahora forma palabras nuevas cambiando el tercer fonema de la palabra *cana*.

31. ¿Cuántos fonemas diferentes contiene la palabra *autopista*? Escríbelos.

32. Subraya la raíz o lexema que comparten las palabras de cada serie.

a) florecilla, florecer, florista
b) oscuros, oscura, oscurecer
c) moneda, monedero, monedillas
d) estudiar, estudio, estudiaréis

33. Descompón en morfemas las siguientes palabras y di si son raíces, morfemas flexivos o morfemas derivativos:

portero:

relojería:

hoja:

estatuilla:

34. ¿Qué tipo de morfema son las palabras *con*, *desde*, *aunque*, *sino*, *el*?

35. Forma palabras uniendo cada lexema con un sufijo y escríbelas.

helad- •	• -al •	• higu-
soci- •	• -era •	• admir-
agil- •	• -idad •	• primaver-
arbitr- •	• -able •	• generos-

36. Escribe tres palabras con cada uno de estos morfemas:

-ista:

-aban:

des-:

in-:

37. Indica si las siguientes palabras contienen un prefijo o un sufijo:

incómodo:

frutería:

temporal:

humareda:

posguerra:

novelista:

submarino:

1.3. Las palabras

La **palabra** es una **unidad lingüística** con significado. Distinguimos estas clases de palabras:

CLASES DE PALABRAS		EJEMPLOS
Nombre o sustantivo	Palabra que sirve para designar o nombrar realidades, tanto concretas como abstractas. Admite morfemas de género y número.	*planta*, *barco*, *bondad*, *lápiz*, *mesa*, *brazo*, etc.
Adjetivo	Palabra que expresa cualidades o propiedades del nombre al que acompaña. Admite variaciones de género y número.	*entretenido*, *azul*, *necesario*, etc.
Verbo	Palabra que expresa acción, proceso o estado.	*pasear*, *recibir*, etc.
Adverbio	Palabra invariable que indica circunstancias como lugar, tiempo, modo, cantidad, etc.	*pronto*, *despacio*, *cerca*, *hoy*, *sí*, etc.
Pronombre	Sustituye a un sintagma nominal o a una proposición subordinada.	*él*, *ella*, *nosotros*, etc.
Determinante	Palabra que acompaña al nombre concretándolo, determinándolo o delimitando su extensión.	*el*, *un*, *ningún*, *este*, *varios*, *tres*, etc.
Preposición	Palabra invariable que sirve para relacionar palabras o sintagmas. Carece de significado léxico.	*a*, *ante*, *bajo*, *con*, *contra*, *de*, *desde*, etc.
Conjunción	Palabra invariable sin significado léxico que sirve para relacionar palabras, sintagmas u oraciones.	*y*, *ni*, *que*, *pero*, *sino*, *aunque*, *pues*, etc.

1.4. Los sintagmas

El **sintagma** está formado por una palabra o por un grupo de palabras, ordenados en torno a un núcleo. Las clases de sintagmas son:

CLASES DE SINTAGMAS	NÚCLEO	EJEMPLOS
Sintagma nominal (SN)	Nombre	***El avión*** *salió a su hora.*
Sintagma adjetival (SAdj)	Adjetivo	*Tiene una mirada* ***triste****.*
Sintagma verbal (SV)	Verbo	*Todos* ***han aprobado el examen****.*
Sintagma adverbial (SAdv)	Adverbio	*Has resuelto* ***bien*** *el problema.*
Sintagma preposicional (SPrep): preposición + SN	Nombre	*Me entregaron el paquete* ***por la mañana****.*

2. Las funciones sintácticas

Las **funciones sintácticas** son las distintas **relaciones que se establecen entre los sintagmas** de una oración.

Las funciones básicas de la oración son el **sujeto** y el **predicado**. Fíjate en este ejemplo (destacamos los núcleos en negrita):

<u>Las **mañanas** de otoño</u> <u>**son** muy agradables</u>.

SN Sujeto — SV Predicado

» ACTIVIDADES

38. Clasifica estas palabras en la tabla:

tomar • y • usted • después • con • su
único • en • dinero • les • pero • anillo
susurro • rompimos • siempre • hasta • viaje
no • unas • importante • lentamente

Nombre	Verbo
Adjetivo	**Adverbio**
Pronombre	**Determinante**
Preposición	**Conjunción**

39. Localiza en el texto las palabras que se indican a continuación.

Algunas veces el reptil resultó ser más rápido, pero no le importó. Sabía que se hincharía como un sapo y que deliraría de fiebres unos días, pero luego vendría el momento del desquite. Estaba inmune, y gustaba de fanfarronear entre los colonos enseñando los brazos cubiertos de cicatrices.

LUIS SEPÚLVEDA: *Un viejo que leía novelas de amor*.

5 nombres: ____________________

____

2 adverbios: ____________________

4 determinantes: ____________________

____

2 preposiciones: ____________________

4 conjunciones: ____________________

____

40. Indica de qué tipo son los sintagmas subrayados:

a) El coche está bastante limpio.

____

b) Aquel niño escucha atentamente.

____

c) Escogimos ayer al delegado de clase.

____

d) El cielo está cubierto de estrellas.

____

e) Varios alumnos estudian en la biblioteca.

____

41. Localiza en el siguiente fragmento un sintagma de cada tipo:

El viejo puente de sillería estaba hundido en sus arcos centrales, y lo habían remendado con unas tablas. Tenían que cruzar el Torrente Amargo, que era el confín de aquel mundo en el que la niña era una princesa. Una riada se había llevado los arcos, que ya nadie sabía tender un buen puente de orilla a orilla, y por los entresijos de las tablas se veía un **turbión** oscuro.

BASILIO LOSADA: *La peregrina*.

VOCABULARIO

turbión Multitud de cosas que vienen juntas y violentamente, y ofenden y lastiman.

SN: ____________________

SAdj: ____________________

SV: ____________________

SAdv: ____________________

SPrep: ____________________

42. Señala el sujeto y el predicado de esta oración y rodea el núcleo de uno y otro.

El propietario de este yate es muy rico.

» LÉXICO

1. Los diccionarios en línea

Los diccionarios tradicionales en papel y los diccionarios en línea se diferencian en que estos últimos permiten realizar consultas con mayor **agilidad** y, además, **actualizan** los contenidos.

El uso de los diccionarios en línea es fácil y, además, pueden integrarse en nuestro ordenador mediante pequeños programas, aplicaciones o extensiones para los navegadores habituales.

Los diccionarios en línea ofrecen **muchas posibilidades de búsqueda**: localizar sinónimos y antónimos, buscar palabras que rimen con otras, encontrar palabras que comiencen con una determinada secuencia de letras...

2. Las definiciones

Para definir una palabra hay que seguir una estructura determinada:

- **Inicio o encabezado:** es diferente si la palabra que se define es un sustantivo, un adjetivo o un verbo.
  - Si es un **nombre**: la definición suele comenzar por un sustantivo que clasifica o engloba (hiperónimo) al que se va a definir. También se pueden usar sinónimos.

    hiperónimo

    Martillo: Herramienta compuesta por una cabeza, por lo común de hierro, y un mango, generalmente de madera.

  - Si es un **adjetivo**: es habitual empezar con expresiones del tipo «Dícese de...», «Que tiene forma de...», «Se dice de la cualidad de...». También pueden utilizarse sinónimos.

    Escondido, da: Se dice de aquello que no se ve o que no se encuentra con facilidad.

  - Si es un **verbo**: se emplea un verbo de significado parecido y que sea de uso común entre los hablantes.

    Nadar: Trasladarse en el agua, ayudándose de los movimientos necesarios y sin tocar el suelo ni otro apoyo.

- **Caracterización:** se presentan las características diferenciadoras del término que se define. Para ello es importante fijarse en su forma y utilidad.
- **Ejemplos de uso:** en la definición de una palabra suelen incorporarse ejemplos de uso.

¿SABÍAS QUE...?

Un **hiperónimo** es una palabra de extenso significado que incluye en él el de otras palabras. Por ejemplo: *deporte* es el hiperónimo de *fútbol*, *baloncesto*, *natación*..., que son **hipónimos**.

» ACTIVIDADES

43. Instala en tu ordenador el *widget* o el *plugin* de la RAE y comprueba qué fácil es averiguar la definición de estas palabras. Escribe las definiciones.

dintel: ______________________

somormujo: ______________________

luminiscencia: ______________________

44. Abre en tu ordenador el motor de búsqueda *iedra.es*. Consulta la palabra *confín* y anota esta información:

a) Palabra en latín de la que procede.

b) Tres palabras de su misma familia léxica.

c) Dos sinónimos.

45. Relaciona estas palabras con sus respectivos hiperónimos:

a) clarinete	1. salsa
b) guacamole	2. casa
c) pazo	3. carbón
d) hulla	4. hueso
e) rótula	5. instrumento

46. Relaciona los siguientes verbos con sus sinónimos y, a continuación, escribe su definición:

a) podar	1. enviar
b) remitir	2. quitar
c) decir	3. adobar
d) navegar	4. desplazarse
e) salpimentar	5. pronunciar

47. Consulta el diccionario y clasifica estas palabras según sean monosémicas (un significado) o polisémicas (más de un significado).

botijo • división • plaza • hebilla • pieza • genio pluviómetro • polen • papel • fármaco

Monosémicas	Polisémicas

48. Escoge una de las palabras polisémicas de las actividad anterior y escribe, al menos, dos de sus significados.

» ORTOGRAFÍA

1. Normas generales de acentuación

- Las palabras **agudas** se acentúan si acaban en vocal, *n* o *s*: *bisturí, salón, compás*.
- Las palabras **llanas** se acentúan si acaban en consonante que no sea *n* o *s*: *mármol, cómic*.
- Las palabras **esdrújulas** y **sobresdrújulas** se acentúan siempre: *pájaro, sótano, repítemelo*.

ACENTUACIÓN DE DIPTONGOS Y TRIPTONGOS	EJEMPLOS
Un **diptongo** es la unión de dos vocales, una **abierta** y una **cerrada** (o **dos cerradas**) pronunciadas en una misma sílaba. Las vocales abiertas son ***a***, ***e***, ***o*** y las cerradas son ***i***, ***u***.	***cue***-*va*, ***rei***-*no*, *tri**un**-fo*
Los **diptongos** se acentúan según las **reglas generales de la acentuación**. Cuando el diptongo ha de llevar tilde, **se escribe sobre la vocal abierta**.	*hi-**gié**-ni-co, a-**vión**, **diá**-me-tro, can-**téis***
La combinación ***ui***, ***iu*** siempre es **diptongo**. Cuando le corresponda llevar tilde, esta se pondrá sobre la segunda vocal.	***cuí**-da-te, lin-**güís**-ti-ca, vein-**tiún***
El **triptongo** es la unión de tres vocales pronunciadas en una misma sílaba: **cerrada + abierta + cerrada**. Si debe llevar tilde, se coloca sobre la **vocal abierta**. (Si una de las vocales cerradas es tónica, no existe triptongo: *te-mí-ais*.)	*co-**piéis**, con-**fiáis***

ACENTUACIÓN DE HIATOS	EJEMPLOS
El **hiato** es el encuentro de dos vocales seguidas (contiguas) en una palabra que pertecenen a **sílabas distintas**.	*pa-na-de-**rí-a**, **ma-íz***
La combinación de **dos vocales abiertas** (*a*, *e*, *o*) **forma hiato** y se **acentúa** siguiendo las reglas generales de la acentuación.	***a-é**-re-**o**, hé-**ro-e***
El hiato formado por **vocal abierta** (*a*, *e*, *o*) **más vocal cerrada tónica** (*í*, *ú*) o viceversa, lleva tilde **siempre** (aunque no lo indiquen las reglas generales de la acentuación). Esta tilde **«rompe el diptongo»**.	***ca-í**-da, **grú-a**, tran-**se-ún**-te, **frí-o***
La combinación de una **vocal cerrada tónica** más **dos vocales abiertas** o un **diptongo** también forma **hiato**. Siempre lleva tilde la vocal cerrada.	***ve-í-a**s, co-**mí-ais**, **re-í-ais***

Ficha ortográfica

- Las formas verbales como *amáis, teméis* (presente de indicativo) y *améis, temáis, partáis* (presente de subjuntivo) tienen diptongo y se acentúan porque son palabras agudas terminadas en consonante *-s*. Lo mismo ocurre con *amaréis, temeréis* y *partiréis* (futuro) y con *temió, partió* (pretérito perfecto simple).
- Las formas verbales *averigüe, averigüéis, averigüen* (presente) o *averigüé* del verbo *averiguar*, se escriben con diéresis en la *u* para indicar que esta *u* se pronuncia, y se acentúan según las reglas generales de la acentuación.
- La forma verbal *prohíbe* del verbo *prohibir* lleva acento gráfico en la *i* para marcar el *hiato*. La *h* no afecta a la acentuación del hiato.

» ACTIVIDADES

49. Acentúa estas palabras cuando sea necesario. Después, clasifícalas según sean agudas, llanas o esdrújulas:

purpura	facil	jabali
cabeza	sintetico	escalera
tunica	celula	farol
mazapan	testigo	frigorifico

Agudas: ____________________

Llanas: ____________________

Esdrújulas: ____________________

50. Añade una palabra con diptongo en cada caso:

ai
baile, ____________

au
auto, ____________

ei
reina, ____________

eu
deuda, ____________

oi
boina, ____________

io
turbio, ____________

ia
distancia, ____________

ie
invierno, ____________

iu
ciudad, ____________

ua
guapo, ____________

ue
bueno, ____________

ui
buitre, ____________

51. Separa las sílabas de las siguientes palabras con diptongo:

ruina: ____________________

sabéis: ____________________

huerta: ____________________

audacia: ____________________

salió: ____________________

ahijado: ____________________

52. Escribe cinco palabras con diptongo y sepáralas en sílabas.

____

____

____

____

____

53. Escribe la palabra con hiato de cada una de las siguientes series.

a) compasión, labios, caer, decidió

____

b) volvía, desgracia, historia, seria

____

c) huéspedes, héroe, cuerpo, huella

____

d) cantéis, salíais, podéis, averigüéis

____

e) beneficio, río, acuario, contrario

____

f) flúor, cuota, cuatro, cuenta

____

★ LUDOLENGUA

54. En pequeños grupos, encontrad cinco nombres de animales que se escriban con tilde. Escribidlos en una hoja, desordenando las letras que los forman. Intercambiad vuestra hoja con las de los compañeros y compañeras de otros grupos y resolvedlas.

A	C	T	A	U	C	A
C	A	C	A	T	Ú	A

» PONTE A PRUEBA

Lee y comprueba si lo has comprendido

Bichos asesinos: la serpiente venenosa más grande del mundo

La cobra real puede alcanzar los seis metros de longitud y es capaz de matar a un elefante de una sola mordedura

Como su propio nombre indica, la cobra real (*Ophiophagus hannah*) es una reina, la monarca indiscutible de un vasto reino serpentino que se extiende por toda Asia tropical. Formidable cazadora, Hannah es una reina déspota que se come a sus propios súbditos (*Ophiophagus* significa literalmente 'comedora de serpientes'), ya que su dieta se compone casi exclusivamente de otros ofidios. En su reino, ninguna serpiente de menor tamaño está segura. Y su reinado es largo, tanto que puede vivir hasta veinticinco años o más. Las cobras son los representantes más conocidos de los elápidos, familia que incluye además a las mambas africanas, búngaros o kraits, serpientes de coral, taipanes australianas y serpientes marinas.

La cobra real es la serpiente venenosa más grande del mundo. Puede alcanzar los seis metros de longitud y es capaz de producir suficiente cantidad de neurotoxina (unos quinientos miligramos) como para matar a un elefante de una sola mordedura. En *Envenenamientos por animales*, Arturo Valledor de Lozoya, médico y especialista en toxicología animal, detalla así los síntomas: «náuseas, vómitos, parálisis faríngea y de la lengua con disartria (dificultad para emitir sonidos y palabras) y disfagia (dificultad para tragar) consecuentes, salivación, diplopía o visión doble, blefaroptosis o caída de los párpados, dificultad para respirar, convulsiones y ataxia». El envenenamiento avanza a un colapso cardiovascular, y la víctima cae en un coma seguido de muerte por insuficiencia respiratoria. Todo ello, en menos de tres horas si no tienes a mano el antídoto de suero de caballo.

La cobra real abunda en los manglares y bosques ribereños de las regiones tropicales de Asia —desde la India hasta Filipinas y desde el sur de China a la isla de Java—, donde son temidas y reverenciadas. En la India es considerada un animal sagrado que simboliza la fertilidad y el renacimiento, y a menudo aparece representada junto al dios hindú Shiva, a la vez fuerza vital primigenia y gran destructor. Pero este ofidio que puede erguirse hasta la altura de un hombre puede ser también una madre amorosa. Con un comportamiento inusual en otras serpientes, la hembra de la cobra real realiza la puesta de huevos dentro de un nido que construye barriendo hierbas y ramitas con su cola. Su prole, de entre veinte y cuarenta crías, nace ya dotada de veneno. Poco antes de la eclosión de los huevos, mamá cobra abandona el hogar, que hasta entonces había defendido con increíble agresividad, para no caer en la tentación de comerse a las crías. Esas cosas que tienen las madres.

Isidoro Merino:
en *El viajero astuto*, *www.elpais.com*,
22 de septiembre de 2018.

BARCANOVA EDITORIAL

1. El texto que has leído es...

- ☐ un artículo de un periódico.
- ☐ un fragmento de una enciclopedia.
- ☐ un artículo de una revista científica.

2. Se trata de un texto...

- ☐ narrativo.
- ☐ expositivo.
- ☐ argumentativo.

3. Indica si estos enunciados sobre la cobra real son verdaderos (V) o falsos (F):

	V	F
a) La cobra no necesita cazar puesto que se alimenta de otras serpientes.		
b) La cobra real abunda en los bosques de las regiones tropicales de Asia y África.		
c) Si no se le administra un antídoto, la víctima muere en menos de tres horas.		
d) La cobra real abandona a sus crías antes de que nazcan.		

4. ¿En qué orden se habla de estos asuntos en el texto? Marca la opción correcta.

a) Los síntomas de envenenamiento tras una mordedura.
b) El significado del nombre de la cobra real.
c) La reproducción de la cobra real.
d) El hábitat de la cobra real y su distribución geográfica.

- ☐ a – c – b – d
- ☐ b – a – d – c
- ☐ c – b – a – d
- ☐ b – d – c – a

5. ¿Cuál es el significado del adjetivo *vasto* (subrayado en el texto)?

☐ extenso ☐ profundo ☐ tosco

6. ¿Qué palabra significa lo contrario de *erguirse* (subrayada en el texto)?

☐ inclinarse ☐ elevarse ☐ erigirse

7. Señala la definición correcta de *antídoto*:

- ☐ Que contrarresta una sustancia nociva.
- ☐ Sustancia que contrarresta los efectos nocivos de otra.
- ☐ Es cuando te muerde una serpiente venenosa y te ponen un producto para contrarrestar sus efectos nocivos.

8. Señala la palabra que no pertenece a la misma categoría gramatical:

- ☐ reverenciada, temida, amorosa, cobra
- ☐ monarca, súbditos, formidable, serpiente
- ☐ antídoto, alcanzar, matar, respirar
- ☐ además, más, menos, hasta

9. Indica cuál es el sujeto y el predicado de esta oración:

> La serpiente real es la serpiente venenosa más grande del mundo.

Sujeto: ____________________

Predicado: ____________________

10. La palabra *náusea*...

- ☐ contiene un diptongo y se acentúa porque es una palabra esdrújula.
- ☐ contiene un hiato formado por una vocal abierta y una vocal cerrada.

Infórmate y crea

Haz un póster con la información sobre la cobra real: explica su anatomía, su tamaño, su alimentación, su hábitat, etc. Utiliza frases cortas dispuestas sobre imágenes del animal. Puedes hacerlo en el ordenador.

Observa

Para aprender más sobre la cobra real, te recomendamos el vídeo cuyo enlace encontrarás en el espacio personal de la web *www.barcanova.cat*.

UNIDAD 2

CLUB DE LECTURA » *Rumbo a lo desconocido*
TOMA LA PALABRA » La entrevista imaginaria
DILO POR ESCRITO » El relato incompleto
LENGUA Y SOCIEDAD » La narración
LITERATURA » La métrica. La rima. Las estrofas.
GRAMÁTICA » La oración. La modalidad oracional
LÉXICO » Significado denotativo y significado connotativo
ORTOGRAFÍA » El acento diacrítico

Preparamos la lectura

1. ¿Te gusta viajar en avión o prefieres utilizar otro medio de transporte? Comentadlo en clase.

2. ¿Cómo crees que te sentirías si tuvieras que pasar una temporada lejos de casa con algún familiar o alguien a quien no conoces bien?

★ EL JUEGO DE LA LISTA

Jugad en grupos de ocho o diez personas (o toda la clase). Se trata de añadir una o dos palabras a una frase de manera que esta se alargue hasta que alguien se equivoque al repetir lo que ha dicho el jugador anterior. La frase se inicia según la situación que el grupo decida. Por ejemplo:

- **En la cafetería del aeropuerto:** *Sírvame un café, sírvame un café y un té, sírvame un café, un té y un vaso de leche, etc.*
- **Estamos en el aula:** *Estoy viendo una pizarra, estoy viendo una pizarra y una mesa, estoy viendo una pizarra, una mesa y una silla, etc.*

» CLUB DE LECTURA

Rumbo a lo desconocido

VOCABULARIO

énfasis *m.* Interés, entusiasmo.

rutina *f.* Costumbre.

próspero, ra *adj.* Rentable, beneficioso.

Once mil metros de altura, cincuenta grados bajo cero en el exterior, una velocidad de ochocientos cincuenta kilómetros hora. Para la azafata que anunciaba con **énfasis** los datos, para la inmensa mayoría de los pasajeros, se trataba solo de cifras conocidas sin apenas significado: **rutina**.

Para mí era muy distinto. Yo tenía dieciséis años y era mi primer vuelo.

Mi destino era la isla de Mallorca, pero no eran precisamente unas vacaciones lo que me aguardaba. A decir verdad, ni siquiera sabía qué podía esperar de aquel viaje. Un hombre al que no había visto en mi vida, a quien se le imponía casi a la fuerza mi presencia, era mi única razón para abandonarlo todo y trasladarme a la isla.

Todo había empezado...

En realidad, ¿cuándo había empezado todo? ¿Debo remontarme a las inesperadas noticias de tío Miguel, el miembro fantasma de la familia? Pero por ese procedimiento habría que retroceder hasta el día en que perdí a mi padre, a los dos años de edad, y no vale la pena: no tengo mucho que decir sobre ello. Crecer sin padre no es tan duro como se piensa. Todo depende de cómo sea la madre, supongo. [...]

Luego empecé a oír hablar del tío Miguel, a quien nadie había visto desde hacía muchos años, y que al parecer había triunfado en Mallorca, donde se le suponían **prósperos** negocios. Algunos hablaban de una cadena de hoteles, otros le añadían una flota de autobuses, agencias de viajes, qué sé yo.

Cuando tenía quince años murió mi madre. Al año siguiente una especie de consejo de familia decidió escribir a tío Miguel pidiéndole que se hiciera cargo de mi educación. Lo que deseaban era que el tío Miguel se ocupase de mantenerme librándolos a ellos de una carga poco grata.

Tío Miguel aceptó hacerse cargo de mí. Nos cruzamos unas dos cartas, y así fue como aquel día de otoño de no hace muchos años me encontré por primera vez en mi vida a bordo de un avión y —para usar una frase de la tele— rumbo a lo desconocido. [...]

Yo bajé de los últimos. Un autobús nos llevó a la **terminal**. [...] Imité a los demás que ya habían tomado posiciones ante la cinta transportadora que nos devolvería el equipaje. Al otro lado de los cristales, los que esperaban a los viajeros saludaban agitando la mano y sonriendo. Me pregunté cuál de aquellas personas sería el tío Miguel. De pronto caí en cuenta de que ni siquiera había visto jamás una foto suya.

Recogí mi bolsa y caminé hacia la salida. Lo distinguí enseguida, a pesar del gentío. Era indudablemente más elegante, tenía más clase que cualquiera de las personas que lo rodeaban.

Avanzó hacia mí con la mano extendida, sin **titubear**, como si nos hubiéramos conocido de siempre.

—Eduardo, ¿verdad? Bienvenido.

—Gracias —**murmuré**.

Lo observé con disimulo mientras atravesábamos el vestíbulo del aeropuerto. Tenía el cabello de un agradable color gris plateado y los ojos azul claro, unos extraños ojos de mirada cándida y a la vez alerta, como se encuentra a veces en los felinos y otros animales salvajes. [...]

Subió, ante mi sorpresa, a un autobús municipal que iba a la ciudad. No me atreví a preguntarle la razón de aquel capricho. Había dado por supuesto que nos estaría aguardando un lujoso coche, tal vez con chófer incluido. [...] Entramos en la ciudad sin que hiciera ningún esfuerzo por romper el silencio. En cuanto a mí, sencillamente no se me ocurría nada.

—Mi padre —pregunté decidiéndome de improviso—, ¿era mayor que tú o más joven?

Llegábamos a una parada. Miguel habló a media voz sin levantarse ni hacer otro gesto que el de poner una mano debajo de la chaqueta.

—Si haces eso, te pego un tiro.

Miré al individuo al que iban dirigidas esas palabras. Se había apoderado de mi bolsa, depositada por mí en la plataforma central del autobús y enseguida olvidada, y estaba a punto de saltar a la calle con ella. Se apresuró a soltarla y lo vimos correr hasta perderse de vista.

Miré a mi tío con una mezcla de sentimientos entre los que no faltaba la admiración. Esperé a que dejaran de observarnos los otros viajeros y le pregunté en un susurro que si de veras iba armado. Sonrió sin responder. Llegamos al final del trayecto.

MANUEL L. ALONSO: *El impostor* (texto adaptado).

VOCABULARIO

terminal *f.* Lugar de salida o llegada de los pasajeros en un aeropuerto.

titubear *v.* Dudar.

murmurar *v.* Hablar en voz baja.

BARCANOVA EDITORIAL

» ACTIVIDADES

Comprensión de la lectura

1. ¿Cómo se llama el protagonista de la lectura? ¿Adónde va? Escríbelo.

____

2. ¿Con quién ha vivido el protagonista hasta el momento en que empieza la historia?

- ☐ Con su padre.
- ☐ Con su madre.
- ☐ Con sus abuelos.

3. El protagonista es bien recibido, pero hay un detalle que no concuerda con lo que él esperaba. ¿Cuál es?

- ☐ Que el tío Miguel llevara un arma.
- ☐ Que el tío Miguel vistiera un traje poco elegante.
- ☐ Que el tío Miguel decidiera coger un autobús municipal para ir hasta la ciudad.

4. Hacia el final del texto, un último suceso sorprende al protagonista. ¿Cuál es?

- ☐ Su tío decide bajar del autobús sin pagar.
- ☐ Su tío sale corriendo detrás de la persona que intenta robar su bolsa.
- ☐ Su tío amenaza a la persona que intenta robar su bolsa.

5. Escribe por orden todos los lugares en los que se va desarrollando la historia.

____

____

6. Un impostor es una persona que se hace pasar por quien no es. ¿Por qué crees que el libro de donde se ha sacado el texto se titula así?

____

____

____

Expresión personal

7. Señala cuál es el significado correcto de estas frases de la lectura:

Me encontré rumbo a lo desconocido.

- ☐ Ignoraba qué podía encontrar.
- ☐ Iba hacia un destino equivocado.

Habían tomado posiciones ante la cinta transportadora que nos devolvería el equipaje.

- ☐ Se habían situado delante de la cinta transportadora.
- ☐ Se habían ido hacia la cinta transportadora.

8. Redacta de otra manera, y con las menos palabras posibles, estos fragmentos de la lectura:

a) *Lo que deseaban era que el tío Miguel se ocupase de mantenerme librándolos a ellos de una carga poco grata.*

____

____

b) *Lo observé con disimulo, mientras atravesábamos el vestíbulo del aeropuerto.*

____

____

9. Propón otro título adecuado para la lectura.

____

10. En la lectura, el protagonista conocerá a su tío Miguel, un hermano de su padre. Completa las oraciones siguientes con las palabras adecuadas. Todas ellas indican relaciones de parentesco.

a) La hermana de mi madre es mi ______________

b) El hermano de mi mujer es mi ______________

c) El marido de mi hija es mi ______________

d) El padre de mi abuelo es mi ______________

e) La hija de mi hermano es mi ______________

f) El hijo de mi yerno es mi ______________

g) La mujer de mi hijo es mi ______________

h) La madre de mi padre es mi ______________

i) La madre de mi marido es mi ______________

11. El protagonista viaja en un avión de pasajeros. A continuación, aparece una lista de nombres que designan otro tipo de aviones. Relaciona cada palabra con la definición que corresponde.

bombardero | hidroavión | avión cisterna | avión nodriza | avión supersónico | caza

a) ______________: Avión de guerra equipado con bombas.

b) ______________: Avión que puede posarse sobre el agua.

c) ______________: Avión que sirve para aprovisionar a otros en vuelo.

d) ______________: Avión portador de armas que se emplean para interceptar y abatir aviones enemigos.

e) ______________: Avión acondicionado como depósito para el transporte de agua.

f) ______________: Avión que se mueve a una velocidad superior a la del sonido.

12. El avión es un medio de transporte aéreo. Clasifica en la tabla estos otros medios de transporte: automóvil, avión, barco, bicicleta, carruaje, funicular, helicóptero, lancha, metro, motocicleta, piragua, teleférico, tranvía, trasatlántico, tren.

Vehículos terrestres	Vehículos aéreos	Embarcaciones

13. Escoge en cada caso el sinónimo más adecuado de las palabras o expresiones que están en cursiva.

a) Una especie de *consejo* de familia decidió escribir a tío Miguel.
☐ sugerencia ☐ junta ☐ cuadrilla

b) Lo distinguí enseguida a pesar del *gentío*.
☐ ruido ☐ alboroto ☐ muchedumbre

c) Tenía unos extraños ojos de mirada *cándida*.
☐ inocente ☐ altiva ☐ vanidosa

d) Había dado por supuesto que nos estaría *aguardando* un lujoso coche.
☐ dirigiendo ☐ protegiendo ☐ esperando

14. Escribe una oración combinando las palabras cada grupo.

a) aeropuerto, avión, aterrizar

____

b) camarote, barco, mar

____

c) billete, tren, pasajero

____

d) equipaje, andén, taquilla

____

15. ¿Qué palabra sobra en cada una de estas series? Subráyala.

a) motor, ventanilla, maletero, neumáticos, sillín, volante
b) pedales, manillar, cadena, parabrisas, timbre, guardabarros
c) cabina, raíl, cola, fuselaje, tren de aterrizaje, alas
d) capó, camarote, proa, vela, remo, bote

16. Imagina que, como el protagonista de la lectura, tienes que irte del lugar en el que has vivido siempre. Haz una lista con lo que te llevarías teniendo en cuenta que tiene que caber en una maleta o en una mochila.

____

____

____

» TOMA LA PALABRA

La entrevista imaginaria

Os proponemos realizar una entrevista imaginaria a un personaje destacado por su actividad en algún ámbito (cultural, científico, deportivo, político, etc.).

Una entrevista es un **diálogo formal** entre dos personas: el entrevistador formula una serie de preguntas y el entrevistado las responde. Debe ajustarse a esta estructura:

INICIO	El entrevistador presenta al entrevistado.
CUERPO	Desarrollo de la entrevista: pregunta-respuesta.
CIERRE	El entrevistador resume lo más importante y despide al entrevistado agradeciéndole su colaboración.

Procedimiento

1. Formad parejas y, entre los dos, escoged un personaje que llame vuestra atención. No es necesario que sea un personaje real, también puede ser un personaje fantástico o imaginario.

2. Buscad información sobre el personaje que habéis elegido (datos personales, trabajo que realiza, carácter, ideología, etc.). Podéis incluir esa información en la presentación de la entrevista.

3. Preparad entre seis y diez preguntas, y escribid también las respuestas (aproximadas) que vosotros creéis que respondería el personaje entrevistado.

4. Ensayad la entrevista: uno de vosotros será el entrevistador y el otro, el personaje entrevistado. El entrevistador podrá tener a mano las preguntas durante la entrevista, mientras que quien adopta el rol del personaje deberá fingir que sus respuestas son espontáneas. Memorizadlo todo bien.

5. ✔ Por turnos, realizad las entrevistas delante de vuestros compañeros. Si el profesor o la profesora lo considera oportuno, estaría bien grabar las entrevistas en vídeo para colgarlas en el blog del aula o recogerlas por escrito junto a algunas fotografías.

Marie Curie (1867-1934). Científica.

Nikola Tesla (1856-1943). Ingeniero.

Rosalind Franklin (1920-1958). Química.

Rachel L. Carson (1907-1964). Bióloga marina.

Erwin Schrödinger (1887-1961). Físico.

» DILO POR ESCRITO

El relato incompleto

Qué tienes que hacer

Escribe una historia de al menos 120 palabras, utilizando uno de los siguientes textos como párrafo inicial y de manera que el resultado sea un texto coherente.

Cómo puedes hacerlo

1. Lee detenidamente los textos y escoge el que más te guste. Fíjate en los datos que van a determinar tu relato: el tipo de narrador, los personajes, el espacio y el tiempo, etc.

Todo empezó hace unos días, justo en la fecha en que yo cumplía años. Cuando leí aquel anuncio en el periódico, pensé que estaba delante de la gran oportunidad que venía buscando desde hacía tanto tiempo. Podría tener al alcance de la mano la solución de todos mis problemas.

Agustín Fernández Paz: *Cuentos por palabras*.

Pensé que esta vez podría hacerlo, que en esto no tenía por qué quedarme atrás. Solo era una exposición oral en clase de Lengua con apoyo audiovisual: un cuarto de hora hablando sobre el tema que eligiésemos. Incluso me hacía ilusión. Desde que Susana, la profesora, nos dijo que empezásemos a prepararlo tuve claro qué tema escogería...

Ana Alonso, Javier Pelegrín: *El sueño de Berlín*.

Encontró el animalito en la calle, sus ojos le convencieron. Nunca antes había pensado meter a alguien en casa, no estaba dispuesto a cambiar sus costumbres. Esta noche le resultó gracioso verlo en la caja viviendo junto a él. Pero el bicho olía, y encima respiraba, lo cual resultaba irritante. Cuando despertó, los libros estaban tirados, la ropa desordenada y la nevera abierta.

María Tena, en *Por favor, sea breve*.

Yo, señor profesor, le aseguro que soy inocente. No quería hacerlo, créame. Aunque todas las pruebas estén contra mí y la clase haya contestado a coro gritando mi nombre cuando usted ha preguntado: «¿Quién ha provocado todo este escándalo?», yo no soy el culpable. Se ha producido una cadena de casualidades desgraciadas que, si tiene paciencia, ahora que estamos solos le explicaré.

Antoni Dalmases: «Un pequeño incidente», en *Un barco cargado de cuentos*.

Aunque esta historia es verídica palabra por palabra, no espero que la gente la crea. Yo os la cuento tal como ocurrió. Luego juzgad vosotros...

Edith Nesbit: «En mármol y a tamaño natural», en Steven Zorn, *Relatos de fantasmas*.

2. Traza un plan en una hoja aparte: piensa qué quieres contar y decide en qué orden vas a hacerlo.
3. Escribe el texto. Recuerda dividirlo en párrafos con puntos y aparte.
4. Revisa el texto, corrígelo y pásalo a limpio.
5. Al acabar, tus compañeros y tú podéis leer y comparar vuestros trabajos en clase. También podéis publicarlos en el blog del aula o en la revista del centro.

Manos a la obra

Escribe tu texto a partir del inicio que hayas escogido. No olvides que el resultado debe ser un relato coherente.

» LENGUA Y SOCIEDAD

1. La narración

La narración es el **relato de unos hechos** que suceden a unos **personajes** en un **espacio** y en un **tiempo** determinados. Estos son los elementos que hay que tener en cuenta al analizar un texto narrativo:

ESTRUCTURA. Las obras narrativas se estructuran en tres partes:

PLANTEAMIENTO	NUDO	DESENLACE
Se presentan los personajes, sus relaciones, el espacio, el conflicto que se va a desarrollar, etc.	Es la parte central, en la que se desarrollan los conflictos.	Se produce la resolución de los conflictos. Suele coincidir con el final del relato.

ARGUMENTO	TEMA
Es la sucesión de los hechos que acontecen a los protagonistas.	Es el aspecto de la realidad sobre el que trata la narración: el amor, la venganza, las relaciones personales, etc.

PERSONAJES. Son los que llevan a cabo la acción. Según su importancia, son:

PRINCIPALES	SECUNDARIOS
Son los responsables directos de la acción. • Protagonista: en torno a él gira la acción. • Antagonista: se opone al protagonista.	Son meras comparsas de los principales y su papel es poco relevante.

ESPACIO Y TIEMPO. Dónde y cuándo acontecen los hechos narrados.

ESPACIO	Es el lugar donde se desarrollan los acontecimientos. Puede ser real, ficticio, imaginario, etc.
TIEMPO	Es el momento en que sucede la historia. Hay que diferenciar entre: • Tiempo narrativo (**interno**): es el que transcurre a lo largo del relato (una semana, dos años, etc.) • Tiempo histórico (**externo**): es el periodo o época en que en suceden los hechos (la Edad Media, el siglo XVIII, etc.) En un texto narrativo, los hechos se pueden contar: • En **orden cronológico**: siguiente el orden temporal en el que suceden. • A veces la historia no comienza por el principio, sino en medio de la historia (***in media res***). Otras veces la línea temporal se interrumpe para contar algo que sucedió en el pasado (***flashback***).

NARRADOR. Es la persona que cuenta los hechos. Según el punto de vista, hay varios tipos:

INTERNO Cuenta la historia desde dentro.		**EXTERNO** Narra desde fuera, en tercera persona.	
Narrador protagonista: en primera persona (forma autobiográfica).	**Otro personaje.**	**Omnisciente:** conoce todos los detalles del relato.	**Objetivo:** cuenta los hechos como si los observara desde fuera.

» ACTIVIDADES

17. Lee este texto y responde a las preguntas que se plantean a continuación:

> Miguel se acordó de Harmonía y de Rosa, que era de la misma edad que la hija de Enrique. Pensó que había hecho bien mandándolas a Rusia. Allí estarían a salvo de las bombas y del hambre y de la falta de medicamentos, aunque les faltase el cariño de la familia.
>
> MARINA MAYORAL: *Tristes armas.*

a) ¿Dónde transcurre la acción?

____

b) ¿Qué tipo de narrador aparece?

____

18. Reescribe el siguiente texto de manera que el narrador sea externo omnisciente:

> Bajamos buscando caminos inexistentes. Anduvimos por lechos pedregosos de ríos sin caudal. Cruzamos otros por vados peligrosos. Tuvimos suerte de no caer porque las ropas mojadas y el frío hubiesen sido una trampa mortal. Cuando la noche extendió su inmenso manto de luto, estábamos en un valle donde las plantaciones de tabaco eran cultivadas por laboriosos campesinos.
>
> MARÍA DEL CARMEN DE LA BANDERA: *Cuba linda y perdida.*

Bajaron buscando ______________________________

____

____

____

____

____

____

____

____

Narración, descripción y diálogo

- La **narración** suele combinarse con la descripción y el diálogo.
- La **descripción** consiste en representar con palabras el aspecto de una persona, un objeto, un lugar, etc. Puede ser: **objetiva** cuando se refleja lo descrito como es en realidad, o **subjetiva** si el autor da su visión personal de lo que describe.
- El **diálogo** es el texto en el que los personajes intercambian información. En los textos narrativos cada una de las intervenciones se introduce con un guion largo (—).

19. Lee el texto y responde a las cuestiones que se plantean:

> —¿Está Daniel? —preguntó Eduardo.
>
> El anciano le miró vagamente, como sin comprender.
>
> —¿No vive aquí Daniel? —insistió.
>
> —¡Ah, Daniel!... Entra, hijo mío. Por ahí andará.
>
> Y con la cabeza le indicó una puerta al extremo del pasillo. Luego, volviéndole la espalda, se fue a sus cosas.
>
> Eduardo entró en la habitación indicada. Era una pieza pequeña con una ventana al patio. En una cama de hierro negro yacía Daniel, vestido con una bufanda al cuello. La ventana estaba cerrada. Un olor peculiar y la espesura de la atmósfera daban a entender que aquella pieza no era ventilada con frecuencia. En las paredes se abrían grandes manchas de humedad nerveadas por grietas profundas.
>
> ANA M.ª MATUTE: *Luciérnagas.*

a) Subraya con diferentes colores la parte narrativa, la descriptiva y la dialogada.

b) ¿De qué tipo es la descripción? Razona tu respuesta.

____

____

c) ¿Qué tipo de narrador aparece? Justifícalo.

____

____

____

» LITERATURA

1. La métrica

La **métrica** es el **arte que estudia los versos** (sus combinaciones, su musicalidad y ritmo, etc.). Estas son algunas de las técnicas del análisis métrico:

Versos de arte mayor y de arte menor

Según el número de sílabas, los versos pueden ser:

- De **arte menor**: si tienen ocho sílabas o menos. Su rima se marca con letras en minúscula.
- De **arte mayor**: si tienen nueve o más sílabas. Su rima se marca con letras en mayúscula.

1.1. La medida silábica

La medida silábica de un verso es el **número de sílabas que tiene**. Para contarlas, hay que tener en cuenta estas normas:

Si el verso acaba en palabra **aguda**, se suma una sílaba.		Si el verso acaba en palabra **esdrújula**, se resta una sílaba.	
*[...] un forzado de **Dragut***	8 (7 + 1)	*Porque son, niña, tus ojos*	8
en la playa de Marbella	8	*verdes como el mar, te quejas;*	8
*se quejaba al ronco **son***	8 (7 + 1)	*verdes los tienen las **náyades**,*	8 (9 − 1)
del remo y de la cadena.	8	*verdes los tuvo Minerva.* [...]	8
LUIS DE GÓNGORA		GUSTAVO ADOLFO BÉCQUER	

Si el verso termina en una palabra **llana**, no se suma ni se resta ninguna sílaba.

Sinalefa: unión de dos sílabas que se pronuncian como una sola. Se produce cuando la última sílaba de una palabra acaba en vocal y la primera de la siguiente empieza por vocal, precedida o no de ***h*** muda.		**Diéresis:** pronunciación en dos sílabas de dos vocales que forman un diptongo. Se indica con el signo ortográfico ¨.	
trabaste en tu triste España	8	*Con un manso ru-ï-do*	7
con la entraña de su entraña	8	*de agua corriente y clara...*	7
MIGUEL DE UNAMUNO		GARCILASO DE LA VEGA	

2. La rima

La **rima** consiste en la **repetición de sonidos finales** a partir de la **última vocal tónica** de varios versos.

En la **rima consonante** se repiten los sonidos consonánticos y los vocálicos.		En la **rima asonante** se repiten solo los sonidos vocálicos.	
*¡Gozo de gozos, el alma en la p**iel**,*	A	*Se abrió la puerta que tiene*	–
*ante los dos el jardín inmort**al**,*	B	*goznes en mi coraz**ó**n,*	a
*el paraíso que es ella con **él**,*	A	*y otra vez la galería*	–
*óptimo el árbol sin sombra de m**al**!*	B	*de mi historia apareci**ó**.*	a
JORGE GUILLÉN		ANTONIO MACHADO	

» ACTIVIDADES

20. Cuenta las sílabas de los siguientes versos de Gustavo Adolfo Bécquer y di cómo se llaman por su medida:

Asomaba a sus ojos una lágrima ______
y a mi labio una frase de perdón; ______
habló el orgullo y se enjugó su llanto, ______
y la frase en mis labios expiró. ______

____

____

21. Di qué versos de las siguientes estrofas riman y si la rima es asonante o consonante:

Como cuando de niño jugaba al ajedrez
y ninguna otra cosa ocupaba mi tiempo,
con la misma pasión, con igual avidez
descubrí en la poesía el mejor pasatiempo.

José Gutiérrez

____

____

____

Ausente es el que llora, no el ausente.
Ausente somos todos
cuando sospecho que morir consiste
en repartir tu espíritu entre todos.

Álvaro García

____

____

____

22. Escoge la palabra adecuada que falta en los versos de este poema de Juan Ramón Jiménez para que cuadren la medida y la rima.

El mar lejano

La fuente aleja su cantata.
Despiertan todos los caminos...
¡Mar de la aurora, mar de plata;
qué limpio estás entre los ______________! (*sobrinos, parques, pisos, pinos*)

Viento del sur, ¿vienes ______________ (*solo, ciego, sonoro, lejano*)
de soles? Ciegan los caminos...
¡Mar de la siesta, mar de oro;
qué alegre estás sobre los pinos!

Dice el verdón no sé qué cosa...
Mi alma se va por los caminos...
¡Mar de la tarde, mar de ______________; (*olas, caracolas, rosa, sacarosa*)
qué dulce estás entre los pinos!

a) ¿Qué medida tienen los versos?

____

b) ¿De qué tipo es la rima?

____

3. Las estrofas

Los versos suelen formar **estrofas**, es decir, agrupaciones de versos que mantienen un esquema métrico determinado (número de versos, medida, rima, etc.).

Estas son algunas de las principales estrofas:

PAREADO

Versos de cualquier medida.
AA / aa / Aa / aA

La primavera ha venido.
Nadie sabe cómo ha sido.

ANTONIO MACHADO

TERCETO

Tres versos, comúnmente endecasílabos.
A–A

Hotel de Dios: pulsado ver los trenes
y buques. Parque al sur. Ventiladores.
Automóvil al mar y los andenes.

RAFAEL ALBERTI

CUARTETO

Cuatro versos de arte mayor, habitualmente endecasílabos.
ABBA

Radiante frío de diamante: ¡enero
de Madrid! Nace el día, esmerilado,
mate, lechoso, como algodonado,
bajo un frío de noche, bajo cero.

JUAN JOSÉ DOMENCHINA

SERVENTESIO

Cuatro versos de arte mayor, normalmente endecasílabos.
ABAB

Pobres mortales. Tristes inmortales.
España, patria despeinada en llanto.
Ríos con llanto. Lágrimas caudales.
Este es el sitio donde sufro. Y canto.

BLAS DE OTERO

SONETO

Catorce versos endecasílabos, agrupados en dos cuartetos y dos tercetos. ABBA ABBA CDC DCD / ABBA ABBA CDE CDE

Alga quisiera ser, alga enredada,
en lo más suave de tu pantorrilla.
Soplo de brisa contra tu mejilla.
Arena leve bajo tu pisada.

Agua quisiera ser, agua salada
cuando corres desnuda hacia la orilla.
Sol recortando en sombra tu sencilla
silueta virgen de recién bañada.

Todo quisiera ser, indefinido,
en torno a ti: paisaje, luz, ambiente,
gaviota, cielo, nave, vela, viento...

Caracola que acercas a tu oído,
para poder reunir, tímidamente,
con el rumor del mar, mi sentimiento.

ÁNGEL GONZÁLEZ

ROMANCE

Serie indeterminada de versos octosílabos con rima asonante en los pares mientras que quedan sueltos los impares.
8–, 8a, 8–, 8a, ...

En la mitad del barranco
las navajas de Albacete,
bellas de sangre contraria,
relucen como los peces.
Una dura luz de naipe
recorta en el agrio verde
caballos enfurecidos
y perfiles de jinetes.
En la copa de un olivo
lloran dos viejas mujeres.
El toro de la reyerta
se sube por las paredes.

FEDERICO GARCÍA LORCA

» ACTIVIDADES

23. Relaciona cada texto con el nombre de la estrofa que corresponda.

- [ ] terceto
- [ ] serventesio
- [ ] soneto
- [ ] cuarteto
- [ ] romance
- [ ] pareado

1

A las puertas del palacio,
de una señora de bien,
llega un lindo caballero,
corriendo a todo correr.
Como el oro es su cabello,
como la nieve su tez;
sus ojos como dos soles,
y su voz como la miel.

ANÓNIMO (fragmento)

2

¿Qué más consuelo queréis
pues con la vida volvéis?

CALDERÓN DE LA BARCA

3

En medio del invierno está templada
el agua dulce desta clara fuente,
y en el verano más que nieve helada.

GARCILASO DE LA VEGA

4

La tarde taciturna se borraba,
en medio de una calma dulce y quieta,
y entre la sombra azul de la glorieta
el palor de la luna se filtraba.

JUANA DE IBARBOROU

5

Viajé a las leyendas del maestro
para soñar al lado de sus rimas.
Deseché las palabras que no estimas
ensuciando este mundo tan siniestro.

Hay textos pretenciosos de lo diestro
de lenguajes vulgares por las cimas.
Con tu inmortal recuerdo, tú me animas
a rescatar tus sueños del secuestro.

Porque las letras llenas de vacío
vacían este lleno de mi alma
de sueños congelados por el frío.

de este mundo que borra de la palma
de mi mano leyendas de ese río
de tu arte que rimaba con mi calma.

GUSTAVO ADOLFO BÉCQUER

6

Yo soy aquel que ayer no más decía
el verso azul y la canción profana,
en cuya noche un ruiseñor había
que era alondra de luz por la mañana.

RUBÉN DARÍO

24. Escribe el nombre de las estrofas que aparecen a continuación: pareado, terceto, cuarteto y serventesio.

1 ______

2 ______

3 ______

4 ______

1

Sobre la pena duermo solo y uno,
pena es mi paz y pena es mi batalla,
perro que ni me deja ni se calla,
siempre a su dueño fiel, pero importuno.

MIGUEL HERNÁNDEZ

2

¡Primavera soriana, primavera
humilde, como el sueño de un bendito,
de un pobre caminante que durmiera
de cansancio en un páramo infinito!

ANTONIO MACHADO

3

La primavera ha venido.
Nadie sabe cómo ha sido.

ANTONIO MACHADO

4

Temprano levantó la muerte el vuelo,
temprano madrugó la madrugada,
temprano estás rodando por el suelo.

MIGUEL HERNÁNDEZ

» GRAMÁTICA

1. La oración

La **oración** es la **unidad gramatical** mínima que comunica algo con **sentido completo**. Está comprendida entre pausas y tiene una entonación independiente. Se estructura en dos partes: un sintagma nominal sujeto y un sintagma nominal predicado.

Los niños | han dejado las bicicletas en la plaza.
SN (Sujeto) | SV (Predicado)

1.1. El sujeto

Es la función sintáctica que desempeñan las palabras que concuerdan en número y persona con el verbo de la oración. Este puede realizar la acción verbal (sujeto agente) o no (paciente o experimentante). El núcleo del sujeto puede ser:

- Un **nombre**: *Los alumnos asistieron a un concierto.*
- Un **pronombre**: *Nosotras entrenamos cada día en el polideportivo.*
- Una palabra **sustantivada** o una **oración subordinada sustantiva.** *El saber no ocupa lugar.*

Pueden desempeñar la función de sujeto:

Un **sintagma nominal**	***Mi primo*** *vive en Santander.*
Un **pronombre**	***Ellos*** *siempre son muy considerados.*
Una **palabra sustantivada**	***Andar*** (verbo) *es muy beneficioso; El* ***sí*** (adverbio) *de la novia fue categórico; El* ***rojo*** (adjetivo) *es mi color preferido;* ***Sino*** (conjunción) *es una conjunción adversativa.*
Una **oración subordinada sustantiva**	*Me alegra* ***que hayas aprobado todo el curso.***

El **sujeto elíptico** es aquel que no se expresa, pero se deduce por el contexto o por la desinencia verbal. Así, la oración *Te hemos esperado toda la mañana* tiene un sujeto elíptico: *nosotros*.

1.2. El predicado

El **predicado** es todo lo que se dice del sujeto en una oración. Su núcleo es siempre un **verbo**, que puede ir acompañado de otros sintagmas que amplían la información.

El niño | descansa. → El niño | descansa | plácidamente en su cuna desde las doce del mediodía.
SN (Sujeto) | SV (Predicado) | SN | V | Complementos
SN (Sujeto) | SV (Predicado)

» ACTIVIDADES

25. Identifica el SN (sujeto) y el SV (predicado) de estas oraciones:

Ej.: *Esa empresa* [SN (Sujeto)] *ha construido una fábrica en las afueras de la ciudad*. [SV (Predicado)]

a) Los libros de esa estantería son del siglo XIX.

Sujeto: ______

Predicado: ______

b) Los controladores de esa compañía aérea están en huelga.

Sujeto: ______

Predicado: ______

c) Todos los partidos políticos han firmado un acuerdo de legislatura.

Sujeto: ______

Predicado: ______

d) Esta tarde el cartero me ha entregado una carta certificada.

Sujeto: ______

Predicado: ______

26. Subraya el SN (sujeto) de estas oraciones y di cuál es su núcleo:

Ej.: ***Ese joven escritor*** *publicó dos novelas el año pasado.* Núcleo: ***escritor***.

a) Esas gafas marrones de sol son de Laura.

Núcleo: ______

b) Han aparecido restos de una antigua civilización humana.

Núcleo: ______

c) Lucas, el hermano de mi novia, es de Barcelona.

Núcleo: ______

d) Las cinco últimas personas de la cola se quedaron sin entradas.

Núcleo: ______

27. Escribe el sujeto de los verbos destacados en este texto:

Constanza **era** una mujer muy especial —me **había dicho** el capitán una mañana en que, con audacia casi irresponsable, **sobrevolábamos** Madrid y la glorieta de Atocha para que yo viera desde el aire el edificio donde **vivíais** Ramiro y tú—. Le gusta ayudar a la gente, es superior a sus fuerzas. **Ve** a alguien necesitado y le **presta** su ayuda. Por eso sé que te **acogerá**, siempre y cuando **representes** bien tu papel de huérfano.

FERNANDO MARÍAS: *Cielo abajo*.

______

______

______

28. Subraya el SV (predicado) de estas oraciones y di cuál es su núcleo:

Ej.: *Los jardineros* ***han plantado rosales en el parque***. Núcleo: ***han plantado***.

a) Los soldados obedecieron las órdenes de su capitán.

Núcleo: ______

b) Un barco español rescató a los náufragos.

Núcleo: ______

c) El concierto empezó con retraso a causa de una tormenta.

Núcleo: ______

d) El acusado estuvo nervioso durante el juicio.

Núcleo: ______

29. Di cuál es el sujeto elíptico de las siguientes oraciones:

a) Dime cuándo pasarás por mi casa a recoger tus apuntes.

Sujeto elíptico: ______

b) Subid inmediatamente a vuestra habitación y ordenadla.

Sujeto elíptico: ______

El núcleo del sujeto y el núcleo del predicado deben **concordar** siempre en **número y persona**.

Cuando tengamos alguna duda para identificar el sujeto de una oración, debemos **cambiar de número el verbo**: el sintagma que también cambie será el sujeto. Ej.: *Me* ***gusta*** *mucho ese libro.* → *Me* ***gustan*** *mucho esos libros.*

1.3. Oraciones impersonales

Son las que carecen de sujeto porque no existe, porque no es necesario o porque no interesa expresarlo. Distinguimos estos tipos:

- **Unipersonales:** se construyen con verbos que expresan fenómenos atmosféricos o naturales: *llover*, *nevar*, *amanecer*, etc.
  Ha llovido durante toda la noche.
- **Gramaticalizadas:** se construyen con los verbos *haber* y *hacer* en 3.ª persona del singular, y con el verbo ser en 3.ª persona del singular o del plural.
  Hay un gran atasco en la autopista.
  En Siberia hace mucho frío.
- **Reflejas:** se construyen con el pronombre *se* y un verbo en 3.ª persona del singular:
  Aquí se está muy a gusto.

2. La modalidad oracional

Según la actitud que exprese el hablante, clasificamos las oraciones de este modo:

ORACIONES		CARACTERÍSTICAS	EJEMPLOS
ENUNCIATIVAS		Informan de algo objetivamente.	*Hemos comprado un quilo de tomates.*
INTERROGATIVAS	DIRECTAS	Ambas formulan preguntas. Las directas tienen entonación interrogativa y en la escritura van entre signos de interrogación; las indirectas, no.	*¿Has ido a Zaragoza este fin de semana?*
	INDIRECTAS		*No me ha dicho usted cómo se llama.*
EXCLAMATIVAS		Expresan emociones, sentimientos, estados de ánimo. En la escritura van entre signos de exclamación.	*¡Qué contento estoy con tu venida!*
IMPERATIVAS O EXHORTATIVAS		Expresan mandatos, órdenes, prohibiciones, ruegos, etc.	*Llama por teléfono a tus padres ahora.*
DESIDERATIVAS U OPTATIVAS		Expresan deseos.	*Ojalá apruebe todos los exámenes este trimestre.*

» ACTIVIDADES

30. Completa la tabla de oraciones impersonales, según el ejemplo:

Ejemplo	Clase de impersonal	Características
a) *Llueve intensamente desde anoche.*	Unipersonal.	Verbos que expresan fenómenos atmosféricos.
b) En ese lugar hace un calor sofocante.		
c) Ahora todavía es de noche.		
d) Había un coche averiado en el arcén.		
e) En mi empresa se trabaja mucho.		
f) Han traído un paquete para ti.		

31. Transforma la oración enunciativa de la tabla en cada una de las modalidades indicadas. Fíjate en el ejemplo:

Enunciativa	*Ana ha visitado Londres este año.*
Interrogativa	*¿Ana ha visitado Londres este año?*
Exclamativa	
Imperativa o exhortativa	
Desiderativa u optativa	

32. Indica si estas afirmaciones son verdaderas (V) o falsas (F):

☐ El núcleo del sujeto y el núcleo del predicado siempre concuerdan en género y número.

☐ Las oraciones imperativas expresan deseos o mandatos.

☐ Las oraciones impersonales tienen sujeto, pero no se expresa.

☐ Las oraciones desiderativas informan de algo objetivamente.

33. Indica la modalidad oracional de estas oraciones, según la actitud del emisor:

Ej.: *¡Qué golazo ha marcado!* → Exclamativa

a) Olvídate de las vacaciones y ponte a trabajar.

b) Ramón ha sido nombrado director general.

c) Ojalá se recupere pronto de su enfermedad.

d) ¿Has leído el libro que te recomendé?

e) No sé cómo decirle lo que siento.

f) ¡Has tardado mucho en llegar!

34. Transforma estas oraciones interrogativas directas en interrogativas indirectas.

a) ¿Quién te ha regalado ese móvil?

b) ¿Cuándo te darán los resultados de la prueba?

c) ¿Cuánto has estudiado para el examen?

» LÉXICO

1. Significado denotativo y significado connotativo

El significado de una palabra es la **idea o concepto con el que la relacionamos**. Las palabras pueden tener dos tipos de significado:

- El **significado denotativo** es el significado **objetivo** de una palabra, es decir, el que aparece en los diccionarios y significa lo mismo para todos los hablantes de una lengua. Fíjate en este ejemplo:

El **pirata** ordenó abordar la nave enemiga.

PIRATA: Persona que navega sin licencia y asalta y roba barcos en el mar o en las costas.

En esta oración, la palabra *pirata* presenta un significado compartido por todos los hablantes de una lengua.

- El **significado connotativo** es el significado **subjetivo** que presenta una palabra, dependiendo del contexto en el que se emplee, quiénes sean los emisores o los receptores, etc. Observa:

Un **pirata** informático accedió a los datos de los clientes del banco.

PIRATA: Persona que se apropia de información o de trabajo ajeno.

En este caso, la palabra *pirata* ha adquirido un significado nuevo, debido al uso que los hablantes han hecho de este término.

¿SABÍAS QUE...?

Con el significado connotativo se transmiten sentimientos y emociones. Así, los hablantes aportan valores positivos, peyorativos, picarescos, culturales, etc. que no están expresados en el significado objetivo de la palabra.

Prácticamente todas las palabras pueden usarse con distintos valores connotativos. Así, la palabra *mar* no tiene el mismo valor para un bañista que para un pescador o para un náufrago, etc.

» ACTIVIDADES

35. Lee los siguientes pares de oraciones e indica en cada caso en qué oración se usa la palabra destacada con un significado denotativo y en cuál se usa con un significado connotativo:

a) Eres un **sol** en mi vida. ______

El **sol** aprieta hoy de lo lindo. ______

b) ¿Todavía no **has pescado** nada? ______

He pescado un resfriado que no me lo quito de encima. ______

c) Al jubilarse empezó el verdadero **otoño** de su vida. ______

Los atardeceres de **otoño** me llenan de melancolía. ______

d) Las golondrinas hicieron un **nido** en el alerón del tejado. ______

Han creado su **nido** de amor después de varios años de relación. ______

36. En *www.barcanova.cat* encontrarás un vídeo sobre el significado de la palabra *piratería*. Míralo y realiza las siguientes actividades.

a) Explica qué significa *piratería*.

______

b) ¿Es un significado denotativo o connotativo? Justifica tu respuesta.

______

c) ¿Cómo crees que podría evitarse la piratería?

______

37. Muchos zoónimos (nombres de animales) presentan significados con valores connotativos. Por ejemplo: *Mi primo es un lince para los negocios* ('persona astuta, muy lista').

Escribe una oración con cada una de estas palabras en las que se empleen con significado connotativo:

a) buitre

______

b) cotorra

______

c) pavo

______

d) tortuga

______

e) gallo

______

★ LUDOLENGUA

38. ¿Sabías que los zoónimos son también nombres propios de animales famosos, como los caballos Babieca, Rocinante o Bucéfalo? ¿Quiénes eran los jinetes de estos caballos? Averígualo para empezar a jugar. Después, por parejas y durante un tiempo determinado por el profesor, anotad nombres de otros animales famosos de la literatura, el cine, el cómic, etc.

» ORTOGRAFÍA

1. El acento diacrítico

El **acento diacrítico** se usa para diferenciar una palabra de otra que se escribe igual pero tiene distinto significado.

CON TILDE	
DÉ	Forma del verbo *dar*: *¿Quieres que le* ***dé*** *el libro?*
ÉL	Pronombre personal: ***Él*** *tiene 15 años.*
MÁS	Adverbio o determinante de cantidad: *Dame un poco* ***más****.*
MÍ	Pronombre personal: *Eso es para* ***mí****.*
TÚ	Pronombre personal: ***Tú*** *no eres mago.*
SÉ	Forma del verbo *saber* y del verbo *ser*: ***Sé*** *que has estudiado. /* ***Sé*** *más formal.*
SÍ	Adverbio de afirmación o pronombre personal: ***Sí****, el abrigo es mío. / Se lo prometió a* ***sí*** *mismo.*
TÉ	Sustantivo: *No me gusta nada el* ***té****.*

SIN TILDE	
DE	Preposición: *Ese anillo es* ***de*** *mi padre.*
EL	Artículo: ***El*** *chico tiene 15 años.*
MAS	Conjunción ('pero'): *Luchó con todas sus fuerzas,* ***mas*** *no lo logró.*
MI	Determinante posesivo: ***Mi*** *amigo viajó a Roma.*
TU	Determinante posesivo: ***Tu*** *gato es tranquilo.*
SE	Pronombre personal: ***Se*** *escribían mensajes.*
SI	Conjunción condicional: ***Si*** *tienes frío, tápate.*
TE	Pronombre personal: ***Te*** *lo diré en secreto.*

Las formas *que*, *cual*, *quien*, *como*, *cuanto*, *cuando* y *donde* se escriben con tilde diacrítica cuando presentan valor **interrogativo** o **exclamativo**. Fíjate en los ejemplos:

- **Que / qué:** *Quiero* ***que*** *te vayas. / ¿****Qué*** *dices? / ¡****Qué*** *niño tan bonito!*
- **Cual / cuál:** *Es un tema del* ***cual*** *no quiero hablar. / ¿****Cuál*** *quieres?*
- **Quien / quién:** ***Quien*** *llegue pronto, conseguirá entrada. / ¿****Quién*** *era el ladrón? / ¡****Quién*** *pudiera irse de vacaciones!*
- **Como / cómo:** *Lo hizo* ***como*** *le mandaste. / ¿****Cómo*** *es en persona? / ¡****Cómo*** *me gustaría poder volar!*
- **Cuanto / cuánto:** *Hizo* ***cuanto*** *pudo. / ¿****Cuánto*** *dinero has gastado? / ¡****Cuánto*** *te quiero!*
- **Cuando / cuándo:** *Llegaré* ***cuando*** *pueda. / ¿****Cuándo*** *empieza el programa? / ¡****Cuándo*** *llegará ese día!*
- **Donde / dónde:** *Ese es el barrio* ***donde*** *vive. / ¿****Dónde*** *está mi libro?*

Ficha ortográfica

- Las formas de presente de indicativo del verbo *saber* son: *sé*, *sabes*, *sabe*, *sabemos*, *sabéis*, *saben*. El imperativo del verbo *ser* es: *sé* (tú), *sea* (usted), *sed* (vosotros), *sean* (ellos).
- No hay que confundir *sino* (conjunción adversativa) con la combinación *si no* (conjunción condicional y negación): *No estoy triste,* ***sino*** *cansada. /* ***Si no*** *vienes, tú te lo pierdes*. La palabra *sino* también puede ser un sustantivo ('destino'): *Este es mi* ***sino****: trabajar veinticuatro horas al día*.
- Son incorrectas las formas *cuálo y *cuála que se usan a veces en el lenguaje vulgar: *Coge la hoja. ¿Cuál?* (No **¿Cuála?*)

» ACTIVIDADES

39. Elige la palabra correcta en cada caso.

a) Busca a quien te ____ (*dé - de*) un buen consejo.

b) Como era generoso, ____ (*sé - se*) lo dio a su compañero.

c) Cuantos ____ (*más - mas*) vengan, mejor para todos.

d) El mensaje era para ____ (*mí - mi*), pero se confundió y no me llegó.

e) Ya lo creo que ____ (*sí - si*), harás lo que yo te diga.

40. Escribe una oración en la que aparezcan (con y sin tilde) las dos palabras de cada serie:

a) tú - tu

____

b) té - te

____

41. Completa con la palabra adecuada en cada caso:

a) *qué - que*

¿______ autobús coges normalmente?

Quiero ______ me indiques la ruta.

Dime ______ autobús tengo que coger.

b) *quién - quien*

Se lo daré a ______ me lo pida.

¿______ ha tocado el timbre?

Dime ______ te ha acompañado a casa.

c) *cuál - cual*

¿______ te interesa más?

Cada ______ tiene sus gustos.

No sé ______ es su verdadero nombre.

42. Escribe correctamente estos refranes y pon acento donde sea necesario.

a) Mas vale pajara an mana qua caaranta valanda.

____

b) Al qua raa al altama, raa majar.

____

c) Mas saba al daabla para vaaja qua par daabla.

____

d) Dal arbal caada, tadas hacan laña.

____

43. Copia estas oraciones añadiendo los acentos que faltan.

a) Los coches jamas deben circular por el arcen.

____

b) Mire un album de fotos tumbado en el cesped del jardin.

____

c) Ese arbol crece rapidamente en la tierra fertil.

____

d) ¿Cuando sabras el resultado de los analisis?

____

44. Completa con *sino* o *si no*, según convenga.

a) No es a mí, ______ a ti a quien reclaman el dinero.

b) ______ te queda tiempo para estudiar, tendrás que buscarlo.

c) Creía que los cambios constantes de trabajo formaban parte de su ______.

d) ______ estás seguro de la talla, no lo compres.

e) No le interesaba el dinero, ______ lo que se podía comprar con él.

f) ______ hubiera sido por su ayuda, nunca habríamos llegado hasta aquí.

g) No conozco a sus padres, ______ a sus abuelos.

» PONTE A PRUEBA

Lee y comprueba si lo has comprendido

TU CEREBRO Y TÚ

Seis motivos (científicos) por los que es bueno leer

Los libros son las pesas de tu cerebro. Y no dan agujetas

Leer es divertido y fácil. Los libros educan, dan tema de conversación, proporcionan compañía y son baratos, incluso gratis, si recurres a una biblioteca o al proyecto Gutenberg. Pero además de todo eso, leer es bueno para tu cerebro. Te hace más listo, te relaja, incluso te ayuda a ser mejor persona. En serio. Pero eso no son motivos para leer. Solo son efectos secundarios. Aquí van seis de ellos.

1. **Una escuela de empatía.** La lectura es tecnología para acceder a otros puntos de vista. Leer la historia de diferentes personas nos ayuda a comprender los sentimientos y pensamientos ajenos, sin que sea tan importante que esas personas sean reales o imaginarias.
2. **Gimnasia cerebral.** La lectura mantiene el cerebro en forma; de hecho, toda actividad mental estimulante, como el ajedrez o los crucigramas, ayuda a que nuestra mente aguante con salud durante décadas.
3. **Es muy positivo que la gimnasia comience lo antes posible.** Comenzar a leer de niños (y hacerlo mucho) ayuda a desarrollar la comprensión lectora, a ampliar el vocabulario y está relacionado con un mayor conocimiento tanto académico como práctico en los siguientes años.
4. **Relaja.** Uno de los efectos positivos que tiene agarrar un libro y no soltarlo durante un buen rato es que es un buen ejercicio de relajación. Leer relaja más que escuchar música, dar un paseo, tomarse una taza de té o los videojuegos.
5. **No hay diferencia con los libros electrónicos.** Casi. Leer en un *e-book* es como leer de una página infinita y nos resulta más difícil recordar lo que hemos leído si no tenemos referentes como la posición del texto en la página o si estaba en la página izquierda o derecha, por ejemplo. Aparte de este detalle, no hay por qué tenerle manía al libro electrónico.
6. **Leer es *sexy*.** Esta frase no es solo una excusa para publicar fotos de gente guapa que tiene un libro entre las manos casi por casualidad. Tiene base científica: por un lado, leer aumenta la inteligencia. Por otro lado, la inteligencia es un atributo que deseamos en nuestras parejas. Según un estudio al respecto: «Rasgos como el lenguaje, el humor y la inteligencia han evolucionado en ambos sexos porque son sexualmente atractivos».

JAIME RUBIO HANCOCK, en *verne.elpais.com*, 10 de mayo de 2015.

1. En el texto, la intención del autor es...

- [ ] contar su experiencia como lector.
- [ ] convencer de las ventajas de la lectura.
- [ ] dar a conocer algunas aportaciones científicas sobre el tema.

2. Explica el significado de la expresión *Los libros son las pesas de tu cerebro*:

____

____

3. ¿Qué recurso literario aparece en la expresión de la actividad anterior?

- [ ] comparación
- [ ] metáfora
- [ ] hipérbole

4. Marca el significado de la palabra *empatía* en el texto:

- [ ] Relación afectiva entre personas, generalmente espontánea y mutua.
- [ ] Capacidad de identificarse con alguien y compartir sus sentimientos.
- [ ] Amistad o relación cordial que mantienen entre sí algunas personas.

5. Según el autor, ¿cuáles son los efectos secundarios de la lectura?

____

____

6. ¿Por qué leer un *e-book* es como leer una página infinita?

____

____

7. Numera las siguientes frases según el orden en que aparecen en la lectura.

- [ ] No hay por qué tenerle manía al libro electrónico.
- [ ] Leer aumenta la inteligencia.
- [ ] Leer relaja más que escuchar música.
- [ ] Leer es divertido y fácil.

8. Busca en el texto una palabra que lleve acento diacrítico y cópiala.

____

9. Identifica el SN (sujeto) de las siguientes oraciones y di cuál es su núcleo.

a) La lectura mantiene el cerebro en forma.

____

b) Nos proporcionan mucha compañía los libros.

____

10. Relaciona cada expresión con su significado, que encontrarás más abajo.

a) colgar los libros
b) ser como un libro abierto
c) ser de libro
d) dar lectura

- [ ] Leer en voz alta públicamente.
- [ ] Ser elemental, de pura lógica.
- [ ] Abandonar los estudios.
- [ ] Ser sincero, no guardar secretos.

Observa

La lectura es un viaje sin límites en el espacio y en el tiempo, una fuente inagotable de conocimiento sobre el mundo y sobre ti mismo. Compruébalo en estos vídeos que encontrarás en el espacio personal de la web *www.barcanova.cat*.

Escribe

Inventa otras «definiciones poéticas» de la palabra *libro* y represéntalas como en estos ejemplos:

Los libros son las 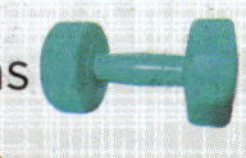 de tu .

Un libro es un  con muchas .

UNIDAD 3

CLUB DE LECTURA » *Lobos en el bosque*
TOMA LA PALABRA » Mi perro favorito
DILO POR ESCRITO » Un mundo mejor
LENGUA Y SOCIEDAD » La exposición. La argumentación
LITERATURA » El Renacimiento. La literatura en el Renacimiento
GRAMÁTICA » El sintagma nominal. El nombre o sustantivo. Los determinantes. Los pronombres
LÉXICO » El cambio semántico
ORTOGRAFÍA » Acentuación: algunas normas importantes

Preparamos la lectura

1. ¿Te gustan los perros? ¿Tienes algún animal en casa? Explícalo.

2. ¿Qué te sugieren las ilustraciones que acompañan la lectura? Anota algunas ideas.

★ CON LAS MISMAS LETRAS

Si te fijas, a partir de una palabra, es posible formar otras combinando las letras de maneras diferentes. Por ejemplo, a partir de la palabra *ciervos*, podemos obtener: *seco*, *rico*, *verso*, *ceros*, *recios*, *reviso*, etc. Formad grupos y jugad, siguiendo las pautas que os dé vuestro profesor o profesora. Gana el grupo que más palabras consiga en un tiempo dado.

» CLUB DE LECTURA

VOCABULARIO

baya *f.* Fruto carnoso, como el tomate o la uva.

cónico, ca *adj.* Que tiene forma de cono.

tipi *m.* Tienda de campaña de piel y en forma de cono.

alerce *m.* Árbol de gran altura, tronco delgado y hojas blandas.

astado, da *adj.* Que tiene astas o cuernos.

leño *m.* Palo, madero.

voluta *f.* Figura en forma de espiral.

mondo, da *adj.* Limpio, desnudo.

carroñero, ra *adj.* Dicho de un animal, que se alimenta de restos de carne.

taiga *f.* Bosque en zonas muy frías del hemisferio norte.

cérvido *m.* Del grupo de mamíferos rumiantes, entre los que se encuentran el ciervo y el reno.

tundra *f.* Terreno llano, de clima muy frío y subsuelo helado, falto de vegetación arbórea.

Lobos en el bosque

El sol se había puesto y las temperaturas habían bajado todavía más. Eran los meses más fríos y duros, en los que el día era tan corto que apenas había tiempo para cazar, para remendar las tiendas o para cortar leña para el fuego. La temperatura exterior nunca subía de los cero grados. Hacia finales del invierno, la cosa siempre se ponía difícil: se terminaban las **bayas** secas del verano anterior y, a partir de entonces, había carne para desayunar, carne a mediodía y carne para la cena. Casi siempre carne de reno, claro. Y, de vez en cuando, solo para variar, un poco de caballo o liebre.

En el campamento había cinco tiendas: altas y **cónicas**, **tipis** robustos. Cada una estaba construida sobre un armazón de siete u ocho postes de **alerce** cubiertos de pieles, todas cosidas entre sí y atadas para resistir el empuje del viento. [...] Fuera del círculo de tipis había un lugar para cortar leña. Un par de hombres se pasaban el día partiendo los troncos derribados de los alerces a fin de mantener encendidos los fuegos de las tiendas. En otro sitio yacían los restos escasos de lo que había sido un reno. Se lo habían repartido entre las cinco familias y se lo habían llevado a las tiendas. A excepción de la cabeza, habían devuelto el cráneo **astado** a la linde del bosque. Una vez allí, un joven se lo había atado al cinturón y había trepado por un árbol para encajar el cráneo entre una rama y el tronco: un entierro aéreo, ofrenda a los espíritus del bosque y al espíritu del mismo reno.

Después de otra comida de carne y poco más, las familias empezaron a retirarse a dormir. Los niños fueron abrigados bajo montones de pieles de reno. El último adulto en acostarse en cada tienda hacía una pila de **leños** sobre el fuego. [...]

A medida que se diluían las **volutas** de humo que escapaban por la parte superior de las tiendas, y que se apagaba el murmullo de las conversaciones, la carcasa **monda** del borde del campamento empezó a atraer **carroñeros** del bosque. Emergiendo de las sombras de la **taiga**, huraños y silenciosos, los lobos se acercaron al campamento. Dieron cuenta de los restos del **cérvido** y luego merodearon entre las tiendas y el hogar central, en busca de más restos, antes de desaparecer una vez más entre los árboles.

Los cazadores estaban acostumbrados a la proximidad de los lobos. Incluso veían un vínculo espiritual con esos animales, que también luchaban por sobrevivir en aquellos bosques poco frondosos del límite de la verdadera **tundra**.

Fue al final de aquel invierno largo y duro —seguramente más largo y más duro incluso que el anterior— cuando un solo lobo, uno joven, llegó hasta el centro del campamento. Había una niña de unos siete años sentada en un tronco, reparando sus flechas, y el lobo se acercó mucho a ella. La niña paró de hacer lo que estaba haciendo. Dejó las flechas en el suelo, apoyó las manos en las rodillas y se quedó mirando la nieve pisoteada y compacta. El lobo se acercó un poco más con pasos silenciosos. La niña volvió a levantar y bajar la mirada. Por fin el lobo llegó a su lado. Ella sintió su aliento cálido en la piel. Luego el lobo le lamió la mano y se sentó un momento sobre las patas traseras. La niña alzó la vista y miró a los ojos azules del joven lobo. Hubo un momento asombroso de conexión. Por fin, el lobo se levantó de un salto, giró en redondo y se alejó brincando, de vuelta a la taiga, de vuelta a las sombras. [...]

Habitualmente, los lobos se esfumaban en verano, cuando la caza era más provechosa que la **carroña** de los cazadores humanos. Pero, al parecer, aquellos lobos —o por lo menos algunos de ellos— se habían sentido atraídos por la compañía de los humanos, uniéndose incluso a sus cacerías y sacando provecho de la presa caída. [...]

Ahora cada vez más lobos se aventuraban en el campamento durante el día, y no parecían agresivos. Al cabo de unos cuantos inviernos y veranos más, los padres empezaron incluso a dejar que sus hijos jugaran con los amistosos cachorros de lobo, revolcándose con ellos y jugando a pelear en el espacio entre las tiendas. Algunos lobos empezaron a dormir cerca del campamento. Estaba claro que aquella manada se había asociado con los humanos. Cuando estos **desmantelaban** las tiendas, recogían sus cosas y se trasladaban, los lobos se mudaban con ellos.

¿Quién domesticó a quién? ¿Fueron los lobos quienes eligieron a la gente o fue la gente la que eligió a los lobos? Independientemente de cómo empezara, aquella alianza cambiaría la fortuna de los humanos y también la forma y la conducta de sus compañeros caninos. Al cabo de unas pocas generaciones, los lobos más amistosos ya habían empezado a menear el rabo. Se estaban convirtiendo en perros.

ALICE ROBERTS: *Domesticados* (texto adaptado).

VOCABULARIO

carroña *f.* Carne podrida de animales muertos.

desmantelar *v.* Desmontar.

» ACTIVIDADES

Comprensión de la lectura

1. ¿En qué período de la historia de la humanidad se desarrollan las situaciones descritas en la lectura?

- ☐ En la Prehistoria.
- ☐ En la Edad Media.
- ☐ En la época actual.

2. ¿Cómo eran los tipis en donde vivían nuestros antepasados? Descríbelos brevemente.

____

____

____

3. ¿Por qué llevaban al bosque los cráneos de los renos que les servían de alimento?

- ☐ Para ahuyentar a los lobos.
- ☐ Para atraer a más renos y poder cazarlos.
- ☐ Para realizar una ofrenda a los espíritus.

4. ✓ Explica cómo comenzó el acercamiento entre los lobos y los seres humanos.

____

____

____

5. ¿Por qué los lobos finalmente pasaron a formar parte de la vida cotidiana de los humanos?

- ☐ Porque se habían vuelto menos agresivos.
- ☐ Porque protegían a los niños con quienes jugaban.
- ☐ Porque contribuían al éxito de las cacerías.

6. Explica, brevemente, cómo termina el relato.

____

____

____

____

Expresión personal

7. El texto que has leído trata de...

- ☐ describir la dureza de las condiciones de vida de los primeros seres humanos.
- ☐ explicar cómo los perros se convirtieron en animales domésticos.
- ☐ demostrar que los lobos son los antepasados de los perros.

8. Inventa otro título que sea adecuado para la lectura.

____

9. Numera estas frases según el orden en que aparecen en la lectura.

- ☐ Fuera del círculo de tipis había un lugar para cortar leña.
- ☐ Había una niña de unos siete años sentada en un tronco.
- ☐ La temperatura exterior nunca subía de los cero grados.
- ☐ Los lobos más amistosos ya habían empezado a menear el rabo.
- ☐ Hacia finales del invierno, la cosa siempre se ponía difícil.
- ☐ Estaba claro que aquella manada se había asociado con los humanos.
- ☐ ¿Quién domesticó a quién?
- ☐ Los cazadores estaban acostumbrados a la proximidad de los lobos.

10. Relaciona los nombres de crías con los animales correspondientes.

jabato •	• cerdo
lechón •	• rana
gazapo •	• caballo
pichón •	• víbora
alevín •	• jabalí
renacuajo •	• ciervo
cervatillo •	• pez
potro •	• paloma
viborezno •	• conejo

11. Escribe junto a cada serie de animales el hiperónimo que los englobe.

cánido • ave • anfibio • crustáceo
úrsido • cefalópodo

a) ____________: oso polar, oso panda, oso pardo

b) ____________: rana, sapo, salamandra, tritón

c) ____________: colibrí, avestruz, loro, golondrina

d) ____________: zorro, perro, lobo, chacal

e) ____________: pulpo, sepia, calamar, chipirón

f) ____________: langosta, cangrejo, percebe, bogavante

12. Relaciona las siguientes expresiones que contienen la palabra *perro* con su significado:

a) A otro perro con ese hueso.
b) Atar los perros con longaniza.
c) Tratar a alguien como a un perro.
d) De perros.
e) Llevarse como el perro y el gato.
f) Ser perro viejo.

☐ Muy malo o desagradable.
☐ Estar discutiendo continuamente.
☐ Ser rico y hacer ostentación de ello.
☐ Rechazar algo por increíble.
☐ Como si no se tratase de un ser humano.
☐ Ser una persona astuta y con mucha experiencia.

13. Lee la siguiente noticia y responde a las preguntas que se plantean.

Un perro salva a su dueño de 81 años que cayó en un barranco

Los verdaderos amigos están en las buenas y en las malas. Así resultó ser el perro llamado Peluche, que no se separó de su dueño, de 81 años, accidentado en un barranco del barrio de El Fondillo, en Las Palmas de Gran Canaria.

El anciano salió a pasear a su can en la tarde del 3 de febrero, pero sufrió una caída y permaneció inmóvil en el barranco durante más de siete horas. Su hijo denunció su desaparición por la noche, preocupado por el hecho de que el hombre no había vuelto a casa.

Los agentes de la Policía local lograron localizarlo gracias a los ladridos del *yorkshire*, que les sirvieron de faro aquella madrugada. El perro siguió aullando hasta que los policías llegaron al lugar de los hechos y salvaron a su dueño.

RT (texto adaptado).

a) La noticia muestra...
☐ la ineficacia de la Policía en la búsqueda del anciano.
☐ el riesgo de que las personas mayores salgan a pasear solas.
☐ la relación de afecto que puede existir entre una persona y un animal.

b) Explica qué significa la expresión *Los verdaderos amigos están en las buenas y en las malas*.

____

____

____

14. ¿Conoces alguna historia real que se refiera al heroísmo o a la lealtad de un animal hacia un ser humano? Infórmate y luego coméntala con tus compañeros y compañeras.

BARCANOVA EDITORIAL

» TOMA LA PALABRA

Mi perro favorito

Vas a realizar una exposición oral de cuatro o cinco minutos sobre una raza de perro de tu elección. Al final de todas las exposiciones, podéis dialogar acerca de qué raza canina os gusta más, cuál aporta mayores beneficios a las personas, etc.

Procedimiento

1. Escoge la raza de perro que prefieras y busca información sobre ella: origen, tamaño, personalidad, salud, nutrición, aseo y cuidados, etc.
2. Con los datos obtenidos, prepara tu exposición: ten presente qué quieres decir y en qué orden vas a hacerlo.
3. Puedes usar palabras y expresiones similares a estas:

Para empezar y presentar el tema
Voy a hablaros de... / Me gustaría hablaros de...

Para estructurar la exposición
En primer lugar... / en segundo lugar...
Por una parte... / por otra...
Por lo que se refiere a...

Para desarrollar la exposición
Como todos sabéis...
Se cree que...
En mi opinión...
Según...

Para finalizar la exposición
Para terminar...
Por último...
Muchas gracias por vuestra atención.
Espero que os haya resultado interesante.

4. ✓ Memoriza los datos importantes y ensáyala varias veces. Si optas por utilizar un programa de presentaciones para acompañarla, ten presente que solo es un apoyo y que con tres o cuatro imágenes bastará.

Indicaciones para la exposición oral

✓
- Llevar un texto de apoyo y consultarlo de vez en cuando.
- Hacer esquemas en la pizarra.
- Indicar el orden de la exposición al comienzo de esta.
- Presentarse y presentar el tema.
- Mirar al público.
- Usar ejemplos.
- Controlar la duración.
- Dar las gracias por la atención prestada.

✗
- Leer el texto a los espectadores.
- Apoyarse en la pared.
- Mascar chicle.
- Utilizar un lenguaje demasiado vulgar o familiar.
- Mantener siempre el mismo tono de voz.
- Repetir muletillas: *bueno..., pues...*
- Mirar al suelo o solamente al profesor.

» DILO POR ESCRITO

Material

- Una caja de cartón
- Tijeras
- Periódicos o revistas viejos
- Pegamento
- Dos hojas de papel en blanco
- Bolígrafo

Un mundo mejor

¿Conoces el Día Internacional de la Solidaridad Humana? Para contribuir a celebrarlo en tu centro, vas a redactar un texto artístico-solidario con tus propuestas razonadas para mejorar el mundo.

Procedimiento

1. Busca información en internet sobre el Día Internacional de la Solidaridad Humana.
2. Recortad, cada uno de vosotros, 20 palabras de periódicos, revistas antiguas, folletos u otros documentos. Tienen que ser palabras con significado léxico, es decir, sustantivos, adjetivos, verbos, etc. No importa si su tamaño o tipo de letra o color es diferente.
3. Cuando estén recortadas, depositadlas dentro de la caja de cartón preparada para ello. Cuando estén en la caja las palabras de todos, por turnos cada uno de vosotros cogerá diez de ellas al azar.
4. Con las palabras de la caja (y las que tú escribas) escribirás la redacción. No olvides que tienes que incorporar las palabras de manera que el texto resulte coherente. Usa el diccionario si lo necesitas.
5. Planifica el texto (traza un plan en una hoja aparte para decidir y ordenar lo que quieres contar) y redacta un borrador. Corrígelo y revísalo.

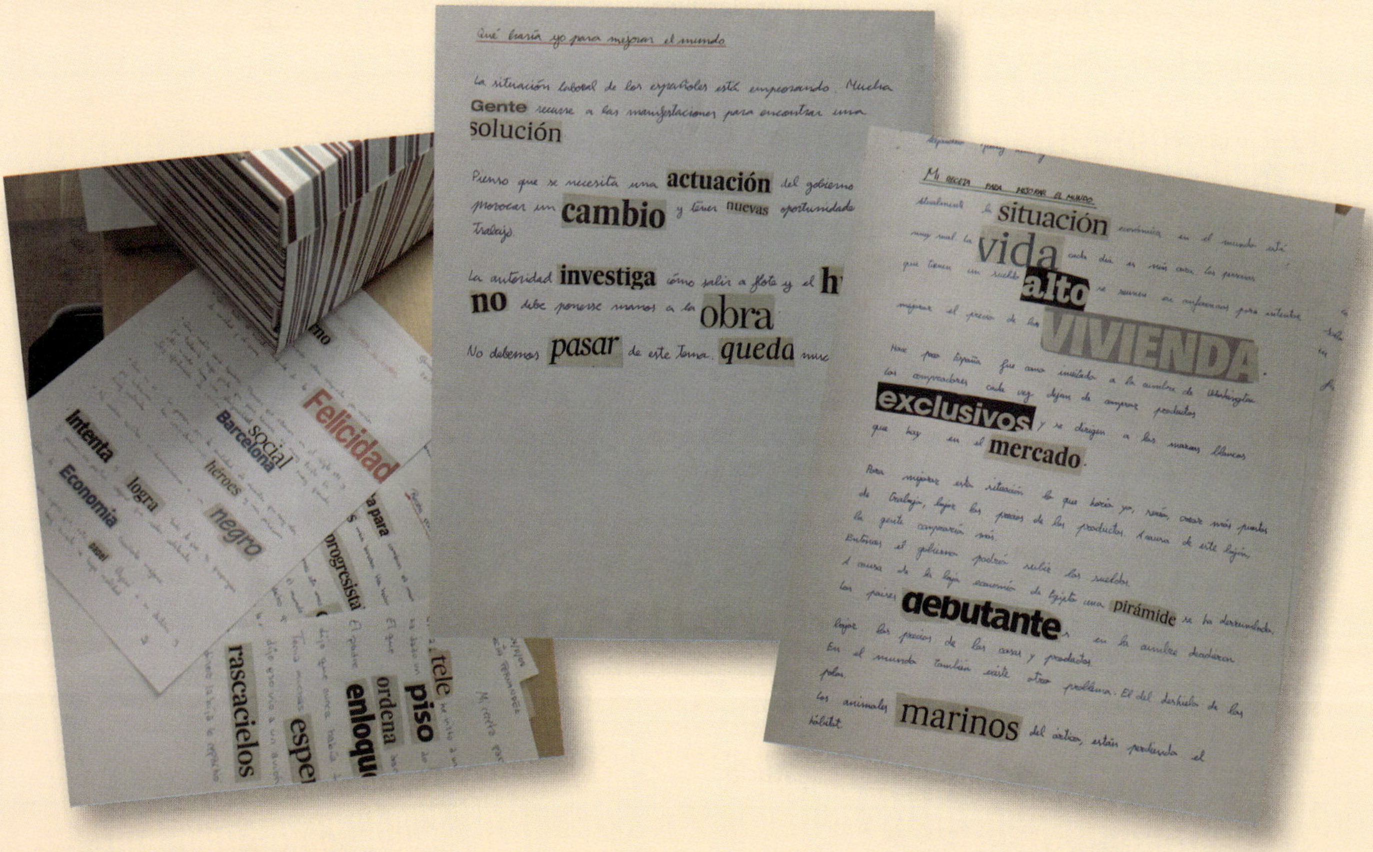

Manos a la obra

6. Pasa el texto a limpio y pega las palabras que tenías asignadas.

7. Puedes exponer tu redacción, leerla en clase o colgarla en el blog del aula.

» LENGUA Y SOCIEDAD

1. La exposición

En los **textos expositivos** se presenta un tema de manera **ordenada**, **clara** y **objetiva**. Suelen aparecer en libros de texto, artículos periodísticos, conferencias, etc.

Según a quién se dirijan pueden ser **divulgativos**, cuando se dirigen a la sociedad en general, o **especializados**, cuando se destinan a receptores cultos, expertos en un tema en concreto.

ESTRUCTURA DEL TEXTO EXPOSITIVO

INTRODUCCIÓN	DESARROLLO	CONCLUSIÓN
Se presenta el tema que se va a tratar y se justifica su elección.	Se exponen las ideas principales, relacionadas con el tema principal, y las secundarias, de manera ordenada y clara. Suelen incorporarse ejemplos para aclarar conceptos.	Resume la idea clave. Suele recogerse la idea principal expresada en la introducción.

Ejemplo de texto expositivo

El azúcar moreno y el blanco apenas presentan diferencias nutricionales. Es exactamente lo mismo uno u otro tipo. Para notar la diferencia, habría que ingerir cantidades realmente excesivas. Lo mismo ocurre con la miel y el azúcar: los valores nutricionales son prácticamente equivalentes.

PETER VILLANUEVA HERING: *Errores, falacias y mentiras*.

2. La argumentación

En los **textos argumentativos** se defiende una idea u opinión (**tesis**) a través de diferentes **argumentos** con el objetivo de convencer a alguien.

Según su desarrollo, la **argumentación** puede ser:

- **Inductiva:** se parte de los argumentos, y la tesis principal se recoge al final.
- **Deductiva:** se parte de la tesis inicial y, a continuación, se aportan los argumentos.
- **Encuadrada:** la tesis se expone al principio y al final vuelve a recogerse.

ESTRUCTURA DEL TEXTO ARGUMENTATIVO

INTRODUCCIÓN	DESARROLLO O CUERPO	CONCLUSIÓN O IDEA FINAL
Se formula la **tesis** o idea que se quiere defender de forma clara y objetiva. A veces aparece al final del texto como conclusión.	Se aportan los **argumentos** para defender la tesis. Cada párrafo debe contener una idea principal.	Se recoge la tesis a la que se llega tras la exposición de los argumentos.

Ejemplo de texto argumentativo:

Por qué deberías comer chocolate negro todos los días

Un nuevo estudio de la University College London (UCL) ha revelado que aquellos que consumen chocolate negro regularmente tienen menos posibilidades de pasar por una depresión y experimentan un mejor estado de ánimo.

Tras un minucioso análisis, observaron que las personas que comían chocolate negro tenían un 70 % menos de posibilidades de sufrir síntomas depresivos las siguientes 24 horas, en comparación con aquellos que no lo consumían.

El chocolate negro es rico en antioxidantes y vitaminas, y estimula el sistema nervioso central.

La Vanguardia (texto adaptado).

» ACTIVIDADES

15. Lee el siguiente texto argumentativo y responde a las preguntas que se plantean:

> El celoso sabe sin duda lo que siente. Siente angustia ante la posibilidad, real o ficticia, de que un rival le arrebate el objeto de su amor. A pesar de tanta claridad, sigo pensando que los celos son un mensaje cifrado. No cuentan una historia de amor, sino de posesión e inseguridad. Los moralistas lo supieron desde hace siglos. La Rochefoucault dijo lo mismo que dicen los psiquiatras contemporáneos: «En los celos hay más amor propio que amor». Lo repiten, en una comedia de Beaumarchais, dos señoras que conversan: «—¿Y por qué tiene su marido tantos celos? —Como todos los maridos, querida, únicamente por orgullo».
>
> JOSÉ ANTONIO MARINA: *El vuelo de la inteligencia*.

a) Distingue las partes de que consta (introducción, desarrollo y conclusión). Indícalas en el texto.

b) ¿Cuál es la idea principal del texto?

c) ¿La estructura es inductiva, deductiva o encuadrada? Razona tu respuesta.

16. Lee este texto expositivo y resume su contenido.

> **Las abejas** (*Apis mellifera*)
>
> En la primera mitad del siglo XX el zoólogo australiano Karl von Frisch descubrió que las abejas se comunican a través de la «danza». [...] A través de un «baile nervioso» la abeja forrajera informa a sus gregarias del tipo de comida que ha encontrado (y les ofrece pequeñas muestras), de la calidad de la misma (según la cantidad de giros de 180° que implique el «baile») y de la localización en que se encuentra (vuelan siguiendo trayectorias en forma de ocho que indican la distancia y la dirección con respecto al nido).
>
> STEVEN ROGER FISCHER: *Breve historia del lenguaje*.

LUDOLENGUA

17. Escribe en una hoja tres preguntas numeradas con verbos como *gustar*, *querer*, *apetecer*, *desear*, *importar*, etc. Por ejemplo: *¿Desearías que te tocara la lotería? ¿Querrías participar en los Juegos Olímpicos? ¿Te gustaría que te picara un mosquito*? Después, en otra hoja, escribe las respuestas correspondientes con una **razón** que las justifique: *Sí, me encantaría, porque podría dar la vuelta al mundo; Sí, porque lo que más me gusta es hacer deporte; No, porque las picaduras de mosquito son molestas.* A continuación, intercambia tu hoja con las respuestas con un compañero y lee en voz alta tus preguntas y las respuestas que has obtenido.

» LITERATURA

1. El Renacimiento

El **Renacimiento** es el movimiento cultural que se desarrolló en el siglo XVI, durante los reinados de Carlos I y Felipe II, momento en el que se consagra el absolutismo instaurado por los Reyes Católicos.

Los **siglos XVI** (Renacimiento) y **XVII** (Barroco) se conocen como **Siglos de Oro**. Durante este período, la cultura española alcanzó un **gran esplendor artístico** en arquitectura, pintura, escultura, literatura, etc.

1.1. La sociedad española

La sociedad española del siglo XVI sigue dividida en estamentos:

- **Aristocracia**: Es una clase ociosa, sometida a la autoridad real.
- **Iglesia**: Ostenta un gran poder económico y social.
- **Burguesía**: Sigue afianzándose y tiene gran poder económico.
- **Pueblo llano**: Vive de su trabajo. A partir de la segunda mitad de siglo, se empobrece y aumentan la mendicidad y la delincuencia.
- **Conversos**: Son las personas que se convierten a la religión católica. Surgen como consecuencia de la expulsión de los judíos y de los moriscos. Se conocen como **cristianos nuevos**, frente a los que tenían antepasados cristianos, llamados **cristianos viejos**.

1.2. La cultura renacentista: el humanismo

El **humanismo**, corriente cultural surgida en Italia en el siglo XIV, se introduce en España durante el siglo XV, y se desarrolla por completo a lo largo del siglo XVI. Sus rasgos principales son:

ANTROPOCENTRISMO	Frente al teocentrismo medieval (Dios es el centro del universo), ahora se considera al ser humano como la criatura más perfecta de la creación.
RECUPERACIÓN DEL MUNDO CLÁSICO	Se toma como modelo el mundo clásico y los humanistas se dedican a leer, traducir y difundir los textos de los autores clásicos y de los humanistas italianos.
AVANCES CIENTÍFICOS	Se produce un gran avance en el terreno científico (medicina, astronomía...) y se desarrolla un espíritu crítico.
ACTITUD VITALISTA	Se ensalza la naturaleza y la actitud vitalista que invita a disfrutar de los placeres de la vida.

La Reforma protestante y la Contrarreforma católica

Al final del reinado de Felipe II se produce en Europa la **Reforma protestante**, impulsada por Lutero y Calvino, que rompe la unidad religiosa del cristianismo. La Iglesia emprende entonces la **Contrarreforma** y se convoca el **Concilio de Trento**. A partir de ese momento la **Inquisición** vela por la pureza de la religión, vigila para evitar prácticas de judaísmo o islamismo, y persigue a cualquier persona sospechosa de ser hereje o conversa. Además, se elaboran índices de libros prohibidos para evitar la difusión de ideas consideradas peligrosas.

» ACTIVIDADES

18. Explica por qué los siglos XVI y XVII se conocen como «Siglos de Oro de la cultura española».

19. Lee el siguiente texto y explica a qué rasgo propio del humanismo se hace referencia.

> Ante todo, el Renacimiento dio lugar a una nueva «visión del hombre». Los humanistas renacentistas tuvieron una nueva fe en el ser humano y en el valor del ser humano, algo que contrastaba fuertemente con el énfasis que había puesto siempre la Edad Media en la naturaleza pecaminosa del hombre. Ahora se consideraba al ser humano como algo grande y valioso.
>
> JOSTEIN GAARDER: *El mundo de Sofía*.

20. Di si las siguientes afirmaciones sobre los humanistas son verdaderas o falsas.

- ☐ Toman como modelo el mundo clásico grecolatino.
- ☐ Escribieron todas sus obras en latín.
- ☐ No admiraban a los humanistas italianos.
- ☐ Consideraban que el ser humano era el centro del universo.

21. Define los siguientes conceptos:

Antropocentrismo: ______

Reforma protestante: ______

22. Relaciona los siguientes personajes y conceptos con los datos correspondientes, que aparecen debajo:

a) Lutero y Calvino
b) Antropocentrismo
c) Concilio de Trento
d) Cristianos nuevos
e) *Carpe diem*

- ☐ Consideración del ser humano como la criatura más perfecta de la creación.
- ☐ Se convocó para combatir la Reforma.
- ☐ Invita a gozar de los placeres de la juventud.
- ☐ Impulsaron la Reforma protestante.
- ☐ Judíos y musulmanes que se convirtieron al cristianismo.

23. Leonardo da Vinci (1452-1519), autor de obras tan conocidas como la *Mona Lisa* o el *Hombre de Vitruvio*, fue el prototipo del hombre renacentista. Realizó grandes inventos, pero también proyectó y diseñó otros que no llegaron a materializarse. Busca información en internet sobre ellos elige el que más te haya sorprendido y explica en qué consiste.

2. La literatura en el Renacimiento

Durante el siglo XVI se produce una gran renovación en la literatura española que afecta a los géneros, a los temas y a la forma.

2.1. Temas de la lírica renacentista

Los temas más destacados de la lírica renacentista son:

- **El amor.** A imitación del poeta italiano Francesco Petrarca, es un amor idealizado, no correspondido y, por tanto, doloroso.
- **La naturaleza.** Aparece idealizada, embellecida, utópica, por influencia del poeta latino Virgilio. Se trata del *locus amoenus*, uno de los tópicos que estudiaste en la unidad 1.
- **La mitología.** Está presente con su mundo de dioses, ninfas, héroes, etc. Su principal modelo es el poeta latino Ovidio.
- ***Carpe diem*** y ***beatus ille***. Son una invitación a disfrutar de los placeres de la juventud y un canto a la vida retirada, respectivamente, ambos tomados de Horacio.

2.2. La métrica renacentista

En el siglo XVI se introducen en España los versos italianos endecasílabos (de 11 sílabas) y heptasílabos (de 7), así como las estrofas que los contienen, que son las siguientes:

Durante el Renacimiento, junto al estudio de las lenguas clásicas (latín y griego), se fomenta el uso de las lenguas propias de cada país, en un intento de dignificarlas. Lo que propugnan los autores renacentistas es **naturalidad**, **sencillez** y **sobriedad** en la expresión.

¿SABÍAS QUE...?

Francesco Petrarca (1304-1374) fue uno de los grandes impulsores del humanismo en Italia. Su obra poética está inspirada por Laura, una joven de la que se enamoró y que murió poco después. Su poesía se caracteriza por una gran sensibilidad, por el profundo análisis de los sentimientos y por la sinceridad de los mismos.

ESTROFA	NÚMERO DE VERSOS	TIPO DE VERSOS	RIMA	ESQUEMA MÉTRICO
SONETO	14	Endecasílabos	Consonante	ABBA ABBA CDC DCD, entre otros
OCTAVA REAL	8	Endecasílabos	Consonante	ABABABCC
TERCETOS ENCADENADOS	Indefinido	Endecasílabos	Consonante	ABA BCB CDC DED, EFE... YZYZ
LIRA	5	Endecasílabos y heptasílabos	Consonante	7a 11B 7a 7b 11B
SILVA	Indefinido	Endecasílabos y heptasílabos combinados libremente	Asonante o consonante. Puede tener versos sueltos.	Variable
ESTANCIA	Indefinido	Endecasílabos y heptasílabos	Asonante o consonante. Puede tener versos sueltos.	Todas las estancias de un poema presentan idéntico esquema métrico.

BARCANOVA EDITORIAL

» ACTIVIDADES

24. Lee este poema de Petrarca, escrito en el tercer aniversario de la muerte de su amada, Laura. Después, responde a las preguntas que se plantean.

En su edad más hermosa y más florida,
cuando nos ata Amor con más firmeza,
dejando en tierra la mortal **corteza**,
del aura mía vital fue la partida;

y desde el cielo, viva y **desvestida**,
me rige y resta fuerza a mi entereza.
¿Por qué el día final no descorteza
a mi alma, y es primero de otra vida?

Que, igual que en pensamiento la acompaño,
así el alma se le una en vuelo suave
y yo me libre de un dolor **tamaño**.

El retraso ha de ser para mi daño,
para serme yo mismo a mí más grave.
¡Qué bello morir hoy, **al tercer año**!

VOCABULARIO

corteza: el cuerpo, que envuelve el alma.

del aura: juego de palabras entre «el aura» (la brisa), en italiano «l'aura», y «Laura».

desvestida: sin el vestido del cuerpo, pero viva en la vida eterna.

tamaño: tan grande.

al tercer año: seguramente el soneto se escribió en 1351, tres años después de morir Laura.

a) Resume en una oración el contenido de los cuatro primeros versos.

b) ¿Qué es, en realidad, lo que el poeta desea?

25. A continuación, aparecen dos estrofas que se introducen en la lírica española del Renacimiento. Analízalas y completa la información que se pide.

Estrofa

El aire se serena
y viste de hermosura y luz no usada,
Salinas, cuando suena
la música estremada,
por vuestra sabia mano gobernada.

FRAY LUIS DE LEÓN

Análisis métrico	
Número de versos	
Nombre de los versos	
Tipo de rima	
Esquema métrico	
Nombre de la estrofa	

Estrofa

No pinta el prado aquí la primavera
ni nuevo sol jamás las nubes dora
ni canta el ruiseñor lo que antes era;
la noche aquí se vela, aquí se llora
el día miserable sin consuelo
y vence al mal de ayer el mal de agora.
Guardad vuestro destierro, que ya el suelo
no puede dar contento al alma mía,
si ya mil vueltas diere andando el cielo.

FRAY LUIS DE LEÓN

Análisis métrico	
Número de versos	
Nombre de los versos	
Tipo de rima	
Esquema métrico	
Nombre de la estrofa	

» GRAMÁTICA

1. El sintagma nominal

El **sintagma nominal (SN)** es el que tiene como núcleo un nombre o sustantivo. Además del nombre, el núcleo del SN también puede ser:

- Un **pronombre**: *Ella no debe saberlo nunca.*
- Una **palabra sustantivada**: *Correr es saludable.*
- Una **oración subordinada sustantiva**: *Me alegra que te hayan ascendido.*

Un SN puede presentar estas estructuras:

N (núcleo) → *Margarita*
Determinante (Det.) + **N** → *La pintora*
Det. + N + SAdj (CN) → *La camisa nueva*
Det. + N + SPrep (CN) → *El avión de papel*
Det. + Det. + N + SAdj (CN) → *Las dos bicicletas azules*
Det. + Det. + N + SPrep (CN) → *Mis tres compañeros de curso*

2. El nombre o sustantivo

Es la palabra que **sirve para designar o nombrar realidades**, tanto concretas (*perro, avión, árbol*) como abstractas (*amor, lealtad, belleza*).

Los nombres se clasifican de la siguiente manera:

- **Comunes.** Designan seres de una misma clase: *persona, país, río.*
- **Concretos.** Designan seres materiales (perceptibles por los sentidos): *árbol, calle, pájaro.*
- **Contables**. Designan seres que se pueden contar: *coche, maceta, flor.*
- **Animados.** Designan a personas y animales: *madre, profesor, águila, gato.*
- **Individuales.** Son los que, en singular, designan un solo ser: *músico, pájaro, perro.*
- **Propios.** Diferencian un ser de los demás de su misma clase: *Felipe, Francia, Ebro.*
- **Abstractos.** Designan seres inmateriales (no perceptibles por los sentidos): *salud, valor, sencillez.*
- **No contables.** Designan seres que no se pueden contar: *aire, agua, arena.*
- **No animados.** Designan plantas y seres sin vida: *manzano, caña, piedra, hierro.*
- **Colectivos.** Son los que, en singular, designan más de un ser de la misma clase: *orquesta, bandada, jauría.*

Funciones del sintagma nominal

El sintagma nominal puede desempeñar diversas funciones:

- **Sujeto**: *Mi equipo ganó el campeonato.*
- **Atributo**: *La doctora es mi cuñada.*
- **Complemento directo (CD)**: *He comprado un kilo de cerezas.*
- **Complemento circunstancial (CC)**: *Hemos quedado esta mañana.*

BARCANOVA EDITORIAL

» ACTIVIDADES

26. En las siguientes oraciones, hay palabras subrayadas que equivalen a un sustantivo y, por tanto, funcionan como núcleo del SN. Indica de qué clase de palabras se trata.

Ej: *Andar es saludable*. → verbo

a) Todos abandonaron pronto el local.

b) El color que más me gusta es el rojo.

c) A medianoche oímos un ¡ay! desgarrador.

d) *Y* es una conjunción copulativa.

e) Me compré el libro que me recomendaste y lo leí en una tarde.

27. Indica cuál es la estructura de los SN subrayados en estas oraciones:

a) Mis nuevos vecinos han vivido en los Estados Unidos.

b) Este ordenador portátil ofrece muchas posibilidades.

c) La última versión de ese juego es bastante deficiente.

d) El jueves debo recoger un paquete en la oficina de Correos.

e) Tu nueva camisa de rayas azules es muy llamativa.

28. Indica de qué tipo son estos nombres. Fíjate en el ejemplo.

Ej.: *teléfono* → *común, concreto, contable, no animado, individual*

a) agua

b) diccionario

c) dolor

d) mujer

e) archipiélago

29. Forma sustantivos abstractos a partir de los adjetivos que te proponemos.

Ej.: *valiente* → valentía

a) honrado: ______

b) hermoso: ______

c) malo: ______

d) cuerdo: ______

e) ágil: ______

f) delgado: ______

g) bueno: ______

h) sabio: ______

30. Escribe el nombre colectivo de estos nombres individuales (*perro* → *jauría*):

a) músico: ______

b) cerdo: ______

c) árbol: ______

d) pájaro: ______

e) abeja: ______

f) soldado: ______

g) oveja: ______

h) alumno: ______

3. Los determinantes

Son palabras que acompañan al nombre delimitando su extensión. Existen diversos tipos de determinantes:

ARTÍCULOS	**Determinados:** el, la, lo, los, las	*La moto es de un amigo mío.*
	Indeterminados: un, una, unos, unas	*Alquilaremos un apartamento.*
DEMOSTRATIVOS	este, esta, estos, estas ese, esa, esos, esas aquel, aquella, aquellos, aquellas	*Estos yogures están caducados.* *Siéntate en aquella silla.*
POSESIVOS	mi, mía, tu, tuyo, su, nuestros, vuestras, sus...	*Ana y Paula son amigas mías.* *Vuestra ayuda fue decisiva.*
CUANTIFICADORES	**Numerales:** dos, cuatro, séptimo, quinta, doble...	*Hugo tiene dos hermanas.*
	No numerales: algún, algunas, ciertos, varias, cualquiera...	*Varios corredores llegaron tarde.*
INTERROGATIVOS Y EXCLAMATIVOS	qué, cuánto, cuánta, cuántos, cuántas	*¿Cuántos minutos faltan?* *¡Qué susto me has dado!*

4. Los pronombres

Son palabras que sustituyen a un nombre o a un sintagma nominal y pueden desempeñar las mismas funciones que este.

Tu hermano no contó toda la verdad. → *Él no contó toda la verdad.*
Sujeto — Sujeto

Existen diversos tipos de pronombres:

Algunas formas de los pronombres coinciden o son similares a las de los determinantes. No los confundas: los demostrativos son determinantes siempre que anteceden al sustantivo (aunque este sea tácito): *Me gusta **esta** casa y no **aquella***; y pronombres si su forma es *esto, eso* o *aquello*: ***Esto** no es lo buscado.*

PERSONALES	yo, tú, él, nosotros, vosotros, ellas, usted... me, la, le, lo, se, conmigo, contigo...	*Ella compró las entradas.* *Te prestaré mis apuntes.*
DEMOSTRATIVOS	esto, eso, aquello...	*Eso no está bien.* *Compraré aquellas.*
CUANTIFICADORES NUMERALES	uno	*Solo llegó a la meta uno.*
CUANTIFICADORES NO NUMERALES	algo, alguien, alguno/-as, nada, nadie, ninguna, bastantes, mucha, otros, poca...	*Algunos fueron al concierto.* *Participaron bastantes.*
RELATIVOS	que, el cual/la cual/los cuales/las cuales/lo cual el que/la que/los que/las que/lo que/ quien, quienes	*El chico que conociste ayer es mi vecino.* *Visité la casa en la que nació.*
INTERROGATIVOS Y EXCLAMATIVOS	qué, quién, cuál, cuánta, cuántos...	*¿Qué te ha pasado?* *¡Cuánto he estudiado!*

» ACTIVIDADES

31. Di si las palabras subrayadas en estas oraciones son determinantes o pronombres.

a) Solo tú sabes cuál es tu contraseña.

b) Hay seis ordenadores, pero solo pueden utilizarse tres.

c) Aquellos jugadores los escogió el entrenador.

d) Estos libros son interesantes, pero aquellos son más valiosos.

e) ¿Qué dices? ¿Que viene Laura? ¡Qué sorpresa más inesperada!

32. Subraya los determinantes del siguiente texto y di de qué tipo son:

> Cuando era niño, el Boni había visto muchas veces trabajar en ese escritorio a su abuelo. Guardaba un recuerdo nítido de aquel hombre calvo, rehecho y colorado, que hundía la pluma en un tintero cuyo contenido no renovaba sin que previamente lo hubiese bendecido el cura. Escribía con tinta bendita, ante un Cristo crucificado, de latón, a quien ponía por testigo de sus obras.
>
> FERNANDO ARAMBURU: *No ser no duele.*

33. Di de qué tipo son los pronombres subrayados en estas oraciones:

a) Ellos acudieron a la exposición conmigo.

b) ¡Quién pudiera ir a la playa este fin de semana!

c) En mitad del concierto alguien lanzó un grito aterrador.

d) Estas son las flores que más me gustan.

e) Los inquilinos desaparecieron y se llevaron consigo todos los electrodomésticos.

f) Ayer recibí la postal que me enviaste desde Mallorca.

g) ¡Por Dios! ¡Qué has hecho! ¡Te has vuelto loco!

34. Indica a qué nombre sustituye la forma subrayada en cada una de las siguientes oraciones:

a) No conozco a esa chica de la que me hablas.

b) A las doce llegó el director, quien comunicó la noticia.

c) Ese es el agujero por el que se escapó el gato.

d) Todavía no he leído el libro que me regalaste.

e) Ayer vimos a tus hermanas, las cuales nos informaron de lo sucedido.

f) Esas son las maletas que quiero facturar y esta la subiré al avión.

» LÉXICO

1. El cambio semántico

Con el paso del tiempo, el significado de las palabras puede cambiar o sufrir transformaciones. Cuando esto ocurre hablamos de **cambios semánticos**. Estas son algunas de las **causas por las que se produce un cambio semántico**:

- **Un nuevo significado se añade a los anteriores:** Por ejemplo, al tradicional significado de *virus* ('organismo de estructura muy sencilla capaz de reproducirse en el seno de células vivas utilizando su metabolismo') se ha añadido en las últimas décadas la acepción informática 'programa introducido en la memoria de un ordenador que, al activarse, afecta a su funcionamiento'.
- **Se transforma el objeto que se designa:** Es el caso del término *pluma*, que en su origen hacía referencia a la 'parte que cubre el cuerpo del ave'; más tarde también pasó a significar 'parte del ave que se utiliza para escribir con tinta', y actualmente, además, hace referencia a 'instrumento metálico para escribir'.

- **Se recuperan palabras en desuso, que adoptan un significado distinto al original:** El término *camarero* ('antiguo ayudante de cámara o habitación') designa hoy a la 'persona que tiene como oficio servir consumiciones en restaurantes, bares, etc'.

Existen diferentes **mecanismos de cambio semántico**:

Metáfora: Consiste en designar una realidad con el nombre de otra porque se parecen. Por ejemplo, la palabra *ratón* pasó a designar el pequeño aparato conectado al ordenador por su parecido con el animal.

Metonimia: Consiste en aplicar a una realidad el nombre de otra con la que guarda una relación de proximidad (física o de sentido). Así, llamamos *cuello* a una parte de la camisa, no por su parecido, sino por la proximidad con el cuello de la persona que la utiliza.

Eufemismo: Consiste en sustituir términos denominados **tabú** que pueden molestar o herir los sentimientos de los demás (*viejo, parir*...) por otros que tienen mayor aceptación entre los hablantes (*anciano, dar a luz*...).

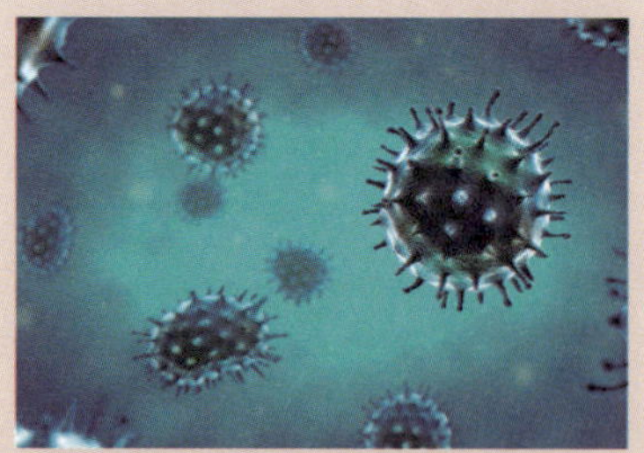

La palabra *virus* ha adquirido un nuevo significado, derivado de las nuevas tecnologías.

Tipos de metonimia

Las metonimias son muy frecuentes, incluso en el lenguaje coloquial. Se producen diversos tipos de sustituciones:

- De un objeto por la materia de que está hecho: *Vendió tres **óleos** durante la exposición.*
- Del contenido por el continente: *Se comió tres **platos** de macarrones.*
- De un todo por una parte (o viceversa): *En la sala no había ni un **alma**.*
- De la obra por su autor: *Admiraron un **Velázquez** en El Prado.*
- De la persona por el objeto que maneja: *El **trompeta** es un genio.*
- Del producto por el lugar de procedencia: *Tomamos un **burdeos** en la terraza.*
- De las personas por el país o la ciudad que habitan: ***Alemania** votó a favor.*

» ACTIVIDADES

35. Busca información sobre la etimología de la palabra *azafata* y anota qué significaba en el siglo XVI y qué significa en la actualidad.

Siglo XVI: ______

Actualidad: ______

36. El mundo científico utiliza habitualmente algunas palabras con un significado distinto al original. Busca el significado originario de la palabra *ánodo* y anota también su significado actual.

37. Completa las oraciones con las palabras propuestas. Observa cómo se genera un significado metafórico y explícalo.

flor • ojo • nuez • cresta • lengua

a) No veo bien el ______ de la aguja.

b) Desde el avión se apreciaba perfectamente la ______ de mar.

c) María está en la ______ de la vida.

d) Siempre le han dicho que le sobresale demasiado la ______ de la garganta.

e) Llegó a la ______ de la montaña.

38. Localiza las metáforas de las siguientes oraciones y explica qué significan:

a) Navegaré por internet a ver si encuentro la solución.

b) Mi abuela pierde el hilo de la conversación con facilidad.

c) Tras la noticia, Juan está que echa chispas.

d) No hace caso a nadie: está ciega de ira.

e) La policía persigue todas las actividades de los piratas informáticos.

39. Identifica las metonimias en estas oraciones y di qué tipo de sustitución se produce:

a) En el concierto sonaron muy bien los metales.

b) Barcelona celebró los Juegos Olímpicos de 1992.

c) Me tomé un cortado en la cafetería.

d) Lee a Shakespeare todas las noches.

e) Vimos caras nuevas en la exposición de pintura.

40. Escribe el eufemismo que se suele emplear para evitar estas palabras tabú.

a) ciego ______

b) cárcel ______

c) guerra ______

d) sobaco ______

e) mendigo ______

» ORTOGRAFÍA

1. Acentuación: algunas normas importantes

Además de las reglas generales de acentuación y de las que afectan a los diptongos, triptongos e hiatos, es necesario tener en cuenta estas normas de acentuación:

PALABRAS COMPUESTAS: Se consideran como una sola palabra y se acentúan siguiendo las reglas generales de acentuación: *balón* + *cesto* = *baloncesto*; *tras* + *pie* = *traspié*

PALABRAS COMPUESTAS CON GUION: Cada elemento conserva su acentuación original: *físico* + *químico* = *físico-químico*; *histórico* + *artístico* = *histórico-artístico*

ADVERBIOS ACABADOS EN *-MENTE*: Conservan la tilde si la tenía el adjetivo del que provienen: *rápida* + *-mente* = *rápidamente*; *tranquila* + *-mente* = *tranquilamente*

FORMAS VERBALES CON PRONOMBRES: Llevan tilde siguiendo las reglas generales de acentuación: *tómalo*, *quítasela*, *piénsatelo*

DEMOSTRATIVOS: Los demostrativos (determinantes y pronombres): *este*, *ese*, *aquel*, *esa*, *aquella*, etc. nunca llevan tilde: *No me gusta esta camiseta*, *Me gusta esta*.

TOPÓNIMOS: Los nombres geográficos que ya están adaptados al castellano se acentúan siguiendo las normas generales de acentuación: *París*, *Bélgica*, *Etiopía*

Ficha ortográfica

- **porque** (conjunción causal que introduce respuesta)
  Me voy ***porque*** *tengo prisa.*
- **por qué** (preposición + interrogativo o exclamativo)
  *¿****Por qué*** *te vas? No sé* ***por qué*** *te vas ahora.*
- **por que** (preposición + relativo equivalente a *el cual*, *la cual*)
  Este es el balcón ***por que*** (por el cual) *entraron a robar.*
  por que (preposición + conjunción *que*)
  Optaron ***por que*** *el alcalde decidiera la cuestión.*
- **porqué** (sustantivo que significa 'razon', 'motivo')
  No entiendo el ***porqué*** *de ese enfado.*

BARCANOVA EDITORIAL

» ACTIVIDADES

41. Forma palabras compuestas y acentúa donde convenga.

auto-, video-, recti-, para-, punta-, duo-, decimo-, sin-, veinti-	-via, -juegos, -lineo, -caidas, -pie, decimo, -cuarto, -fin, -tres

____

____

____

42. Completa estas oraciones con la forma adecuada: *porque*, *porqué*, *por que*, *por qué*.

a) No las fabrican ____________ no se venden.

b) El ____________ acabó aceptando el trabajo es un misterio.

c) No me contó ____________ había ido al médico.

d) ¿____________ se lo cuentas? ____________ me lo ha preguntado.

e) Es positivo ____________ aprenden a cuidarse de sí mismos.

44. Escribe, por orden alfabético, al menos diez apellidos castellanos que lleven tilde.

____

____

DICTADO

Premisa: Dicta a tu compañero o compañera el texto hasta el primer punto. A continuación, intercambiad los papeles. Al acabar todo el texto revisad y corregid el dictado conjuntamente.

Hay otras dos razones que ayudarán a explicar el porqué del placer de la caza de la perdiz: la primera, el hecho de que las piezas cuya captura se busca sean, en cierto modo, animales preciados y, segunda, el que la perdiz esté dotada por la naturaleza de unos instintos sutiles y unas dotes físicas que se traducen en una estrategia defensiva verdaderamente admirable. A menudo, en circunstanciales reuniones de cazadores, el cazador escucha frases como esta: «A mí tanto me da una perdiz como una urraca; el caso es tirar tiros». Esto es posible, mas también es indudable que el que esto afirme no tiene nada de cazador; será, a lo sumo, un consumado pirotécnico.

Miguel Delibes: «La caza de la perdiz roja», en *Viejas historias y cuentos completos*.

LUDOLENGUA

43. Averigua tu nivel de energía ortográfica.

a) En cada una de las siguientes oraciones hay dos errores ortográficos.

b) Por cada error detectado y bien corregido, sumas un punto. El «depósito lleno» corresponde a la puntuación máxima (20 puntos).

c) Si corriges una palabra que está bien escrita, restas un punto.

1. ¿Por qué as puesto ese cuadro tan ridículo ahi?
2. El cuentaquilómetros marcava con exactitud la distància que habíamos recorrido.
3. Para obtener la licencia deben superar un exámen teórico práctico.
4. Búscalo, daseló y vamonos a casa de una vez.
5. Hechale imaginación y acabarás de escribir la página facilmente.
6. Oscar jugó al beisbol durante muchos años.
7. Viajó ha Ámsterdam por que era un enamorado de la ciudad.
8. Voy a ir a ver-la porque me hace mucha il·lusión.
9. Ha sido un tiempo increiblemente difícil para mi
10. Deja esa camiseta hay y ponte esta.

20-18 Lleno; 17-16 Bien; 15-14 Regular; 13 o menos ¡Cuidado!

» PONTE A PRUEBA

Lee y comprueba si lo has comprendido

Árboles en el salón

En ocasiones metemos un árbol entero en nuestros salones, concretamente por Navidad. Esta tradición se remonta a tiempos ancestrales, muy anteriores al cristianismo. Las plantas de hoja perenne, como los abetos, tejos y acebos, simbolizaban el retorno de la primavera. La costumbre actual de decorar el árbol de Navidad con dulces colgados de las ramas se inauguró probablemente hacia el año 1419, cuando un pastelero de Friburgo expuso un abeto con golosinas. En el siglo XVI, la tradición se consolidó definitivamente, aunque más bien entre la clase acomodada de la sociedad. Hasta que el abeto con las velas encendidas se estableciera en todos los hogares habrían de transcurrir todavía otros trescientos años.

¿Qué opinan los árboles al respecto? No lo sabemos, y desde luego que no puede ser gran cosa, ya que cuando vienen montados en soporte ya están muertos. Al menos en la mayoría de los casos, si bien las personas más compasivas compran los abetos con cepellón, es decir, con raíces. Pasadas las fiestas, plantan los arbolitos en el jardín delantero para que sigan viviendo.

Me parece un gesto emotivo, pese a que sus consecuencias superan pronto a las familias. Basta fijarse en cuántas píceas azules gigantes pueblan los jardines de delante de las viviendas unifamiliares. ¿Por qué píceas azules? Esta especie era muy popular hasta la década de 1990, y los árboles de Navidad replantados han alcanzado mientras una altura de más de veinte metros. Entonces pasan a ser un problema, pues en caso de tempestad pueden caer y son un peligro para la casa. Entonces, o se encarga a una empresa especializada que las tale, o se aplaza el asunto y se deja que los árboles crezcan todavía más (y con ellos el problema). Hoy en día está de moda el abeto del Cáucaso, de modo que dentro de treinta años veremos enormes ejemplares en los jardines...

¿Cómo se sienten los árboles ante todo el trajín? Bueno, de hecho están hibernando, es decir, inactivos. Al igual que los erizos y los osos, duermen profundamente para reducir al mínimo el consumo de energía. Las reservas acumuladas en verano las necesitarán en primavera para lanzar nuevos brotes. El momento de ponerse en marcha lo determinan los abetos en función de la temperatura y de la duración del día. Cuando coinciden ambos parámetros, significa que comienza el período cálido del año, como dice la experiencia de millones de años. Claro que esta ya no es válida en el salón de casa. La iluminación festiva permanece encendida hasta tarde, y la calefacción central o la estufa calientan como el sol de verano. Para los pequeños abetos, el invierno ha pasado, aunque solo sea por algunos días. A más tardar a mediados de enero los despachan al aire libre y de nuevo al invierno. Muchos arbolitos superan este ejercicio de contorsionista y retornan por fuerza al modo invernal. Para algunos, en cambio, este vaivén resulta fatal y mueren, o por decirlo de forma más suave, no crecen. En todo caso, han tenido otra oportunidad para sobrevivir.

PETER WOHLLEBEN:
El bosque. Instrucciones de uso

1. ¿Desde cuándo se adorna el árbol de Navidad con golosinas?

- [ ] Se desconoce.
- [ ] Desde 1419, aproximadamente.
- [ ] Desde 1491, aproximadamente.

2. Indica si los siguientes enunciados son verdaderos (V) o falsos (F):

- [ ] La mayoría de los árboles que ponemos en el salón de casa no tiene raíces.
- [ ] En la actualidad, muchos de ellos son píceas azules.
- [ ] En invierno estos árboles hibernan como los osos y los erizos.
- [ ] La calefacción central les indica erróneamente que ya ha llegado el verano.
- [ ] Al ser replantados en el jardín, recuperan su estado anterior.

3. ¿Por qué la iluminación y la temperatura de un salón perjudican al árbol?

- [ ] Porque se altera su ciclo vital.
- [ ] Porque no pueden vivir con luz artificial.
- [ ] Porque luego no se pueden sacar al frío.

4. La intención del texto es...

- [ ] denunciar el uso ornamental de los árboles como una agresión al medio ambiente.
- [ ] indicar qué cuidados debe recibir un árbol para que pueda vivir dentro de casa.
- [ ] explicar por qué durante la Navidad se colocan dentro de las casas árboles decorados.

5. Busca en el texto oraciones de significado equivalente a las siguientes:

a) Esta costumbre se origina en épocas muy antiguas.

____

b) En ese momento se convierten en una preocupación.

____

c) ¿Qué experimentan los árboles ante todo ese ajetreo?

____

d) Para algunos esta variación llega a ser nefasta.

____

6. Indica en cuál de las siguientes series de palabras aparecen cinco sustantivos:

- [ ] árbol, clase, gesto, especie, experiencia
- [ ] hoja, perenne, raíces, peligro, iluminación
- [ ] cálido, año, energía, salón, verano
- [ ] altura, vivienda, metro, velas, encendidas

7. Indica la estructura de los SN siguientes:

a) los jardines de las viviendas unifamiliares

____

b) el período cálido el año

____

c) otros trescientos años

____

d) un abeto con las velas encendidas

____

Averigua

Busca información sobre el origen de la tradición del árbol navideño (dónde y cuándo se inicia, con qué finalidad, etc.) y comparte la información con tus compañeros. Tomad nota de los datos principales aportados por todos.

» NO AL DISCURSO DEL ODIO

En internet, muchas personas difunden ideas y comentarios ofensivos que atacan a personas y colectivos. En este proyecto vais a participar en una campaña de concienciación para denunciar los usos discriminatorios (homófobos, racistas o de cualquier otro tipo) que se producen en la red.

«El término ***discurso de odio***, según lo ha definido el Comité de Ministros del Consejo de Europa, abarca todas las formas de expresión que difundan, inciten, promuevan o justifiquen el odio racial, la xenofobia, el antisemitismo u otras formas de odio basadas en la intolerancia [...]; también se incluyen dentro de la definición formas de discriminación y prejuicios como la *gitanofobia*, la *cristianofobia*, la *islamofobia*, la misoginia, el sexismo y la discriminación por motivos de orientación sexual o identidad de género».

www.injuve.es

¿Qué tenéis que hacer en este proyecto?

1. **Obtener información.** Informaos sobre cómo se producen los discursos de odio en la red y cuáles son los grupos que los sufren en mayor medida.
2. **Redactar una queja.** Cada grupo escogerá un colectivo que sea víctima de la discriminación en la red, se identificará con él y lo defenderá.
3. **Preparar una exposición oral.** En ella explicaréis razonadamente los motivos por los que cada colectivo discriminado se siente acosado. Empezaréis explicando por qué lo habéis elegido y a continuación aportaréis datos que justifiquen vuestra elección. Usad una presentación en PowerPoint para exponer vuestros argumentos.
4. **Redactar una carta de compromiso.** Escribiréis una carta contra el discurso del odio en internet firmada por los integrantes del grupo explicando las razones de vuestro compromiso frente al odio en internet.
5. **Crear un cartel.** En él mostraréis el compromiso del grupo-clase contra el odio en internet.

¿Cómo tenéis que hacerlo?

1. Formad grupos de 4 o 5 alumnos. Participaréis aportando datos y opiniones, colaborando en la redacción y corrección de los textos, defendiendo oralmente el trabajo o ayudando en la elaboración del cartel.

2. Buscad información. Documentaos en estas fuentes (las encontraréis en *www.espaibarcanova.cat*): **a)** Documental «Cuando la red no es social». **b)** Páginas web sobre redes sociales y discurso del odio. **c)** Información sobre el discurso del odio en PDF. **d)** También podéis informaros en libros y revistas.

3. Redactad el trabajo escrito (queja, PowerPoint y carta de compromiso). Preparad la argumentación en la que se clarifiquen las características de los ataques que recibe cada grupo en internet. Debéis intentar agruparlas y ejemplificarlas en la presentación.

4. Realizad vuestra defensa oral. Preparad una exposición oral del trabajo en la que participéis todos los miembros del grupo. La exposición tiene que ser ordenada y la voz alta y clara. Evitad posturas y expresiones vulgares o demasiado familiares. Ensayadla antes varias veces.

5. Cread el cartel. Preparad un cartel representativo de las quejas de vuestro grupo. Debéis intentar que el cartel tenga un mensaje claro. Así representará adecuadamente la problemática del colectivo que habéis elegido.

Material complementario y modelos

Modelo de queja

Don/Doña ..., con domicilio en la calle ..., n.º..., en ... (*población, provincia*), código postal ..., con DNI/NIF...

Ante este Alto Comisionado me dirijo y como mejor proceda en derecho

DIGO

Que presento queja por la vulneración de derechos fundamentales y las libertades públicas motivada en lo siguiente:

(*Describir de forma detallada las circunstancias de la queja*).

DOCUMENTACIÓN QUE SE ADJUNTA: (*Si procede, aportar documentos que se consideren pertinentes*).

Fecha Firma

Modelo de carta de compromiso

Lugar, fecha y año

Queridos usuarios de internet:

Nosotros, ... (*componentes del grupo*), con el objetivo de ... (*motivo de la carta*) nos comprometemos a ... (*compromiso adquirido por los firmantes*).

Atentamente,

Fecha

Firma

UNIDAD 4

CLUB DE LECTURA » *La promesa*
TOMA LA PALABRA » Trabajamos en la tele
DILO POR ESCRITO » Salvemos a las ballenas
LENGUA Y SOCIEDAD » Medios de comunicación social
LITERATURA » La lírica renacentista. La poesía religiosa en el Renacimiento
GRAMÁTICA » El complemento del nombre (CN). El adjetivo
LÉXICO » Palabras tabú y eufemismos
ORTOGRAFÍA » Ortografía de la *b* y la *v*

Preparamos la lectura

1. ¿Te imaginas cómo eran los viajes por mar hace doscientos años? Anota alguna idea.

2. ¿Qué sabes de *Moby Dick*? Coméntalo en clase.

3. ¿Qué te sugieren las ilustraciones que acompañan a la lectura?

★ EL JUEGO DE LOS JEROGLÍFICOS

Fíjate en esta fórmula: = – L / Sodio. ¿Sabes qué nombre de animal se esconde en ella? Los jeroglíficos como este son una buena manera de poner a prueba el ingenio. En pequeños grupos, idead cuatro jeroglíficos, indicando en cada uno una pista para resolverlo («Animal», «Deporte», etc.). Intercambiad vuestros jeroglíficos e intentad resolverlos en el menor tiempo posible.

» CLUB DE LECTURA

La promesa

Habían pasado varios días desde que abandonamos Nantucket, y el capitán Ahab seguía sin mostrarse en cubierta. Los oficiales se relevaban, cumplían sus turnos de guardia y parecían ser la única autoridad a bordo. Pero, cuando entraban en la cabina del capitán, salían con órdenes repentinas y urgentes, y nos hacían recordar que alguien mandaba por encima de ellos.

Cada vez que me tocaba salir a cubierta, esperaba encontrar un rostro desconocido, por si el capitán sería presentado en mi ausencia. Una mañana ocurrió. De pronto, al salir por la **escotilla**, descubrí que el capitán estaba allí, de pie en el **alcázar**.

No había signos de enfermedad en él, ni tampoco de haberse recuperado recientemente. Su alta figura, de hombros anchos, parecía estar hecha de sólido bronce. Abriéndose paso a través de sus cabellos grises, y bajando por un lado de la cara y del cuello hasta desaparecer bajo la ropa, podía verse una marca delgada y blanquecina, como la huella dejada por un rayo en un árbol. Si esa **costura** vertical era de nacimiento o consecuencia de una lucha contra los elementos marinos, y si le atravesaba todo el cuerpo sin interrupción, desde la coronilla hasta los pies, eran cuestiones sobre las que la tripulación especulaba con cierta frecuencia.

Tardé en darme cuenta de que parte de su aire **lúgubre** se debía a la pierna blanca, tallada en el hueso de una mandíbula de cachalote, sobre la que se mantenía de pie. A cada lado del alcázar, muy cerca de los **obenques** de **mesana**, había un orificio que Ahab utilizaba como apoyo y donde introducía el extremo de su pierna **marfileña**. Allí permanecía horas, mirando en dirección a la **proa** cabeceante del barco, mientras con un brazo se aferraba a un obenque. [...]

No fue sino mucho tiempo después cuando, cierta mañana, Ahab empezó a pasear con creciente nerviosismo. Ya llevaba unas horas yendo y viniendo cuando se decidió. Introdujo el extremo de su pierna de marfil en uno de los orificios taladrados para ese fin y, con una mano agarrada a un obenque, ordenó a Starbuck que enviara a todo el mundo a **popa**. Cuando la tripulación estuvo reunida al completo, Ahab nos miró detenidamente y preguntó:

—¿Qué hacéis cuando veis una ballena, marineros?

—¡Damos un grito de aviso! —contestaron unas veinte voces.

—¡Bien! —gritó Ahab—. ¿Y qué hacéis luego, compañeros?

—¡**Arriamos** los botes y vamos tras ella!

—¿Y qué cantáis mientras remáis, marineros?

—¡Cantamos que hemos de matarla antes de que ella nos hunda a nosotros!

Con cada grito, el rostro de Ahab se animaba más, mientras algunos nos preguntábamos, intrigados, a dónde nos llevaría aquella charla.

—Todos los vigías —continuó— conocéis mis instrucciones acerca de una ballena blanca. ¡Mirad! ¿Veis esta onza española de oro? —sujetó una moneda grande y brillante, que reflejaba el sol—. Es un **doblón** de oro, marineros. Starbuck, acérqueme un martillo. —Starbuck se lo entregó, y Ahab avanzó hacia el palo mayor con el martillo en una mano y la moneda en la otra.

VOCABULARIO

escotilla *f.* Cada una de las aberturas que hay en las diversas cubiertas de un barco.

alcázar *m.* Espacio que media, en la cubierta superior de los barcos, entre el palo mayor y la popa o la toldilla, donde está el puente de mando.

costura *f.* Aquí se refiere a la cicatriz del capitán Ahab.

lúgubre *adj.* Sombrío, muy triste.

obenque *m.* Cabo grueso que sujeta el extremo más alto de un palo o mástil a los costados del barco.

mesana *m.* o *f.* Mástil situado más a popa.

marfileño, ña *adj.* De marfil.

proa *f.* Parte delantera de una embarcación.

popa *f.* Parte posterior de una embarcación.

arriar *v.* Bajar.

doblón *m.* Moneda antigua de distinto valor según las épocas.

—¡Escuchad! —gritó, solemne—. ¡Cualquiera de vosotros que aviste una ballena blanca con la frente arrugada, la mandíbula torcida y muchas heridas de arpón en la aleta caudal, tendrá esta onza de oro, muchachos!

—¡Hurra, hurra! —gritaron los marineros, y agitaron los gorros mientras Ahab clavaba la moneda en el **mástil**.

—¡Una ballena blanca! —continuó Ahab—. ¡Esforzaos cuanto podáis, marineros, mirad bien en el vasto mar y gritad con fuerza tan pronto veáis que algo resopla!

Tashtego, Daggoo y Queequeg parecían aún más interesados que los demás.

—Capitán Ahab —dijo Tashtego—, ¿esa ballena blanca no es la misma que algunos llaman Moby Dick?

—¿Moby Dick? —gritó Ahab con enorme interés—. ¿Conoces entonces a la ballena blanca?

—¿Mueve la cola hacia los lados cuando se prepara para sumergirse, señor? —preguntó Tashtego.

—¿Y tiene un chorro que brota con fuerza y es muy espeso incluso para ser un cachalote? —inquirió Daggoo, a su vez.

—¿Y lleva muchos hierros hundidos en la piel, capitán? —gritó Queequeg—. ¿Están todos doblados y retorcidos?

—¡Sí, todos los arpones que lleva están doblados y retorcidos! ¡Sí, Daggoo, su chorro es enorme, blanco y espeso, como un montón de lana! ¡Sí, Tashtego, antes de hundirse agita la cola como un **foque** que se ha soltado en plena tempestad! ¡Sí, marineros! ¡Es a Moby Dick a quien habéis visto! ¡Moby Dick! —repitió, cada vez más alto—. ¡Moby Dick!

—Capitán Ahab —dijo Starbuck, que había estado mirando al capitán con creciente sorpresa hasta dar con un pensamiento que le rondaba desde hacía un rato—. Capitán Ahab —repitió—, ¿no fue Moby Dick la ballena que le arrancó la pierna? [...]

—¡Esa maldita ballena blanca segó mi vida e hizo de mí un inválido, un **lisiado**! ¡Pero yo he de perseguirla más allá del cabo de Buena Esperanza y del de Hornos, y hasta más allá de las llamas del infierno, antes de darme por vencido! ¡Y para eso es para lo que os habéis embarcado, marineros! ¡Para dar caza por toda la Tierra a esa condenada ballena blanca, hasta que la sangre le salga a borbotones! ¿Qué decís, marineros? ¿Me acompañaréis en esta tarea?

—Sí, sí —gritaron todos, y se le acercaron—. ¡Ojo avizor con la ballena blanca! ¡Un arpón afilado para Moby Dick!

—¡Dios os bendiga! —exclamó Ahab—. ¡Dios os bendiga, marineros! ¡Que traigan la medida grande de **grog**! ¿A qué viene esa cara larga, señor Starbuck? [...] ¿No quiere perseguir a la gran ballena blanca? ¿No siente un ferviente deseo de acabar con Moby Dick?

—Me apunto a lo que sea, capitán Ahab —contestó Starbuck muy serio—, pero yo he venido aquí a cazar ballenas, no a perseguir la venganza de mi comandante. [...]

Entregaron a Ahab una gran jarra llena de grog hasta el borde y tomó un buen trago. [...]

—¡Bebed todos, marineros y arponeros! ¡Bebed y jurad que perseguiremos a Moby Dick hasta la muerte!

—¡Muerte a Moby Dick! —gritamos todos varias veces.

Luego, Ahab volvió a su cabina y todos callamos, de pronto, y nos quedamos sobrecogidos.

Herman Melville: *Moby Dick* (texto adaptado).

VOCABULARIO

mástil *m.* Palo de una embarcación.

foque *m.* Vela triangular que se fija al mástil de proa, esto es, al bauprés.

lisiado, da *adj.* Se dice de una persona que tiene una lesión permanente, especialmente en las extremidades.

grog *m.* Bebida hecha de agua caliente azucarada mezclada con un licor, casi siempre ron.

» ACTIVIDADES

Comprensión de la lectura

1. Al comienzo de la lectura, el narrador presenta al capitán como un personaje un tanto misterioso. ¿Qué aspectos del comportamiento del capitán lo corroboran?

____

____

2. ¿Qué dos rasgos físicos caracterizan al capitán Ahab? Marca la respuesta correcta:

- ☐ Tiene el cabello gris y es manco.
- ☐ Lleva un tatuaje y le falta una pierna.
- ☐ Le falta una pierna y tiene una cicatriz que le nace en la coronilla.

3. ¿Cómo es Moby Dick? Enumera las características que le atribuye los siguientes personajes:

Ahab: ______________________________

Tashtego: ______________________________

Daggoo: ______________________________

Queequeg: ______________________________

4. Resume el final de la narración en un par de líneas.

____

____

Expresión personal

5. Haced una lectura dramatizada del texto en voz alta, repartiendo los papeles de la siguiente forma:

Lector o lectora 1: Narrador
Lector o lectora 2: Capitán Ahab
Lector o lectora 3: Starbuck
Lector o lectora 4: Tashtego
Lector o lectora 5: Daggoo
Lector o lectora 6: Queequeg
Todos: Marineros

Los lectores deben leer de forma expresiva, tratando de reproducir lo más fielmente posible la situación.

6. La novela *Moby Dick* empieza con una frase muy conocida. ¿Cuál es ese célebre principio de la obra? Cópialo y léelo en la lengua original en que fue escrita.

____

____

7. Explica el título de la lectura y propón otros dos títulos diferentes.

____

____

____

____

Título: ______________________________

Título: ______________________________

8. Señala los siguientes elementos de un barco en el dibujo que encontrarás en tu espacio personal de la web *www.barcanova.cat*. Puedes documentarte mediante el enlace que te proporcionamos en dicho espacio digital.

proa • popa • babor • estribor • mástil mascarón • escotilla • foque • obenque • alcázar puente de mando • timón • quilla • palo trinquete palo mayor • palo mesana • toldilla • línea de flotación • ancla • bauprés • cofa • botes • cubierta

9. Relaciona las siguientes expresiones con su significado:

a) Caer en las redes
b) Estar en el mismo barco
c) Estar hecho un mar de dudas
d) Abandonar el barco
e) Llegar a buen puerto
f) Soltar amarras
g) Cortar el bacalao

- ☐ Llegar a la meta propuesta
- ☐ Participar de los mismos intereses o dificultades
- ☐ Cortar una relación
- ☐ Imponer la propia voluntad
- ☐ Abandonar una empresa común
- ☐ Estar totalmente confuso
- ☐ Caer en un engaño

10. Te recomendamos que veas la película *Moby Dick* (1956) dirigida por John Huston y protagonizada por Gregory Peck. Se trata de una obra maestra que refleja muy bien la novela. En el espacio personal de la web *www.barcanova.cat* puedes encontrar el enlace correspondiente a la escena de la lectura.

También puedes ver la película *En el corazón del mar* (*In the Heart of the Sea*), dirigida en 2015 por Ron Howard. Trata del barco ballenero Essex, cuya trágica historia sirvió de inspiración a Herman Melville.

11. Busca en el texto dos comparaciones y una metáfora.

Comparaciones:

____

Metáfora:

____

12. En la oración «ya llevaba unas horas yendo y viniendo cuando se decidió» figuran las formas del gerundio de los verbos *ir* y *venir*. Escribe ahora los gerundios y los participios de los siguientes verbos también irregulares:

a) decir ______________________________
b) sentir ______________________________
c) dormir ______________________________
d) leer ______________________________
e) poder ______________________________
f) oír ______________________________
g) traer ______________________________
h) construir ______________________________

13. El Pequod es el barco ballenero comandado por el capitán Ahab. Averigua con qué otras aventuras marítimas están relacionadas las siguientes embarcaciones: la Hispaniola, el Nautilus, el Argo, la nao Victoria, la galera Marquesa, la Bounty, la Surprise, el Demeter, el Titanic.

A criterio del profesor, podéis realizar una exposición oral con diapositivas sobre este tema.

» TOMA LA PALABRA

Trabajamos en la tele

En grupos de 5 o 6 personas, vais a realizar un programa de televisión de entre 6 y 10 minutos de duración. Puede ser un programa informativo o una imitación de un programa que os guste. También podéis realizar una parodia si así lo decidís.

Procedimiento

1. Escoged el programa: un concurso, un *reality show*, un magacín, un reportaje periodístico, una tertulia, una retransmisión deportiva, etc.

2. Elaborad el plan de trabajo teniendo en cuenta la fecha de entrega y distribuid el trabajo en fases y tareas. Este es un trabajo colaborativo y cada uno de vosotros deberá asumir la responsabilidad que le corresponda. En general, suelen sucederse las siguientes etapas:

Preproducción: comprende la planificación y la preparación para la grabación del vídeo.
Producción: se corresponde con el momento de la grabación.
Posproducción: es la etapa de edición y finalización del vídeo.

3. Confeccionad el guion, es decir, la descripción de lo que ocurrirá en el vídeo: los diálogos, las imágenes y otros recursos visuales.

	Imagen	Sonido	Texto	Duración
Escena 1				
Escena 2				

4. Grabad el vídeo: tened en cuenta la iluminación y el sonido, vocalizad y expresaos con fluidez. Editad el vídeo con alguno de los programas que el ordenador ya tiene para ese fin y añadid subtítulos, gráficos, animaciones, etc.

5. Cuando hayáis acabado vuestros programas, podéis verlos en clase y evaluarlos conjuntamente (duración, contenido, originalidad, montaje, calidad de la imagen, títulos de crédito, etc.).

» DILO POR ESCRITO

Salvemos a las ballenas

¿Qué tienes que hacer?

En el siglo XX las ballenas estuvieron a punto de desaparecer, víctimas de la industria ballenera. Además, sufren también las consecuencias del cambio climático, la contaminación de las aguas por plásticos, el tráfico marítimo, etc. Para conocer más a fondo el problema y contribuir a su difusión, vas a realizar una exposición escrita sobre este tema.

¿Cómo puedes hacerlo?

1. Documéntate sobre los diversos aspectos del problema. Si utilizas un buscador, las expresiones «caza de ballenas», «especies amenazadas» o «cómo proteger a las ballenas» pueden ser términos adecuados.
2. Asegúrate de que tus fuentes de información son fiables: asociaciones privadas, organismos públicos, revistas, periódicos, etc. En cualquier caso, siempre debes saber quién o quiénes son los responsables de la información.
3. El contenido de la exposición tiene que referirse a dos o tres aspectos de los que te indicamos a continuación: características morfológicas de las ballenas, hábitat, nivel de riesgo de extinción según la Lista Roja de la Unión Internacional para la Conservación de la Naturaleza (UICN), principales amenazas que sufre la especie, organismos internacionales, ONG y acuerdos para protegerlas, etc. Puedes añadir algún otro punto que sea interesante para ti.
4. La redacción deberá ajustarse al esquema básico del texto expositivo que puedes ver a continuación y ocupará una página de extensión.

Título
Introducción
Desarrollo
Conclusión

5. Presenta la redacción impresa con letra Times o Arial 12, interlineado 1,5. El título tiene que ser del mismo color y tipo de letra. Puedes añadirle una imagen que ocupará como máximo un cuarto de página. Al final del texto, escribe tu nombre y apellidos, el curso y la fecha. Antes, escribe un borrador de tu redacción en la página siguiente.

Manos a la obra

6. Escribe tu texto a partir del inicio que hayas escogido. No olvides que el resultado debe ser un relato coherente.

- ¿Qué imagen pondrás?

» LENGUA Y SOCIEDAD

1. Medios de comunicación social

Los **medios de comunicación social** o **de masas** (*mass media*) son entidades que difunden información de interés para la sociedad. Se trata de la **radio**, la **televisión** y la **prensa**. Sus objetivos son **informar** de lo que sucede en el mundo; **formar** para desarrollar el espíritu crítico y crear opinión sobre hechos políticos y sociales; y **entretener**.

1.1. La radio

La **radio** transmite información por medio de la palabra hablada.

Los **géneros radiofónicos** se clasifican en **informativos** (boletines, bloques de noticias...) y de **entretenimiento** (musicales, deportivos...).

Hay, además, emisoras especializadas en algún tema: música clásica, información, etc. Son las llamadas **radiofórmulas**.

Las características más importantes del **lenguaje radiofónico** son la claridad, la sencillez y la concreción, apoyadas en una entonación expresiva adecuada.

Los componentes del lenguaje radiofónico son: la **voz**, la **música**, los **efectos sonoros** (que ayudan en la descripción de ambientes, lugares, etc.) y el **silencio** (que crea tensión, expectación, etc.).

1.2. La televisión

La **televisión** transmite contenidos mediante sonidos e imágenes. Los programas pueden emitirse en directo y en diferido, es decir, grabados previamente. Por lo general, se tiende a usar un leguaje **estándar**, **claro** y **conciso**. Los géneros televisivos son muchos y variados:

GÉNEROS TELEVISIVOS	
INFORMATIVOS	Telediarios, reportajes, documentales, etc.
DE ENTRETENIMIENTO	Concursos, *reality shows*, magacines (entrevistas, humor...), tertulias, debates, etc.
DEPORTIVOS	Retransmisiones de eventos deportivos, informaciones, entrevistas, etc.
DE FICCIÓN	Series, miniseries, películas, etc.
CULTURALES	Programas de cine, de literatura, de arte, de música, etc.
INFANTILES	Series y películas de animación, programas educativos, etc.

El *podcasting* o *podcast* es la distribución de archivos multimedia (en especial de audio) que los usuarios pueden descargar de internet y escuchar en un ordenador o en cualquier reproductor portátil.

¿SABÍAS QUE...?

Internet y las redes sociales son los medios de comunicación y de acceso a la información preferidos por los jóvenes actualmente. Los medios de comunicación tradicionales (prensa, radio, televisión) son conscientes de ello y han tenido que adaptarse a esta tendencia, de tal manera que algunas cadenas de televisión, así como algunos de sus programas, han creado perfiles en las principales redes sociales (Facebook, Twitter, Instagram).

» ACTIVIDADES

14. Mira un programa de televisión que te interese y completa esta ficha con sus datos:

Mi programa de TV favorito
Cadena de televisión: ______ ¿Pública o privada?: ______
Título: ______
Día y hora de emisión: ______
Duración: ______
Presentador/a: ______
Fórmula de saludo: ______
Invitados (si los hay): ______
Contenidos (entrevistas, debates, actuaciones, concursos, etc.): ______
Fórmula de despedida: ______

15. Responde las cuestiones individualmente y luego comentadlas oralmente por parejas:

a) ¿Eres consumidor de programas de televisión a la carta?

b) ¿Cuáles son tus plataformas preferidas?

- ¿Por qué? ______
- ¿Quién corre con los gastos de estas? ______

c) ¿A través de qué medio accedes a ellas? (TV, ordenador, tableta, teléfono móvil, etc.).

d) ¿Qué tipo de programas te interesan más?

- ¿Por qué? ______

e) ¿Cuándo ves esos programas? ______

- ¿Normalmente, los ves solo/a o en compañía? ¿Por qué? ______

f) ¿Recomendarías la televisión a la carta? Arguméntalo.

» LITERATURA

1. La lírica renacentista

Los poetas renacentistas recibieron la influencia de los poetas latinos **Virgilio**, **Horacio** y **Ovidio**, así como de **Petrarca**, el gran poeta humanista italiano del siglo XIV. Así, la poesía renacentista experimentó una **gran renovación**, tanto en el contenido como en la forma.

1.1. Garcilaso de la Vega

Su obra poética no es muy extensa. Aparte de unas cuantas coplas escritas en verso octosílabo, escribió, en verso italiano, una **epístola** (una carta), dos **elegías** (poemas de dolor por la muerte de alguna persona), tres **églogas** (poemas ambientados en una naturaleza idealizada y con pastores por protagonistas), cinco **canciones** y treinta y ocho **sonetos**.

Garcilaso fijó definitivamente la métrica italiana en la poesía española. Trató los temas propios de la lírica renacentista, pero de forma personal y original:

- **El amor.** La mayor parte de sus versos amorosos están inspirados por Isabel Freyre, una dama de la corte portuguesa que no correspondió al poeta. De ahí que el amor, en Garcilaso, sea un **amor no correspondido**, inalcanzable, a la manera petrarquista. Pero se trata de un amor sincero, auténtico.
- **La naturaleza.** Aparece siempre **idealizada**, bella, al estilo de Virgilio. Pero Garcilaso no inventa el paisaje; parte de un **lugar conocido** (la ribera del Tajo, por ejemplo) y lo embellece. Este tema lo trata especialmente en sus **églogas**.
- **La mitología.** Su principal fuente de inspiración es el poeta latino Ovidio con sus *Metamorfosis*. Su poesía está poblada de personajes mitológicos, como Dafne, Apolo, Marte, Orfeo, Eurídice, Venus, Adonis, ninfas, etc.
- El ***carpe diem***. También trata este tema, que invita a **disfrutar de la juventud**, como en el soneto que comienza así: «En tanto que de rosa y azucena».

RECUERDA

Los temas principales de la lírica renacentista son: el **amor idealizado**, inalcanzable, la **naturaleza idealizada** y **embellecida**; la **mitología** (dioses, ninfas, héroes, etc.); el ***carpe diem*** (invitación a gozar de la juventud) y el ***beatus ille*** (elogio de la vida retirada). En cuanto a la forma, se introducen los versos italianos (endecasílabos y heptasílabos) y nuevas estrofas: el soneto, la octava real, la lira, la silva, los tercetos encadenados, etc.

Garcilaso de la Vega nació en Toledo en torno a 1500. Perteneció a la nobleza y luchó bajo las órdenes de Carlos I. Fue el modelo de perfecto caballero renacentista: gran soldado, refinado cortesano y excelente poeta. Adquirió una gran formación humanista: leyó a los autores clásicos y a los humanistas italianos. Estando casado, se enamoró de una joven portuguesa, dama de la reina Isabel. Aunque ella no le correspondió, fue la inspiradora de la mayor parte de su poesía amorosa.

Escrito está en mi alma vuestro gesto,
y cuanto yo escribir de vos deseo;
vos sola lo escribisteis, yo lo leo
tan solo, que aun de vos me guardo en esto.

En esto estoy y estaré siempre puesto;
que aunque no cabe en mí cuanto en vos veo,
de tanto bien lo que no entiendo creo,
tomando ya la fe por presupuesto.

Yo no nací sino para quereros;
mi alma os ha cortado a su medida;
por hábito del alma misma os quiero.

Cuanto tengo confieso yo deberos;
por vos nací, por vos tengo la vida,
por vos he de morir, y por vos muero.

» ACTIVIDADES

16. Responde a las siguientes preguntas:

a) ¿Quién inspiró la mayor parte de la poesía amorosa de Garcilaso?
- ☐ Isabel de Castilla
- ☐ Isabel de Portugal
- ☐ Isabel Freyre

b) ¿De qué poeta clásico toma Garcilaso el tema de la mitología?
☐ Horacio ☐ Virgilio ☐ Ovidio

c) ¿Cuál es su modelo cuando trata el tema de la naturaleza?
☐ Petrarca ☐ Virgilio ☐ Jorge Manrique

17. ¿Qué obras escribió Garcilaso en verso italiano? ¿De qué manera trata Garcilaso de la Vega el tema del amor?

18. Lee el siguiente fragmento de la *Égloga III* de Garcilaso y responde a las preguntas que se formulan:

Cerca del Tajo, en soledad amena,
de verdes sauces hay una espesura
toda de hiedra revestida y llena,
que por el tronco va hasta el altura
y así la teje arriba y encadena
que el sol no halla paso a la **verdura**;
el agua baña el prado con sonido
alegrando la vista y el oído.

Con tanta mansedumbre el cristalino
Tajo en aquella parte caminaba
que pudieran los ojos el camino
determinar apenas que llevaba.
Peinando sus cabellos de oro fino,
una ninfa del agua **do** moraba
la cabeza sacó, y el prado ameno
vido de flores y de sombra lleno.

Vista de Delfos con una procesión, de Claude Lorraine.

VOCABULARIO

verdura: vegetación, verdor.
do: donde.
vido: vio.

a) Mide los versos, indica la rima, escribe el esquema métrico y di de qué estrofa se trata.

b) ¿Qué dos temas propios del Renacimiento trata Garcilaso en estas estrofas?

2. La poesía religiosa en el Renacimiento

La nueva mentalidad renacentista (sobre todo, la concepción antropocéntrica del mundo) produjo la **distinción entre lo natural y lo sobrenatural** que en literatura da lugar a obras profanas y a obras religiosas.

La **literatura religiosa** se manifiesta en dos vertientes:

ASCÉTICA	MÍSTICA
Da consejos para alcanzar la perfección moral.	Narra experiencias de personas que han entrado en contacto directo con la divinidad.

Las figuras más destacadas de la poesía religiosa renacentista son Fray Luis de León y San Juan de la Cruz.

2.1. Fray Luis de León

Fray Luis fue un gran humanista; conoció en profundidad la cultura grecolatina y dominó, además del latín y el griego, el hebreo.

Su obra poética original es muy breve, aunque también tradujo al castellano poemas de Virgilio, de Horacio, salmos de la Biblia, etc. Entre sus composiciones destacan: **«Oda a la vida solitaria»**, **«A Francisco Salinas»**, **«Noche serena»**, entre otras. Es el máximo representante de la poesía ascética.

Temas, métrica y estilo

Resumimos, en esta tabla, algunos de los temas más importantes de la poesía de Fray Luis, las estrofas que más utilizó y los rasgos de su estilo.

TEMAS	MÉTRICA	ESTILO
La huida del mundo El ansia del cielo El menosprecio del mundo La vida retirada (*beatus ille*)	Lira Octava real Tercetos encadenados	Naturalidad Elegancia Musicalidad Armonía

2.2. San Juan de la Cruz

Entre sus poemas destacan **«Noche oscura del alma»**, **«Cántico espiritual»** y **«Llama de amor viva»**, modelos de la poesía mística en los que cuenta sus experiencias tras haber alcanzado la unión espiritual con la divinidad. Y como esas experiencias son inefables (no pueden explicarse con palabras), para ayudar a comprenderlas recurre a metáforas, comparaciones, símbolos e imágenes del amor humano. La crítica lo considera una figura capital de la lírica de todos los tiempos.

Fray Luis de León, de ascendencia judía, nació en 1527 en Belmonte del Tajo (Cuenca). Se hizo agustino y estudió en Alcalá de Henares y en Salamanca, donde fue catedrático. Pasó casi cinco años en la cárcel tras ser acusado por sus propios compañeros de haber traducido el libro bíblico titulado Cantar de los Cantares. Murió en 1591.

Juan de Yepes y Álvarez, San Juan de la Cruz, nació en 1542 en Fontiveros (Ávila). Es el máximo representante de la poesía mística. Profesó como carmelita y estudió en la universidad de Salamanca (donde tuvo como profesor a Fray Luis de León). Intentó reformar la orden de los carmelitas. Al igual que Fray Luis, se enfrentó a miembros de su propia orden y acabó en prisión. Murió en 1591.

BARCANOVA EDITORIAL

» ACTIVIDADES

19. Lee el poemilla de Fray Luis de León y responde a las preguntas que se formulan a continuación:

A la salida de la cárcel

Aquí la envidia y mentira
me tuvieron encerrado.
Dichoso el humilde estado
del sabio que se retira
de aqueste mundo malvado,
y con pobre mesa y casa
en el campo deleitoso
con solo Dios se compasa
y a solas su vida pasa,
ni envidiado ni envidioso.

a) Según Fray Luis, ¿qué es lo que realmente le llevó a la cárcel?

b) ¿Qué propone para librarse de los celos, las envidias, las mentiras del mundo?

c) ¿Con qué tema renacentista está relacionado?

20. Lee el poema «Noche oscura del alma», de San Juan de la Cruz, y responde a las cuestiones:

Noche oscura del alma

En una noche oscura,
con ansias en amores inflamada,
¡oh dichosa ventura!,
salí sin ser notada,
estando ya mi casa sosegada.
A oscuras y segura,
por la secreta escala disfrazada,
¡oh dichosa ventura!,
a oscuras y **en celada**,
estando ya mi casa sosegada.
En la noche dichosa,
en secreto, que nadie me veía,
ni yo miraba cosa,
sin otra luz ni guía,
sino la que en mi corazón ardía.
Aquesta me guiaba
más cierto que la luz del mediodía,
adonde me esperaba
quien yo bien me sabía,
en parte donde nadie parecía
¡Oh noche que guiaste!
¡Oh noche amable más que la alborada!
¡Oh noche que juntaste
Amado con amada,
amada en el Amado transformada!
En mi pecho florido,
que entero para él solo se guardaba,
allí quedó dormido,
y yo le regalaba,
y el **ventalle** de cedros aire daba.
El aire de la almena,
cuando yo sus cabellos esparcía,
con su mano serena
en mi cuello hería,
y todos mis sentidos suspendía.
Quedeme y olvideme,
el rostro recliné sobre el Amado;
cesó todo y **dejeme**,
dejando mi cuidado
entre las azucenas olvidado.

VOCABULARIO

en celada: a escondidas, en secreto.
más cierto: con más certeza, con más seguridad.
en parte donde nadie parecía: allí donde no había nadie.
ventalle: abanico. Las ramas del cedro hacen de abanico.
quedeme, olvideme, dejeme: me quedé, me olvidé, me abandoné.

a) Mide la primera estrofa, indica el tipo de rima que presenta y escribe su esquema métrico.

b) Una mujer va a reunirse con su amado. ¿Quién es realmente esa mujer? ¿De dónde sale? ¿Quién es su amado?

» GRAMÁTICA

1. El complemento del nombre (CN)

El **complemento del nombre** es un sintagma que completa el significado del nombre aportando más información sobre el mismo. Observa la diferencia entre estos dos sintagmas:

la *ventana*: **SN → Det. + N**
Det. N
SN

la *ventana* *pequeña*: **SN → Det. + N + CN**
Det. N CN
SN

Los complementos del nombre pueden ser:

COMPLEMENTOS DEL NOMBRE	
UN ADJETIVO	Concuerda en género y número con el nombre, y puede ir delante o detrás de él: *el gato* ***blanco****; el* ***verde*** *campo*.
UN SUSTANTIVO O UN SINTAGMA NOMINAL	Esta construcción se denomina **aposición**: *mi hermana* ***Lina****; el monte* ***Fuji***. A veces, va entre comas: *Javier,* ***mi vecino****,...*
UN SINTAGMA PREPOSICIONAL (SPREP)	Es un SN precedido de una preposición: *la chaqueta* ***de lana****; un café* ***con leche***.
UNA ORACIÓN DE RELATIVO	Es una estructura oracional introducida por un relativo (*que, quien, el cual, cuyo*, etc.): *El teléfono* ***que me regalaron*** *es estupendo*.

2. El adjetivo

El **adjetivo** es el núcleo del sintagma adjetivo, o sintagma adjetival (SAdj).

- Semánticamente, el adjetivo es una palabra que expresa **cualidades** o **propiedades** del nombre al que acompaña (*negro, acuoso...*).
- Morfológicamente, admite variaciones de **género** y **número** (*list**o**, list**a**, list**os**, list**as***). Hay adjetivos de **dos terminaciones**, que presentan formas distintas para el masculino y para el femenino (***alto***, ***alta***), y de **una terminación**, que tienen la misma forma para ambos géneros: *un hombre* ***feliz****, una mujer* ***feliz****; un asunto* ***importante****, una cuestión* ***importante****; un hombre* ***valiente****, una decisión* ***valiente***.
- Sintácticamente, funciona como **complemento del nombre** al que acompaña: *una situación* ***comprometida****; una granja* ***equina****; una conversación* ***coloquial***, etc.

Algunos adjetivos presentan una forma apocopada (pierden algún sonido al final) cuando preceden al nombre:

- *bueno*, *malo* y *santo* ante nombres masculinos singulares se convierten en *buen*, *mal* y *san*, respectivamente: ***buen*** *acuerdo*, ***mal*** *remedio*, ***san*** *Felipe*.
  Algunas excepciones: *santo Tomás, santo Domingo*.
- *grande*, delante de todos los nombres, pasa a *gran*: ***gran*** *mujer*, ***gran*** *sensación*.

» ACTIVIDADES

21. En el siguiente fragmento hay varios complementos del nombre: un adjetivo, un sustantivo en aposición y un sintagma preposicional. Identifícalos y di a qué nombre complementan:

> La niña, la otra niña, Rocío, que pronto cumpliría ocho años, contemplaba la escena desde lo alto de la escalera que llevaba a la planta superior de la casa. Fabio la había visto por el rabillo del ojo. Era una ratoncita curiosa y metomentodo, siempre espiando.
>
> ÁNGELA VALLVEY: *Muerte entre poetas*.

Adjetivo: ______

Sustantivo: ______

Sintagma preposicional: ______

22. Di a qué nombre complementan los adjetivos y los SPrep subrayados del siguiente texto:

> La leyenda, si la quieres llamar así, dice que una noche, a finales <u>de verano</u>, durante el baile de <u>máscaras del pueblo</u>, las gentes vieron cómo una mujer <u>enmascarada</u> tomaba un velero en el puerto y se hacía a la mar. Unos opinan que acudía a una cena <u>secreta</u> con su amante en el islote <u>del faro</u>; otros, que huía de un crimen <u>inconfesable</u>... Ya ves, todas las explicaciones son válidas porque, de hecho, nadie realmente supo quién era.
>
> CARLOS RUIZ ZAFÓN: *Las luces de septiembre*.

______

______

______

______

______

______

______

23. Subraya los adjetivos que hay en el siguiente fragmento:

> Pladevall, aceitunado, pequeño, vivaz, con el bigotito recortado que le afila el rostro, el sempiterno traje cruzado a rayas, con fondo gris o marrón desvaído, que tal vez sentaría mejor a alguien de más estatura que la suya, lleva fumando un rato. Hay mucho humo en el ambiente y el cenicero está lleno de colillas. Su aparato telefónico incluye un soporte blanco con varias teclas de colores diferentes que se van iluminando.
>
> SERGIO VILA-SANJUÁN: *Estaba en el aire*.

24. Identifica los adjetivos del siguiente fragmento y señala el nombre que complementan:

> Otro cartel dorado y verde anuncia que ha llegado a su destino. Sigue por un sendero serpenteante y empedrado con los ladrillos dispuestos en forma de espiga. [...] El largo sendero lo conduce a través de un espeso bosque de abedules hasta desembocar ante un espléndido panorama de la casa principal enmarcada por un laberinto de jardincillos. Charles reduce la marcha hasta detener el coche.
>
> ANITA SHREVE: *¿Quién recuerda dónde o cuándo?*

2.1. Clases de adjetivos

Los adjetivos son **calificativos** si expresan cualidades o propiedades del sustantivo al que acompañan (*película* ***interesante***, *café* ***amargo***). Son, en cambio, **relacionales** si permiten clasificar personas o cosas (*ley* ***estatal***; *edificio* ***monumental***). Observa que estos últimos no se pueden graduar: **Ley muy estatal* sería incorrecto.

Cuando el adjetivo calificativo va detrás del nombre e indica una cualidad de este que lo diferencia de otros, tiene un **uso especificativo** (*mirada* ***clara***, *ropa* ***limpia***, *viento* ***fuerte***). Cuando el adjetivo calificativo aparece entre comas detrás del sustantivo y aporta una justificación o una explicación al nombre al que acompaña, presenta un **uso explicativo** (*La luz,* ***tenue*** *y* ***fría***, *incomodaba a los asistentes*).

Los adjetivos calificativos se denominan **epítetos** cuando indican una cualidad que se presupone en el nombre al que acompañan (*la* ***suave*** *brisa, el* ***caluroso*** *verano*). Suelen ir antepuestos.

2.2. Grados de intensidad del adjetivo

Positivo: expresa solo la cualidad.		*mantel* ***blanco***; *enfermedad* ***grave***.
Comparativo: expresa la cualidad con una comparación.	**de igualdad**	*El hijo es* ***tan alto como*** *el padre.*
	de superioridad	*Tu coche es* ***más veloz que*** *el mío.*
	de inferioridad	*Ricardo es* ***menos alto que*** *Ramón.*
Superlativo: expresa la cualidad en grado máximo.		*Esa película es* ***muy interesante***; *Esa película es* ***interesantísima***.

Superlativo absoluto y superlativo relativo

El superlativo **absoluto** expresa la cualidad máxima del nombre. Se forma anteponiendo el adverbio ***muy*** al adjetivo o añadiéndole el sufijo ***-ísimo/a***: *Este coche es* ***muy caro***; *Este coche es* ***carísimo***.

El superlativo **relativo** expresa la cualidad máxima **en relación con otro sustantivo** que también posee esa cualidad. Se forma con ***el más... de*** o ***el menos... de***: *Luis es el más bajo de su clase.*

En castellano se conservan **formas sintéticas** latinas para el comparativo de superioridad y para el superlativo:

POSITIVO	alto	bajo	grande	pequeño	bueno	malo
COMPARATIVO	superior	inferior	mayor	menor	mejor	peor
SUPERLATIVO	supremo	ínfimo	máximo	mínimo	óptimo	pésimo

¿SABÍAS QUE...?

También existen **superlativos cultos**, que se forman añadiendo los sufijos *-ísimo* y *-érrimo* a la forma latina:
amable → amabilísimo
antiguo → antiquísimo
fiel → fidelísimo
noble → nobilísimo
célebre → celebérrimo
libre → libérrimo
pobre → paupérrimo (y pobrísimo)
notable → notabilísimo

2.3. Funciones del adjetivo

La principal función del adjetivo es la de **complemento del nombre** (CN), aunque puede desempeñar otras, como la de **atributo** (Atr) y la de **complemento predicativo** (CPred).

Llevo mis apuntes de Lengua en una carpeta ***verde***. → CN
La última película de ese director es ***interesante***. → Atr
Eulalia salió ***satisfecha*** *de la sala de reuniones.* → CPred

» ACTIVIDADES

25. Di si los adjetivos de las siguientes oraciones tienen un uso explicativo o especificativo:

a) Las **frondosas** ramas del árbol nos proporcionaban una **reparadora** frescura.

Frondosas: ____________________

Reparadora: ____________________

b) El piloto hizo una maniobra **arriesgada** y ganó la **difícil** carrera.

Arriesgada: ____________________

Difícil: ____________________

c) Cogieron los trineos **adaptados** y se deslizaron sobre la **blanca** nieve.

Adaptados: ____________________

Blanca: ____________________

26. Di si los adjetivos comparativos de las siguientes oraciones expresan igualdad, inferioridad o superioridad.

Ej.: *Miguel es más hablador que yo* → superioridad.

a) El coche gris es tan rápido como el rojo.

____

b) Este café es menos intenso que el otro.

____

c) Tu calle es igual de ruidosa que la mía.

____

d) La ropa holgada es más cómoda que la ajustada.

____

e) La nueva serie de esa cadena de televisión es tan aburrida como la anterior.

____

f) Esa novela es más interesante que esta.

____

27. En las siguientes oraciones, sustituye el superlativo absoluto expresado con la fórmula *muy* + adjetivo por otro utilizando los sufijos *-ísimo* o *-érrimo*.

Ej.: *Es un perro **muy dócil*** → *Es un perro **docilísimo***.

a) Nos pusieron un ejercicio muy sencillo.

____

b) Me han regalado un libro muy antiguo.

____

c) En el mundo hay millones de personas muy pobres.

____

d) El nuevo secretario es muy amable y muy pulcro.

____

28. Explica las diferencias de significado según vaya el adjetivo antepuesto o pospuesto al nombre.

Ej.: *Un **joven** amigo (de hace poco tiempo) / Un amigo **joven** (de poca edad)*.

a) Un gran deportista ____________________

Un deportista grande ____________________

b) Un simple estudiante ____________________

Un estudiante simple ____________________

c) Un viejo compañero ____________________

Un compañero viejo ____________________

d) Un buen trozo de pan ____________________

Un trozo de pan bueno ____________________

» LÉXICO

1. Palabras tabú y eufemismos

Denominamos **palabras tabú** a aquellas que los hablantes evitan pronunciar por cualquier motivo, sea social, moral, sexual o religioso. Esas palabras se refieren a realidades que suelen presentar connotaciones negativas para la sociedad. En ocasiones se evitan por delicadeza pues indican actos que parecen sucios o groseros, o por referirse a realidades que tradicionalmente se ha evitado nombrar (partes íntimas, relaciones sexuales, la muerte...).

Las palabras tabú se sustituyen por otros términos que presentan connotaciones positivas, neutras e inofensivas y que se conocen como **eufemismos**. La RAE los define como la «manifestación suave o decorosa de ideas cuya recta y franca expresión sería dura o malsonante».

Con su uso, en algunos casos los hablantes pretenden evitar que el lenguaje sea discriminatorio con distintas realidades, grupos o personas; en otros, se emplean como encubridores o disimuladores de la realidad. A veces se produce un uso abusivo de algunos eufemismos que tratan de suavizar u ocultar la realidad de modo innecesario; por ejemplo, *retención compacta* en lugar de *caravana*, o *crecimiento negativo de la economía* en lugar de *crisis económica*.

En cualquier caso, el uso de los eufemismos es conveniente para no herir sensibilidades o para usar un lenguaje más imparcial y sin prejuicios, siempre que no desdibuje la realidad.

La palabra *tabú* es de origen polinésico y significa 'lo prohibido'.

¿SABÍAS QUE...?

Se habla de **lenguaje políticamente correcto** para referirse a aquel uso del lenguaje que ayuda (o lo pretende) a lograr mayor igualdad entre las personas con independencia de su etnia, de sus valores políticos o ideológicos, de sus tradiciones culturales, etc.

El uso de eufemismos es muy frecuente en el lenguaje político y periodístico para suavizar aspectos negativos de la realidad.

La zona euro resiste pero confirma la desaceleración económica

Grandes empresas inician el proceso de regularización de plantilla

El conductor sufrió heridas incompatibles con la vida

La ofensiva militar en Siria causa numerosos daños colaterales

Se investigará la limpieza étnica sucedida en la zona

» ACTIVIDADES

29. Elige el eufemismo o los eufemismos más adecuados para cada palabra tabú:

a) Jugué una apasionante partida de ajedrez con mi amigo **ciego**.

☐ invidente ☐ minusválido

b) Emilia **parió** un niño que pesaba tres quilos.

☐ dio a luz ☐ alumbró

c) He admirado siempre los consejos de los **viejos**.

☐ abuelos ☐ mayores

30. Relaciona las dos columnas. En la superior aparecen nombres de oficios que suelen ser nombrados mediante los eufemismos de la inferior.

1. carcelero
2. camionero
3. pastor
4. vendedor
5. criada

☐ ganadero
☐ transportista
☐ funcionario de prisiones
☐ agente comercial
☐ asistenta

31. La RAE llama la atención sobre algunos usos del lenguaje políticamente correcto que considera innecesarios. Lee el siguiente artículo y después reescribe el texto que tienes a continuación:

Los ciudadanos y las ciudadanas, los niños y las niñas

Este tipo de desdoblamientos son artificiosos e innecesarios desde el punto de vista lingüístico. En los sustantivos que designan seres animados existe la posibilidad del uso genérico del masculino para designar la clase, es decir, a todos los individuos de la especie, sin distinción de sexos: *Todos los ciudadanos mayores de edad tienen derecho a voto*.

La mención explícita del femenino solo se justifica cuando la oposición de sexos es relevante en el contexto: *El desarrollo evolutivo es similar en los niños y las niñas de esa edad*. La actual tendencia al desdoblamiento indiscriminado del sustantivo en su forma masculina y femenina va contra el principio de economía del lenguaje y se funda en razones extralingüísticas. Por tanto, deben evitarse estas repeticiones, que generan dificultades sintácticas y de concordancia, y complican innecesariamente la redacción y lectura de los textos. [...]

Real Academia Española

Estimados/as padres/madres de familia: se solicita su asistencia a la junta para tratar asuntos relacionados con la educación de su hijo/a, con su respectivo/a profesor/a.

www.fundeu.es

» ORTOGRAFÍA

1. Ortografía de la *b* y la *v*

PRINCIPALES NORMAS ORTOGRÁFICAS SOBRE EL USO DE LA *B*	
Después de *m* se escribe siempre *b* y no *v*.	*cambio, embudo*
Delante de consonante se escribe siempre *b*.	*mueble, brisa, subrayar, obsequio*
Las palabras que empiezan por *bu-*, *bus-*, *bur-*, *ben-* o *bien-*, *bene-* o *bibl-* se escriben con *b*.	*búfalo, buscar, burgués*
Las palabras que terminan en *-bilidad*, *-bundo* y *-bunda* se escriben con *b*. Son excepciones *movilidad* y *civilidad*.	*habilidad, vagabundo, tremebunda*
Las formas del pretérito imperfecto de indicativo de los verbos de la primera conjugación se escriben con *b*.	*cantaba, cantabas, cantaba, etc.*
Se escriben con *b* las formas del pretérito imperfecto de indicativo del verbo *ir*.	*iba, ibas, iba, íbamos, ibais, iban*
Las formas de los verbos *haber*, *deber*, *beber*, *caber* y *saber* se escriben con *b*.	*había, debo, cabría, sabrá, bebía*
Los verbos terminados en *-buir* y en *-bir* se escriben con *b*. Son excepciones *hervir*, *servir* y *vivir*.	*atribuir, escribir*

PRINCIPALES NORMAS ORTOGRÁFICAS SOBRE EL USO DE LA *V*	
Después de *n* se escribe *v*.	*conversar, invierno*
Las palabras que comienzan por *ad-* y *di-* se escriben con *v*. La palabra *dibujo* es una excepción.	*advertencia, dividir*
Se escriben con *v* los tiempos de los verbos cuyos infinitivos no tienen *b* ni *v*. El pretérito imperfecto de los verbos de la 1.ª conjugación y el verbo *ir* son excepciones.	*estuviste, tuvimos, anduve*
Los adjetivos acabados en *-avo*, *-ava*, *-evo*, *-eva*, *-ivo*, *-iva*, *-ave*, *-eve* se escriben con *v*.	*bravo, nuevo, definitivo, grave, leve*

Ficha ortográfica

- No debe confundirse la expresión **a ver** (preposición más verbo *ver*) con el infinitivo **haber**. *A ver* se usa para expresar curiosidad o interés: *A ver quién ha venido*. El infinitivo *haber* es el verbo auxiliar en los tiempos compuestos: *Si no te interesaba, no haber venido*.
- **Vaya** es una forma del verbo *ir* (*Me ha pedido que* ***vaya*** *con ella*), mientras que **valla** es un sustantivo: *El jardín estaba cercado por una* ***valla*** *de madera*.
- El sustantivo **hierba** se escribe con *b*: *La hierba crecía también entre las piedras del jardín*. La forma verbal **hierva** (verbo *hervir*) se escribe con *v*: *No apagues el fuego hasta que el agua* ***hierva***.

» ACTIVIDADES

32. Escribe un sinónimo que empiece por *bu-*, *bus-* o *bur-* para cada una de estas palabras:

bondadoso ______________________

desván ______________________

barco ______________________

broma ______________________

investigación ______________________

hervir ______________________

tapabocas ______________________

33. Rellena los huecos con *b* o *v*.

a___re___iatura

ad___er___io

___oca___ulario

la___a___o

___er___ena

___iodi___ersidad

fa___ora___le

o___ser___atorio

34. Escribe el pretérito imperfecto de indicativo de cada uno de los verbos que se indican:

renovaba		
	cultivabas	
		remaba

clavábamos		
	llevabais	
		elevaban

35. Completa las siguientes oraciones con *a ver* o *haber* según corresponda:

a) Tiene que ______________ ocurrido algo para que no estén ya aquí.

b) Los llevaron ______________ el principal museo de la ciudad.

c) Sigo sin ______________ entendido lo que me explicas.

d) ______________, ¿has acabado los deberes?

e) Tiene que ______________ azúcar en ese armario.

f) ______________ si eres más puntual a partir de ahora.

DICTADO

Premisa: Copia primero todas las palabras que contengan *b* o *v*.

Atravesamos un corredor con puertas laterales, que daba a una pequeña cocina en la que todo era de metal. Volvimos con la cena en una bandeja: boles con copos de maíz, un racimo de uvas, una fruta desconocida cuyo sabor me recordó el del higo, y una gran jarra de agua. Creo que no había pan. Los rasgos de mi huésped eran agudos y tenía algo singular en los ojos. No olvidaré ese rostro severo y pálido que no volveré a ver.

JORGE LUIS BORGES: «Utopía de un hombre que está cansado», en *El libro de arena*.

» PONTE A PRUEBA

Lee y comprueba si lo has comprendido

SOS: Mediteplástico

Cuna de la civilización y centro de un extraordinario patrimonio ambiental, es hoy uno de los mares con mayor contaminación por plásticos del mundo.

En la cuenca del Mediterráneo, circunvalada por 23 países y habitada por cerca de 150 millones de personas, cada individuo produce una media de entre 208 y 760 kilos de residuos urbanos anuales. En el Mare Nostrum, el plástico constituye el 85 % de los desechos, tanto en mar abierto como en los fondos marinos y en las playas. Y los fragmentos más pequeños, los ubicuos microplásticos –de un tamaño inferior a 5 milímetros– alcanzan niveles récord.

Sin duda, el tema que nos ocupa es una emergencia mundial, y por ello la lucha contra la contaminación marina es una de las áreas prioritarias de los Objetivos de Desarrollo Sostenible (el número 14) de las Naciones Unidas, que considera la presencia de plástico en el mar una de las principales amenazas ambientales para la Tierra, junto con el cambio climático, la acidificación de los mares o la pérdida de biodiversidad.

No es para menos. Las estimaciones actuales indican que hoy en día hay más de 150 millones de toneladas de plástico en el océano. En una situación sin cambios, para 2025 el océano contendrá una tonelada de plástico por cada tres toneladas de pescado; y para 2050 podría tener, en peso, más plásticos que peces. En estas circunstancias no es de extrañar que más del 90 % de los daños causados a la fauna marina por los residuos sea debido a los plásticos. Por una parte, los sedales y redes de pesca abandonados, al igual que las anillas de plástico y envoltorios para montar los *packs* de las latas, enredan y atrapan a los animales. Por otra, muchas especies ingieren este ubicuo material, confundiéndolo con alimento o depredando a otros animales que ya lo tienen en su estómago. A escala mundial existen unas 700 especies marinas amenazadas por los plásticos, de las cuales un 17 % están catalogadas por la UICM como en peligro crítico, como la foca monje de Hawái o la tortuga boba. En el Mediterráneo hay 134 especies afectadas.

Obviamente, este problema de tan grandes proporciones afecta a sectores económicos clave del Mediterráneo, como son la pesca y el turismo. Se calcula que los residuos marinos causan una pérdida económica anual de 61,7 millones de euros a la flota pesquera de la UE. Esto se debe a la reducción de las capturas y a los daños ocasionados a los buques, mientras que las playas contaminadas generan más gastos de limpieza, al tiempo que desaniman a los turistas, con la consiguiente pérdida de puestos de trabajo en ese sector.

Recuperar el antiguo esplendor de este mar que nos sustenta, en el que se concentra una de las mayores tasas de biodiversidad marina del planeta, es una absoluta prioridad. Una de las metas principales de los años venideros es lograr un Mediterráneo libre de plástico. Luchemos por ella.

National Geographic, junio 2019 (texto adaptado).

1. El texto es...

- ☐ descriptivo y narrativo.
- ☐ descriptivo y argumentativo.
- ☐ expositivo y argumentativo.
- ☐ expositivo y narrativo.

2. Señala cuál es la finalidad del texto:

- ☐ Convencer a los lectores de que deben luchar por salvar el mar Mediterráneo de la contaminación por plásticos.
- ☐ Explicar cómo se contamina el Mediterráneo.
- ☐ Buscar y proponer soluciones para el problema de la contaminación del Mediterráneo.

3. En el contexto de la lectura, la palabra *cuenca* significa:

- ☐ Territorio cuyas aguas afluyen todas a un mismo río, lago o mar.
- ☐ Porción de tierra rodeada de agua.

4. Marca (V) verdadero o (F) falso:

- ☐ Los desechos que ensucian el mar se acumulan principalmente en los fondos marinos.
- ☐ La lucha contra la contaminación marina es uno de los Objetivos de Desarrollo Sostenible.
- ☐ Las redes de pesca causan el 90 % de los daños que sufre la fauna marina.
- ☐ En el Mediterráneo hay 700 especies amenazadas.

5. Señala el significado adecuado para las siguientes palabras del texto:

ubicuo:
- ☐ Que está presente a un mismo tiempo en todas partes.
- ☐ Que afecta a todo y lo engloba todo.

prioritario:
- ☐ Que tiene preferencia o superioridad sobre algo.
- ☐ Que existe desde hace tiempo.

depredar:
- ☐ Cazar animales de distinta especie para subsistir.
- ☐ Acometer, embestir.

6. Di a qué nombre complementan los adjetivos y los sintagmas preposicionales subrayados en el siguiente texto:

> Recuperar el <u>antiguo</u> esplendor <u>de este mar</u> que nos sustenta, en el que se concentra una de las mayores tasas <u>de biodiversidad marina del planeta</u>, es una absoluta prioridad.

____

____

____

7. Busca en el texto un ejemplo para cada regla:

- Después de *m* se escribe siempre *b* y no *v*: ______________________________
- Delante de consonante se escribe siempre *b*: ______________________________
- Las palabras que empiezan por *bu-* se escriben con *b*: ______________________________
- Después de *n* se escribe *v*: ______________________________

Mira

En el espacio personal de *www.barcanova.cat* podrás consultar diversos enlaces que hablan del impacto negativo que tiene el plástico sobre el medio ambiente.

Comparte

Por grupos, redactad una lista de diez medidas que se pueden tomar para reducir el plástico. Ponedla en común con el resto de la clase y seleccionad las que os parezcan más efectivas.

UNIDAD 5

CLUB DE LECTURA » *Una profesión peligrosa*
TOMA LA PALABRA » La rueda de prensa
DILO POR ESCRITO » Responder a un correo electrónico
LENGUA Y SOCIEDAD » Medios de comunicación de masas. La prensa
LITERATURA » La prosa en el siglo XVI. El *Lazarillo de Tormes*
GRAMÁTICA » El sintagma verbal. El verbo
LÉXICO » El léxico de la lengua: palabras patrimoniales y cultismos
ORTOGRAFÍA » Uso de la *h*

Preparamos la lectura

1. ¿Sabes cómo hacen su trabajo los periodistas? ¿Alguien de tu entorno ejerce esta profesión?

2. Cuando recibes un correo electrónico de un remitente desconocido, ¿lo abres inmediatamente? ¿Lo borras sin abrirlo? ¿Por qué?

★ SIN PIES NI CABEZA

Dividid la clase en grupos de cinco. Durante dos minutos, cada uno de vosotros tiene que completar una tabla como la que aparece debajo. Cuando todos lo hayáis hecho, uno de vosotros leerá lo que ha escrito en la primera columna; el siguiente, en la segunda, y así sucesivamente hasta completar la redacción de una noticia (acordaos de cambiar el orden de lectura en cada ronda). Escribid vuestra noticia absurda y compartidla con la clase. Votad la más original o divertida.

¿QUIÉN?	¿QUÉ?	¿DÓNDE?	¿CUÁNDO?	¿POR QUÉ?

» CLUB DE LECTURA

Una profesión peligrosa

Bill saltó de la bicicleta, la dejó caer sobre el césped de la acera y entró corriendo en el patio luminoso y lleno de plantas de casa de su tía, frente al Pacífico. Desde que murió su madre, el chico pasaba las vacaciones en San Diego con tía Marilyn, que no solo era periodista, sino que encima escribía los reportajes contándole sus averiguaciones como si fuesen aventuras policiacas, fantásticas, de terror...

El chico no se dio cuenta de que un hombrón de mirada dura estaba vigilando la casa desde el interior de una furgoneta de cristales ahumados.

En verano parecía que Bill viviera en la mismísima arena de la playa, allí se encontraba con un grupo de amigos de distintos países —que estaban practicando inglés— y trataban de mantenerse en pie sobre las tablas de surf. Pensaba acercarse a la nevera con intención de preparar a toda velocidad unos bocadillos y salir zumbando, cuando vio a su tía por la rendija de la puerta del estudio. «Parece preocupada, y mucho», Bill se pasó la mano por el cabello tan claro que a veces daba la impresión de casi blanco y se coló en la habitación.

VOCABULARIO

estremecerse *v.* Asustarse.

La puerta chirrió al abrirse y tía Marilyn **se estremeció**.

—¡Manos arriba! —exclamó el muchacho apuntándola con el dedo.

Ella había palidecido y le respondió con voz rota:

—Me has asustado.

—Tiene mérito.

—Perdóname, Bill, ando metida en un reportaje que me parece, no sé... —Se le apagó la voz—: Me parece peligroso, quizá demasiado... [...]

—Cuéntame.

Tía Marilyn era una de esas mujeres de treinta y pocos años que tratan de disimular lo guapas que son. Cara lavada, cabello castaño recogido en un moño, gruesas gafas.

—Me han amenazado [...] —señaló con la uña la pantalla del ordenador —me han enviado esto, un anónimo.

El chaval apretó los puños:

—¿Quién...?

—Léelo tú mismo.

Bill devoró la nota:

Si no dejas de meter las narices en nuestros asuntos, ya puedes ir cantando el adiós a la vida.

—Es un *e-mail*, ¿no? —preguntó el muchacho con gesto de haber recibido un puñetazo en toda la cara. [...] —¿Desde dónde te lo han disparado?

Marilyn fue siguiendo con el dedo huesudo y suave el encabezamiento del *e-mail*:

Para: La entrometida periodista Marilyn Wigdor <mwigdor@cmrff.com>

De: Bar Las Rumbitas Fritas <trapper@rumbitas>

Asunto: Amenaza de muerte.

—Cualquiera puede habérmelo mandado por internet desde lo que parece un bar o lo que sea...

—Por lo menos, hay que averiguar dónde están las malditas Rumbitas Fritas —insistió el chico.

—No funcionará, qué va. —Apretó los labios—. Los camareros se encogerán de hombros y nos dirán: «¿Quién sabe?».

Estaba pálida, con la mirada inmóvil.

—¿Llamamos a la policía?

—No. Estoy escribiendo algo que puede ser una bomba. ¡Una gran exclusiva para mi agencia! Y no quiero decir ni pío hasta que me lo publique algún periódico grande en primera página.

El chaval se puso en pie e **inquirió**:

—¿Qué diablos estás escribiendo?

—Trato de adivinar qué se traen entre manos unos **traficantes**.

—Traficantes..., ¿de qué?

—Es mejor que ni lo sepas.

El chico intentó leer la hoja que acababa de salir de la impresora, pero ella lo impidió poniéndola al revés.

—Es ridículo —protestó—.

Marilyn se puso en pie. Con gesto nervioso se acercó a la ventana y **escudriñó** la calle mordiéndose los labios. Desde allí no pudo ver al hombrón que la estaba vigilando y tenía una pistola al alcance de la mano.

La periodista entornó los ojos y dijo, como si hablase para sí misma:

—Quizá... —Se interrumpió, y tras un silencio de dudas—: Quizá deberías volver a San Francisco. Si algo llegara a ocurrirte..., tu padre...

Dejó el papel sobre una mesa de mimbre y cristal que se encontraba al otro lado de la habitación.

El chaval, con los ojos clavados en el papel, protestó:

—No pienso moverme de aquí.

—Veremos.

Si te da miedo tenerme en casa, me instalaré en la playa..., pero no vas a perderme de vista... Ni pienso perderte de vista yo a ti.

—Vamos, vamos. La cosa puede ponerse muy, pero que muy fea.

El chico le hizo un guiño de complicidad, y dijo con la voz más **persuasiva**:

—Mira, Marilyn —no la llamaba tía, solo Marilyn—. Quizá me necesites más de lo que puedas creer.

Ella negó con los ojos:

—No debo...

Él la interrumpió para soltar:

—Si me marcho, tendré la sensación de ser un rajado.

Esas palabras la impresionaron.

Los ojos de Bill eran de un azul muy claro, pero en aquellos momentos parecían **incandescentes**. Le caía un mechón de cabello que trató de peinarse con la mano sin mucho éxito. El chaval se acercó con disimulo a un interruptor. Pulsó el botón, se puso a dar vueltas un enorme ventilador que pendía del techo, justo encima de la mesa, e hizo volar por los aires la dichosa hoja de papel. Fue por ella y pudo leer:

NARCODÓLARES
Tráfico de dinero procedente de la droga en San Diego. Enormes sumas son introducidas por una banda de expertos en mover dinero sucio...

PEDRO CASALS: *Enigma en Internet* (texto adaptado).

VOCABULARIO

inquirir *v.* Preguntar.

traficante *m.* o *f.* Persona que hace negocios ilegales.

escudriñar *v.* Observar.

persuasivo -a *adj.* Convincente.

incandescente *adj.* Encendido, brillante.

» ACTIVIDADES

Comprensión de la lectura

1. ¿Por qué está Bill en casa de Marilyn?

2. ¿Qué relación de parentesco hay entre ellos?

3. ¿Cuál es la profesión de Marilyn?

4. Marca la razón por la que Marilyn está asustada:

- [ ] Porque ha recibido una llamada anónima.
- [ ] Porque un hombre la está vigilando.
- [ ] Porque la han amenazado de muerte.

5. ¿Por qué no avisa a la policía?

6. Marilyn no deja que Bill lea un texto que acaba de imprimir. ¿Por qué? ¿Cómo consigue él leerlo?

7. ¿En qué época del año transcurre la historia?

Expresión personal

8. Completa una ficha con los datos de cada uno de los dos personajes de la lectura:

Nombre:

Aspecto físico:

Edad aproximada:

Nombre:

Aspecto físico:

Edad aproximada:

9. Identifica en un mapa de EE. UU. las dos ciudades que se citan en la lectura y el océano que las baña.

10. Redacta con otras palabras estas frases de la lectura.

a) Si no dejas de meter las narices en nuestros asuntos, ya puedes ir cantando el adiós a la vida.

b) Estoy escribiendo algo que puede ser una bomba.

c) Trato de adivinar qué se traen entre manos unos traficantes.

d) No vas a perderme de vista.

e) La cosa puede ponerse muy, pero que muy fea.

11. Marilyn tiene que tomar decisiones difíciles. En tu opinión, ¿debe dejar el reportaje? ¿Es preferible que Bill se vaya?

12. Si tuvieras que escoger un título para esta lectura, ¿cuál de los que te proponemos a continuación elegirías? ¿Por qué? Propón tú otros posibles títulos.

Amenaza por correo

Pesadilla en el correo

Una investigación arriesgada

Una periodista en peligro

Intriga en San Diego

Elegiría

porque

13. Infórmate sobre el trabajo de los periodistas y responde a las siguientes cuestiones:

a) ¿Es una profesión arriesgada? ¿Por qué?

b) ¿Qué es lo que te parece más atractivo de este trabajo y lo que menos te gusta?

» TOMA LA PALABRA

La rueda de prensa

Una **rueda de prensa** es una reunión convocada por una fuente informativa para dar a conocer una noticia importante a los medios de comunicación. En esta actividad vais a participar en una rueda de prensa, ya sea como convocantes de la misma o como periodistas que asisten a ella.

Procedimiento

1. La actividad se realiza en dos fases. En la primera fase, y en grupos de 4 o 5, todos os preparáis para ser los convocantes de una rueda de prensa. En la segunda, asistiréis como periodistas a las diversas convocatorias que, por turnos, realizarán vuestros compañeros.

Por grupos, escoged un asunto de vuestro interés (puede ser desde una noticia relacionada con vuestro centro escolar o con vuestro entorno hasta una información deportiva) y decidid qué queréis transmitir a los medios de comunicación para que luego informen de ello. Cada uno de vosotros tendrá un papel diferente: repartíoslos y preparaos a fondo para poder atender a los informadores. Fijaos en estos ejemplos:

Tema de la rueda de prensa:
Instalación de una incineradora de residuos en el pueblo.

Asistentes:
- Alcalde
- Gerente de la empresa que explotará la planta incineradora
- Concejal de Medio Ambiente
- Propietario de los terrenos donde se realizará la instalación

Tema de la rueda de prensa:
Comunicación de un fichaje por parte del Real Star.

Asistentes:
- Presidente del club
- Jugador fichado
- Entrenador
- Capitán del equipo

No olvidéis redactar una **nota de prensa** —un resumen de la noticia que ha provocado la rueda de prensa— con el fin de informar previamente a los medios. El contenido de la nota —o comunicado— suele responder a las cinco preguntas del periodismo: qué, quién, cuándo, dónde y por qué. En vuestro caso, la leeréis antes de comenzar la rueda de prensa.

Finalmente, cada grupo presentará la «rueda de prensa» ante sus compañeros, que se convertirán, a su vez, en periodistas, y formularán las preguntas que deseen. Al intervenir, cada «periodista» deberá identificarse indicando su nombre y el medio de comunicación para el que trabaja.

» DILO POR ESCRITO

Responder a un correo electrónico

Un amigo alemán te ha escrito el siguiente correo electrónico. Léelo.

Nuevo mensaje

De: Anton Redeker — Cc Bcc

Asunto: Leer un libro

Hola, María:

¿Qué tal? ¿Cómo estás? Te escribo este mensaje porque mi profesora de español se ha empeñado en que tenemos que leer el *Lazarillo de Tormes* y yo, para empezar, no entiendo ni el título. ¿«Lazarillo» es un nombre? ¿Qué quiere decir «de Tormes»? Ella nos ha dicho que, aunque es un libro muy antiguo, es entretenido y divertido, y que el protagonista es un chico que pasa muchos apuros. ¿Tan antiguo es? Yo solo sé que es corto porque ya me lo he comprado y tiene pocas páginas. ¿Es verdad que es un libro muy importante? Mi madre dice que sí, que ella lo leyó cuando iba al instituto en Barcelona; mi padre también recuerda haberlo leído. ¿Me puedes ayudar?

Ya sé seguro que iré para pasar las vacaciones de Semana Santa con mis abuelos españoles. ¿Estarás? ¿Podremos quedar?

Bis bald,

Anton

Manos a la obra

Ahora contesta el correo. En la respuesta tienes que:

- Saludar.
- Contestarle a lo que te pregunta.
- Animarle a la lectura de la obra.
- Despedirte.

Nuevo mensaje

De: ______________________ Cc Bcc

Asunto: ______________________

» LENGUA Y SOCIEDAD

1. Medios de comunicación de masas. La prensa

La prensa incluye todas las **publicaciones impresas** o **digitales** de carácter informativo y de **aparición periódica**.

El lenguaje periodístico

El lenguaje periodístico se caracteriza por la **objetividad**, la **claridad**, la **sencillez**, la **corrección** y la **concisión**. Se usa el nivel estándar de la lengua, con un léxico cuidado y oraciones cortas. Se evitan los vulgarismos, las ambigüedades, las imprecisiones, etc.

1.1. Los géneros periodísticos

Los géneros periodísticos se dividen en **informativos** (objetivos), de **opinión** (subjetivos) y **mixtos** (la crónica y el artículo de crítica, que combinan información y opinión):

GÉNEROS INFORMATIVOS	GÉNEROS DE OPINIÓN
La **noticia**. Relato objetivo de un acontecimiento reciente de interés público. Va firmada.	El **artículo de opinión**. Texto firmado por su autor en el que expone su punto de vista sobre un tema.
Reportaje. Informa a fondo de algo que no tiene por qué ser actual. Suele llevar testimonios, fotografías, mapas, etc. Va firmado.	**Editorial**. Artículo que recoge la opinión del periódico sobre un tema de actualidad. Aparece sin firma.
Entrevista. Conversación sobre un tema de interés.	**Columna**. Tiene una limitación espacial (una columna tipográfica). Lleva firma.
	Cartas al director. Breves escritos en que los lectores opinan sobre un tema.

La noticia

La noticia es un texto periodístico de extensión variable que informa de manera **objetiva** sobre un suceso **de actualidad** de **interés general**.

ESTRUCTURA DE LA NOTICIA	
TITULAR	Es el título de la noticia, que condensa el contenido de la misma.
ENTRADILLA O *LEAD*	Suele coincidir con el primer párrafo de la noticia. A veces se presenta diferenciada tipográficamente. Contiene los datos más relevantes de la noticia. Debe responder a las 5 preguntas señaladas (5 W).
CUERPO DE LA NOTICIA	Se amplía y se desarrolla lo anticipado en la entradilla. La información se ordena de mayor a menor importancia. De esta manera, si hay que suprimir una parte por razones de espacio, siempre se mantienen los datos esenciales.

¿SABÍAS QUE...?

Toda noticia debe responder a las siguientes preguntas (conocidas como las 5 W, por su nombre en inglés):

- ¿**Qué** ha sucedido?
- ¿**Quién** protagoniza la noticia?
- ¿**Dónde** ha ocurrido?
- ¿**Cuándo** se ha producido?
- ¿**Por qué** ha pasado?

» ACTIVIDADES

14. En grupos de cuatro, comprad un periódico y anotad los siguientes datos:

a) De la portada:

Nombre del periódico: ____________________

Fecha: ____________________

Años que lleva publicándose: ____________________

Número del ejemplar: ____________________

Precio: ____________________

Noticias que destaca: ____________________

b) Del interior:

Secciones de que consta (política, deportes...).

____

15. Elegid una noticia y anotad las partes de que está formada: titular (antetítulo, subtítulo), entradilla o *lead*, cuerpo de la noticia.

____

16. Lee la siguiente noticia y diferencia el titular, la entradilla y el cuerpo de la noticia. A continuación, comprueba si la noticia responde a las 5 W y anótalas.

LA TORTUGA MÁS VIEJA DE ÁFRICA MUERE A LOS 344 AÑOS

El reptil de nombre Alagba ha fallecido tras sufrir una breve enfermedad

[...] **Alagba**, que en el idioma yoruba significa **'El anciano'**, era una tortuga gigante, considerada la más vieja de África. El animal falleció a los 344 años este jueves a causa de una breve enfermedad, en el palacio de Oba Jimoh Oyewunmi, rey de la ciudad de **Ogbomoso (Nigeria)**.

Alagba era de sexo masculino y pesaba cerca de **100 kilos**. Aunque este tipo de animal se caracteriza por su gran longevidad, el caso de Alagba es más que singular: llevaba viviendo en el palacio muchos años y ha acompañado a numerosos monarcas de Ogbomoso. La tortuga fue trasladada a la residencia real en **1770** mientras reinaba Soun Ikumoyede Ajao.

Actualmente, había dos miembros del personal dedicados exclusivamente a Alagba, a quien proporcionaban todo lo que necesitaba. Además de tener la atención del personal, también recibía visitas de **turistas** a diario.

Por este motivo y para poder conservar la memoria del reptil, han decidido conservar su cuerpo para que todos puedan seguir visitándola y recordándola durante muchos años más.

____

» LITERATURA

1. La prosa en el siglo XVI

A lo largo del siglo XVI aumentó el número de lectores de obras literarias, debido, sobre todo, al ambiente cultural de la época y al uso de la **imprenta**.

En la primera mitad de siglo, las obras más demandadas fueron los **libros de caballerías**. Son relatos fantasiosos: héroes invencibles, lugares imaginarios, etc. La más importante es *Amadís de Gaula*. Hacia la mitad del siglo surgen nuevos géneros narrativos:

GÉNEROS NARRATIVOS DE LA SEGUNDA MITAD DEL SIGLO XVI	
NOVELA PASTORIL	Ambientada en una naturaleza embellecida, sus protagonistas son pastores que usan un lenguaje culto. La primera novela de este género fue *Los siete libros de la Diana*, de Jorge de Montemayor.
NOVELA BIZANTINA	Narra las aventuras fantásticas que vive una pareja de enamorados (raptos, naufragios, separaciones) por lugares imaginarios, y en tiempos imprecisos, hasta que consiguen reunirse. Las más destacadas son *El peregrino en su patria*, de Lope de Vega, y *Los trabajos de Persiles y Sigismunda*, de Cervantes, ambas del siglo XVII.
NOVELA MORISCA	Género de creación española, cuenta la **rivalidad de moros y cristianos** en cualidades y virtudes (valor, gallardía, honor, generosidad, etc.) hacia el final de la Reconquista. La primera obra de este género es la *Historia del Abencerraje y de la hermosa Jarifa*.
NOVELA PICARESCA	Es el género narrativo más importante del siglo XVI. Inaugura el género la novela anónima *Lazarillo de Tormes*. Estas novelas están **ambientadas en la España de la época** y narran **sucesos verosímiles** (realistas). Escritas en forma autobiográfica, el protagonista, de baja condición social, vive situaciones deshonrosas.

2. El *Lazarillo de Tormes*

La obra se publicó en 1554 sin nombre de autor, es decir, **anónima**, aunque se ha atribuido a varios autores. Se trata de una larga carta dirigida a un tal «Vuestra Merced». Pertenece, por tanto, al género **epistolar**. Está escrita en primera persona, es decir, en forma **autobiográfica**. En ella, Lázaro, el protagonista, cuenta su vida desde su nacimiento, hasta que, tras haber estado al servicio de varios amos, se casa con la criada y amante del arcipreste de San Salvador y consigue el oficio de pregonero.

En la novela destacan tres temas: la **honra**, la **sátira anticlerical** y la **crítica social**.

El *Lazarillo*, una obra problemática

En 1559, el *Lazarillo* fue prohibido. En 1573 se autorizó de nuevo su publicación, pero se suprimieron los capítulos IV y V y algunos pasajes más. En 1834 volvió a publicarse el texto íntegro.

» ACTIVIDADES

17. La primera novela pastoril que se escribió en España fue…

a) ☐ La *Arcadia*. b) ☐ La *Diana*. c) ☐ La *Dorotea*.

18. ¿Qué se narra en las novelas moriscas?

19. La primera edición conservada del *Lazarillo de Tormes* es del año…

a) ☐ 1554 b) ☐ 1454 c) ☐ 1556

20. Uno de los temas del Lazarillo es la sátira anticlerical. ¿Qué crees que significa? Busca las dos palabras (*sátira* y *anticlerical*) en el diccionario y construye una definición.

21. El *Lazarillo* tiene una estructura narrativa propia de…

a) ☐ una carta.
b) ☐ una novela.
c) ☐ un entremés.

22. ¿Quién fue el autor del *Lazarillo*?

☐ Garcilaso de la Vega.
☐ Miguel de Cervantes.
☐ Es una obra anónima.

23. Lee el final del prólogo del *Lazarillo* y responde a las preguntas que se plantean:

> Y pues Vuestra Merced escribe se le escriba y relate el caso muy por extenso, parescione no tomalle por el medio, sino del principio, porque se tenga entera noticia de mi persona, y también porque consideren los que heredaron nobles estados cuán poco se les debe, pues Fortuna fue con ellos parcial, y cuánto más hicieron los que, siéndoles contraria, con fuerza y maña remando, salieron a buen puerto.
>
> *Lazarillo de Tormes.*

a) ¿En qué persona está escrito el prólogo? ¿Cómo lo has sabido?

b) ¿Por qué Lázaro escribe a ese tal «Vuestra Merced»?

c) ¿Por qué decide contar su vida desde el principio?

d) Al final del prólogo se aprecia una nota de crítica social. ¿A quién critica y por qué?

2.1. Estructura del *Lazarillo*

La obra consta de un prólogo y siete tratados. Destacan los tres primeros: con sus primeros amos (el ciego, el cura y el escudero), Lázaro aprende a sobrevivir. Al final, es nombrado pregonero, a condición de casarse con la criada (y amante) de un arcipreste.

¿SABÍAS QUE...?

Los bulderos vendían bulas, es decir, documentos eclesiásticos que otorgaban algún privilegio.

2.2. La lengua y el estilo del *Lazarillo*

Se caracteriza por la **naturalidad** y la **sencillez**. Además, cada personaje se expresa de acuerdo con su condición social. Se usa un **lenguaje coloquial**, abundante en refranes, dichos populares, diminutivos, etc.

En cuanto a la forma de expresión, además de la narración, hay partes descriptivas y partes dialogadas.

2.3. Originalidad del *Lazarillo*

El *Lazarillo* presenta rasgos originales que lo convierten en el germen de la novela moderna:

- La acción no transcurre en lugares imaginarios, sino que refleja la **España contemporánea** del autor.
- El protagonista no es un héroe ni una persona importante, sino de **baja condición social**.
- Los personajes **evolucionan** física y psíquicamente.
- Es una obra **realista**: narra sucesos verosímiles.

Joven mendigo (1645-1650), obra de Bartolomé Esteban Murillo.

» ACTIVIDADES

24. Lee este fragmento del tratado II en el que Lázaro está con el cura de Maqueda:

> Los sábados cómense en esta tierra cabezas de carnero, y enviábame por una, que costaba tres maravedís. Aquella le cocía, y comía los ojos, y la lengua, y el cogote y sesos, y la carne que en las quijadas tenía, y dábame todos los huesos roídos. Y dábamelos en el plato, diciendo:
>
> —Toma, come, triunfa, que para ti es el mundo. Mejor vida tienes que el Papa.
>
> **«¡Tal te la dé Dios!», decía yo paso entre mí.**
>
> Al cabo de tres semanas que estuve con él, **vine a tanta flaqueza** que no me podía tener en las piernas de pura hambre. Vime claramente ir a la sepultura, si Dios y mi saber no me remediaran.
>
> *Lazarillo de Tormes.*

VOCABULARIO

«¡Tal te la dé Dios!», decía yo paso entre mí: «¡Igual vida te dé Dios a ti!», decía yo en voz baja.

vine a tanta flaqueza: enflaquecí tanto.

a) ¿Crees que este clérigo actúa de acuerdo con la moral cristiana? ¿Por qué?

b) ¿Cómo crees tú que es este clérigo?

25. Al final del tratado I, cansado del maltrato al que le somete el ciego, Lázaro decide abandonarlo. Cuando están a punto de cruzar un arroyo, el ciego le pide a Lázaro que lo lleve al punto más estrecho para saltar al otro lado y este lo coloca frente a un poste de piedra. Lee el siguiente fragmento y contesta a las preguntas que se plantean:

> —Ponme bien derecho y salta tú el arroyo.
>
> Yo le puse bien derecho enfrente del pilar, y doy un salto, y póngome detrás del poste como quien espera tope de toro y díjele:
>
> —**¡Sus! Saltá** todo lo que podáis, porque deis deste cabo del agua.
>
> Aun apenas lo había acabado de decir, cuando se abalanza el pobre ciego [...] y de toda su fuerza arremete, tomando un paso atrás de la corrida para hacer mayor el salto, y da con la cabeza en el poste, que sonó tan recio como si diera con una gran calabaza, y cayó luego para atrás, medio muerto y **hendida** la cabeza.
>
> *Lazarillo de Tormes.*

VOCABULARIO

¡Sus! Saltá: ¡Vamos! Saltad.

hendida: abierta, rajada.

a) ¿Por qué Lázaro decide vengarse del ciego?

b) ¿En qué consiste su venganza? ¿Qué consecuencias tiene para el ciego? Explícalo con tus propias palabras.

Como complemento de esta unidad, puedes ver la película de animación de 2012 *El Lazarillo de Tormes*, de Juan Bautista Berasategui.

» GRAMÁTICA

1. El sintagma verbal

El sintagma verbal (SV) actúa de predicado del SN (sujeto), con el cual puede formar una oración:

O = sintagma nominal (sujeto) + sintagma verbal (predicado)

El sintagma verbal está formado por el núcleo (habitualmente, un verbo en forma personal) y puede llevar diversos complementos verbales (directo, indirecto, etc.).

SV = verbo + (complementos verbales)

RECUERDA

Los verbos expresan acciones (*cantar*, *saltar*), estados (*permanecer*, *descansar*) o procesos (*crecer*, *cambiar*) que se sitúan en un momento determinado (presente, pasado o futuro). Son las únicas palabras capaces de formar oraciones por sí solas: *Amanecía. Llueve.*

2. El verbo

Verbo = raíz (lexema) + morfemas léxicos (desinencia) o verbo auxiliar *haber*

*cant-**é**, ten-**íamos*** ***he** narrado*

La **raíz** presenta el **significado léxico** del verbo (es decir, la acción, el estado o el proceso), mientras que los **morfemas flexivos** aportan la **información gramatical**:

RAÍZ	DESINENCIA
pens-	*-ábamos* (**número:** plural; **persona:** primera; **tiempo:** pretérito; **modo:** indicativo; **aspecto:** imperfectivo).

Además, mediante estructuras sintácticas diferentes, la lengua permite expresar si el sujeto es agente o paciente de la acción verbal. Hablamos entonces de estructuras activas o pasivas, respectivamente (voz activa y voz pasiva).

2.1. La información gramatical del verbo

Las formas verbales se caracterizan por los siguientes rasgos gramaticales:

- El **número**: indica si la acción la realiza un solo ser (singular) o varios (plural).
- La **persona**: muestra si el sujeto de la acción es la persona que habla (1.ª persona), la persona que escucha (2.ª persona) o alguien distinto de esas dos personas (3.ª persona).

	NÚMERO	
PERSONA	SINGULAR	PLURAL
PRIMERA	Yo respiro	Nosotros respiramos
SEGUNDA	Tú respiras	Vosotros respiráis
TERCERA	Él respira	Ellos respiran

» ACTIVIDADES

26. En las siguientes oraciones, subraya el predicado verbal y escribe el verbo:

a) No nos asustaba su mirada cruel y feroz.

b) Un camión de conservas recorría las altas carreteras de los Andes.

c) Me gustaba mucho tu forma de vestir.

d) El periódico difundió las malas noticias con rapidez.

e) El escultor había localizado unas piedras magníficas para tallar.

27. Separa la raíz de la desinencia e indica el número y la persona de cada una de las formas verbales siguientes:

saldaremos	*sald-aremos*	
agobiarían		
saliéramos		
recogen		
solían		
proveerán		
contestaré		
vivierais		3.ª pers. pl.

28. Señala los verbos de estas oraciones y luego clasifícalos según indiquen acciones, estados o procesos.

a) En esta época del año amanece muy pronto.
b) Vanesa está muy callada hoy.
c) Bailaron durante horas.
d) Este árbol ha crecido por lo menos dos metros.
e) Mis primos se quedan en casa.
f) El médico me recetó unas pastillas para el dolor de muelas.

acción	estado	proceso

29. Reescribe en presente el texto escrito en pasado:

Me concedí unos segundos allí solo, contemplando las montañas que se alzaban al final del patio de armas y que habían sido tantas veces testigos de las zozobras de mi juventud. Por allí solía pasear al caer la tarde, mientras me preguntaba quién era y qué estaba haciendo con mi vida, con una sensación de extrañeza que no me desagradaba.

LORENZO SILVA: *Lejos del corazón*.

- El **tiempo**: expresa cuándo se realiza la acción verbal: en el momento en que se habla (de la enunciación), en un momento anterior (pasado o pretérito) o en un momento posterior (futuro).

PASADO O PRETÉRITO	PRESENTE	FUTURO
él tembló	él tiembla	él temblará

- El **modo**: muestra la actitud del hablante con respecto a la acción verbal. Esta puede ser de tres tipos: el hablante ve la acción como real y objetiva (indicativo), la piensa como una acción posible o deseable (subjuntivo), o la concibe como una orden, mandato o prohibición (imperativo).

INDICATIVO	SUBJUNTIVO	IMPERATIVO
tú vives	tú vivas	(tú) vive

- El **aspecto**: indica si la acción verbal se presenta como acabada (perfectivo) o si todavía se desarrolla (imperfectivo). Todos los tiempos simples son imperfectivos, salvo el pretérito perfecto simple. Al contrario, todos los tiempos compuestos son perfectivos.

PERFECTIVO	IMPERFECTIVO
yo jugué	yo jugaba

- La **voz**: expresa una relación semántica entre sujeto y verbo de modo que, cuando el sujeto es quien realiza la acción verbal, hablamos de **voz activa** (*ellos dominan*) mientras que, si el sujeto padece la acción del verbo, hablamos de **voz pasiva** (*ellos serán dominados*). En este último caso, el sujeto no realiza ninguna acción y lo denominamos **sujeto paciente**. El **complemento agente**, precedido por la preposición *por*, indica quién realiza la acción en la voz pasiva: *El museo será inaugurado por el alcalde.*

ACTIVA	PASIVA
ellos dominarán	ellos serán dominados

La pasiva se puede formar de una manera especial denominada **pasiva refleja**: se construye con el sujeto paciente de la pasiva y el verbo en activa precedido de la partícula *se*. El significado, sin embargo, es pasivo.

Activa: *Mis amigos vieron un portaaviones.*

Pasiva: *Un portaaviones fue visto por mis amigos.*

Pasiva refleja: *Se vio un portaaviones.*

2.2. La conjugación verbal

La **conjugación** es el conjunto de todas las formas que presenta un verbo. Existen tres modelos de conjugaciones en castellano:

1.ª CONJUGACIÓN	Verbos cuyo infinitivo termina en *-ar*: *cantar, bailar...*
2.ª CONJUGACIÓN	Verbos cuyo infinitivo termina en *-er*: *beber, tener...*
3.ª CONJUGACIÓN	Verbos cuyo infinitivo termina en *-ir*: *dormir, salir...*

Los **verbos regulares** conservan la misma raíz y las mismas desinencias que las del modelo de conjugación (por ejemplo, *remar, comer* o *vivir*). Los **verbos irregulares**, sin embargo, cambian la raíz, las desinencias o ambas en algún tiempo (como *caber* o *conducir*).

» ACTIVIDADES

30. Completa con las formas verbales adecuadas:

	1.ª persona singular, pretérito perfecto simple	3.ª persona plural, pretérito imperfecto de subjuntivo
bailar		*bailaran* o *bailasen*
reír	*reí*	
andar		
conducir		
traducir		*tradujeran* o *tradujesen*
deducir		
ver	*vi*	
prever		

31. Reescribe el siguiente texto sustituyendo los pretéritos imperfectos por pretéritos perfectos simples. Haz las modificaciones necesarias para conseguir una correcta correlación verbal:

> Era individualista ciento por ciento y admitía que los demás también lo fuesen y buscasen la obtención por todos los medios a su alcance del máximo provecho. No hacía concesiones a quien se interponía en su camino, pero no despreciaba al enemigo ni veía en él la materialización del mal, ni invocaba derechos sagrados o principios inamovibles para justificar sus acciones.
>
> EDUARDO MENDOZA: *La verdad sobre el caso Savolta*.

____

____

____

____

____

____

32. Escribe en este texto las siguientes formas verbales: *comer, trastorna, era, ha quitado, ha comprado, trajeron, creerá, llegué, inquietan*.

> ¿Qué me ocurre? ¿Qué me ______________?
> Ese pomposo personaje que me ______________
> y que no acaba de dormirse ______________
> quizás que él me ______________ el sueño, o
> que me ______________ estos nuevos amos, pero
> no es eso, es todo desde que me ______________,
> es esa tierra, Egipto... Apenas tres semanas que
> ______________ y solo de mirar por el camino,
> de escuchar en el patio, de ______________
> diferente, de oler al aire y de sentir la noche, envuelta estoy en un mundo insospechado... ¡Egipto!, antes solo ______________ un nombre para mí [...].
>
> JOSÉ LUIS SAMPEDRO: *La vieja sirena*.

33. Escribe la forma verbal adecuada:

Acércate a la montaña y (*disfrutar*) ______________ de la naturaleza.	2.ª persona del singular del imperativo
Si (*hacer*) ______________ ejercicio, no lo tomes como un castigo.	2.ª persona del singular del presente de indicativo
Intenta que tus acciones (*ayudar*) ______________ a los otros.	3.ª persona del plural del presente de subjuntivo
Aprende cosas nuevas: (*aumentar*) ______________ la confianza en ti mismo.	3.ª persona del singular del futuro simple de indicativo
¿(*cuidar*) ______________ tus relaciones con los demás? Ponte a ello.	2.ª persona del singular del pretérito perfecto simple de indicativo

2.3. Los tiempos verbales

Un **tiempo verbal** es el conjunto de formas verbales que expresan la acción en el mismo tiempo, modo y aspecto; por ejemplo, el pretérito imperfecto de indicativo o el pretérito perfecto de subjuntivo. Los tiempos verbales se dividen en **simples** y **compuestos**.

Tiempos simples y tiempos compuestos

Los **tiempos simples** se forman solo con la raíz o lexema más las desinencias correspondientes. Ej.: *vendía, venderemos, vendo, vendieron...*

Los **tiempos compuestos** se forman con el verbo auxiliar *haber*, en sus respectivos tiempos, más el participio del verbo conjugado. Ej.: *he vendido, habrían vendido, hubieran vendido...*

2.4. Formas personales y no personales

Las **formas personales** tienen morfema de persona en la desinencia o en el verbo auxiliar, mientras que las **formas no personales** carecen de esa información gramatical. Son formas no personales las siguientes:

	INFINITIVO	GERUNDIO	PARTICIPIO
SIMPLE	pensar	pensando	pensado
COMPUESTO	haber pensado	habiendo pensado	-

2.5. Las perífrasis verbales

Una **perífrasis** es una combinación de dos formas verbales que se comportan como si fueran un solo verbo, es decir, tienen un **significado unitario**.

verbo auxiliar: forma verbal conjugada que pierde su significado léxico habitual y aporta valor aspectual o modal. + **preposición** o **conjunción** (no siempre aparecen) + **verbo en infinitivo, gerundio o participio:** aporta el significado léxico.

tenemos | que | leer

Las principales perífrasis verbales son:

PERÍFRASIS MODALES	
Obligación deber + infinitivo: *debo descansar* haber de + infinitivo: *ha de descansar* haber + que + infinitivo: *hay que descansar* tener + que + infinitivo: *tiene que descansar*	**Probabilidad o suposición** deber + de + infinitivo: debe de costar venir + a + infinitivo: viene a costar

PERÍFRASIS ASPECTUALES			
Incoativas comenzar + a + infinitivo: *comenzó a llorar* echar(se) + a + infinitivo: *se echó a llorar* romper + a + infinitivo: *rompió a llorar*	**Durativas** estar + gerundio: *está leyendo* llevar + gerundio: *llevo leído (medio libro)* seguir + gerundio: *sigues leyendo*	**Perfectivas** acabar + de + infinitivo: *acaba de decir* dejar + participio: *dejó dicho* parar + de + infinitivo: *paramos de decir* tener + participio: *tiene dicho*	**Reiterativas** volver + a + infinitivo: *volvieron a leer* soler + infinitivo: *suele leer*

» ACTIVIDADES

34. Corrige los tiempos verbales inadecuados de las siguientes oraciones:

a) Mientras jugué, me ensucié los pantalones.

b) Estuvimos en el fútbol, cuando tú llegaste de viaje.

c) Anteayer el albañil ha arreglado las baldosas de la terraza.

d) Si lo harás, no me gustaría saberlo.

e) No me gusta que tú ves cómo derriban el manzano.

35. Lee la información y reescribe las oraciones corrigiendo los usos incorrectos de las formas no personales:

> Es incorrecto el uso del infinitivo en sustitución de formas personales en oraciones independientes; así, decimos *Como último punto, quiero decirles que...*; y no **Decirles que...*
>
> El gerundio debe evitarse para expresar una acción posterior a la principal: *Ramiro visitó Montalbán y se fue después a Alcañiz*: correcto.
>
> **Ramiro visitó Montalbán yéndose después a Alcañiz*: incorrecto.
>
> Debe evitarse el uso del gerundio para calificar sustantivos: *Se busca camarero que hable inglés*, pero no **Se busca camarero hablando inglés*.

a) Le envié una carta conteniendo fotografías comprometedoras.

b) Salió de casa de Luis, llegando poco después a su casa.

c) Le dieron un regalo guardándolo en el bolsillo.

d) En primer lugar, explicarles que los resultados no han sido buenos este año.

e) Vi una película contando la historia de unos pequeños monstruos.

36. Transforma estas oraciones de activa a pasiva:

a) El electricista revisó con cuidado toda la instalación eléctrica de la casa.

b) Lara Croft protagonizará una nueva aventura para la franquicia *Tomb Raider*.

c) Los operarios habían destrozado el nuevo tejado por su ineficacia.

d) Todos los días por la mañana Patri y David acompañaban a sus hijas al colegio.

e) Hambriento, el león atacó a su presa sin demasiados preparativos.

» LÉXICO

1. El léxico de la lengua: palabras patrimoniales y cultismos

El **léxico** es el conjunto de palabras de un idioma. Se registra en los diccionarios y lo conforman las palabras patrimoniales, los préstamos de otras lenguas y las palabras que se generan por procedimientos propios, como la derivación, la composición, la acronimia, etc.

Las **palabras patrimoniales** son aquellas que proceden de palabras latinas y que fueron evolucionando y modificándose con el paso del tiempo. Forman la mayor parte del léxico español. Pertenecen al idioma desde sus inicios y las hemos heredado de generaciones anteriores.

Son palabras patrimoniales, por ejemplo, *piedra*, *año* y *rueda*. Fíjate:

PETRAM → piedra   ANNUM → año   ROTAM → rueda

Los **cultismos**, en cambio, son otro grupo de palabras procedentes del latín (y también del griego clásico) que se incorporaron más tarde al idioma castellano. Los cultismos no sufrieron apenas transformaciones –como sí les pasó a las palabras patrimoniales– pues su uso no era general. Fueron incorporadas a partir de los siglos XI y XII por parte de personas cultas, que sabían leer y escribir en latín, para emplearlas en sus escritos y estudios. Su forma es, pues, muy similar a la que presentaban en las lenguas clásicas:

Cultismos latinos:

PODIUM → podio   MEDICUS → médico   SEXTUS → sexto

Cultismos griegos:

ἀμυγδάλη (*amygdále*) → amígdala   διαλεκτος (*diálektos*) → dialecto

1.1. Los dobletes

En ocasiones, de un mismo término latino deriva una palabra patrimonial y un cultismo. Su incorporación al léxico de una lengua se produce en dos momentos distintos y, por tanto, estas palabras tienen dos formas diferentes. En estos casos se dice que el conjunto de las dos forma un **doblete**:

	PALABRA PATRIMONIAL	CULTISMO
CATHEDRA	cadera	cátedra
DELICATUS	delgado	delicado

» ACTIVIDADES

37. Define qué es un doblete.

____

____

____

____

38. Descubre la palabra patrimonial que corresponde a cada una de estas definiciones y anótala en el lugar correspondiente:

1. Sea de pollo o no, es la parte más carnosa de muchos animales.
2. Se trabaja por él, aunque con él muchas veces no se llegue a fin de mes.
3. Si fuera de rana, le faltaría la *l*, con la que podría atracar en un puerto.
4. Permite que los altavoces no pierdan su cordón umbilical.
5. En las sumas siempre se necesita alguno para acertar con el resultado.

	Palabra patrimonial	Cultismo
MUSCULUM		músculo
SOLIDUM		sólido
ANCORAM		áncora
CLAVICULAM		clavícula
DIGITUM		dígito

39. Busca el significado de las siguiente raíces griegas o latinas y anótalo. Escribe después dos palabras creadas a partir de cada formante y sendas oraciones en las que se aprecie con claridad el significado de los términos:

	xeno-
Significado	
Palabras	
Oraciones	

	cardio-
Significado	
Palabras	
Oraciones	

	termo-
Significado	
Palabras	
Oraciones	

	hemo-
Significado	
Palabras	
Oraciones	

	-itis
Significado	
Palabras	
Oraciones	

40. Existen algunas palabras que están compuestas a partir de formantes o raíces procedentes del latín y del griego: los compuestos cultos. Combina los formantes latinos o griegos y anota los compuestos resultantes.

auto ('por uno mismo', 'propio')
podo ('pie')
demo ('pueblo')
fono ('sonido')
tele ('a distancia')

morfo ('forma')
antropo ('hombre')
grafo ('escritura')
cefalo ('cabeza')
cracia ('poder')

____

____

____

____

» ORTOGRAFÍA

1. Uso de la *h*

PRINCIPALES NORMAS DE USO DE LA *H*	EJEMPLOS
Se escriben con *h* las palabras que empiezan por *hie-*, *hue-*, *hui-*, *hia-*.	*hielo*, *huerto*, *huir*, *hiato*
Se escriben con *h* las palabras que empiezan por *hum-* seguido de vocal.	*humedad*, *humo*
Las palabras que proceden de una *f-* inicial latina se escriben con *h*. (En catalán mantienen la *f-* : *foguera*, *fill*.)	*hoguera*, *hijo*
Se escriben con *h-* las palabras procedentes de prefijos o palabras griegas.	*hipertensión*, *hemisferio*, *heptasílabo*, *hemorragia*
Se escriben con *h* todos los tiempos de los verbos *haber*, *hacer*, *hallar*, *hablar* y *habitar*.	*había*, *hacía*, *hallaba*, *hablaba*, *habitaba*
En general, se escriben con *h* los compuestos y derivados de una palabra que tenga hache. Son excepciones *óseo*, *oval*, *óvulo*, *orfanato*, *oler*, *olor*, etc.	*hacer*, *deshacer*, *rehacer*
Se escriben con *h* numerosas interjecciones.	*¡ah!*, *¡eh!*, *¡oh!*, *¡bah!*, *¡hala!*, *¡huy!*, *¡hola!*

Ficha ortográfica

- No debe confundirse la palabra *honda*, a cuya familia léxica pertenecen palabras como *ahondar*, *hondonada*, *hondura*, con el término *onda*, que se relaciona con *ondeado*, *ondulante*, *ondulación*. Ejemplos: *Sentía una pena muy honda. / La onda expansiva rompió los cristales de la ventana.*
- El verbo *hacer* se escribe con *h*, como también *rehacer* o *deshacer*, y las formas verbales *rehecho* o *deshecho*. El verbo *echar* no lleva *h* ni tampoco *desechar* o *desecho*. Ejemplos: *Tejía una bufanda pero la ha deshecho porque no le gustaba cómo quedaba. / Hay que llevar al punto verde este tipo de desechos para su reciclaje.*
- Hay que diferenciar la forma *hay* (del verbo *haber*), la interjección *¡ay!* y el adverbio de lugar *ahí*. Ejemplos: *¡Ay, qué daño! / No te sientes ahí. / Hay mucha gente aquí.*
- Pon atención: *ha* es una forma del verbo *haber* que se puede intercambiar por el plural *han*; *a* es una preposición y *¡ah!* es siempre una interjección. *Ha llegado temprano. / Voy a comprar un poco de fruta. / ¡Ah! No lo sabía.*

» ACTIVIDADES

41. Completa las siguientes oraciones con la forma del verbo *haber* que corresponda:

a) Si nosotros ________________ llegado hasta aquí, vosotros también podéis hacerlo.

b) Ellos ________________ salido a las siete de la mañana, nosotros saldremos más tarde.

c) Yo ya ________________ leído el libro que me prestaste.

d) Ella ________________ decidido continuar con sus estudios de francés.

e) Solo tú ________________ resuelto bien el ejercicio.

f) Si ________________ pensado ir en moto, necesitáis dos cascos.

42. Coloca delante de las siguientes oraciones la interjección que te parezca más adecuada de entre las que tienes a continuación: *¡Eh!*, *¡Oh!*, *¡Hala!*, *¡Bah!*, *¡Hola!*, *¡Ah!*

a) ________ No lo sabía.

b) ________ ¿No vienes?

c) ________ Eso no me importa.

d) ________ Me duele.

e) ________ ¡Qué exagerado!

f) ________ ¿Ya estás aquí?

43. Completa las siguientes oraciones con la palabra adecuada de entre las que te proponemos a continuación: *a / ha / ah*

a) ¿Sabes quién ______ cogido mi estuche?

b) Iremos ______ casa de mi abuela esta tarde.

c) ______ Se me olvidaba decirte que ha venido la vecina a hablar contigo.

d) Como ______ llovido tanto, no podremos salir ______ la calle.

44. Escribe las siguientes palabras delante del significado que le corresponde a cada una. Después, escribe una oración con cada una de estas palabras:

deshecho/desecho

________________: Residuo.

________________: Del verbo *deshacer*.

hola/ola

________________: Saludo

________________: Onda.

hojear/ojear

________________: Mirar.

________________: Pasar hojas.

★ LUDOLENGUA

45. Elabora una sopa de letras donde figuren como mínimo diez de las palabras de la siguiente lista. A continuación, puedes intercambiarla con tus compañeros y tratar de resolver la suya.

hábil, habitación, hamburguesa, helicóptero, hermosa, hipopótamo, hinchar, hogar, honor, fondo, higiene, hablador, hundimiento, hacha, hebilla, huerto, hechizo, hombre, helado, hongo, hueco, hermana, hierba, hilera, himno, hocico, hucha, humor

Haz aquí el borrador:

» PONTE A PRUEBA

Lee y comprueba si lo has comprendido

De profesión, periodista

Todo periodista tiene que partir de unos conocimientos que le permitan tener una visión amplia de la realidad y situar cualquier acontecimiento dentro del contexto general. ¿Cómo es posible entender lo que sucede en otros países si no sabemos nada de su literatura, de su historia? Y viceversa, ¿cómo se puede informar sobre nuestro país si no sabemos nada del contexto o del mundo en que vivimos? [...]

Tan importante como adquirir unos conocimientos previos que nos permitan valorar la información que obtendremos es saberse dotar de las fuentes que nos facilitarán esta información.

Entre las fuentes de las que podemos obtener información se encuentran las embajadas, los organismos oficiales, los protagonistas y testigos de los hechos, etc. Pero en esta batalla permanente por acceder a la mejor información posible, nada resulta de tanta ayuda como hacerse con una agenda propia. Tener el número de teléfono y el contacto de la persona adecuada puede ayudarnos a conseguir una información exclusiva. Pero no hay nada tan peligroso para la credibilidad de lo que escribimos como un mal uso de la información que nos proporcionan otros.

La regla número uno del periodista es contrastar las fuentes. Toda institución, todo personaje vinculado a una noticia, por imparcial que pretenda ser, nos contará su verdad, es decir, su propia versión de los hechos. Por muy neutral que nos parezca un testigo, siempre tendrá una visión subjetiva o parcial de lo que ha visto; por muy objetiva que pretenda ser una institución, siempre tenderá a presentarnos la realidad de forma que dé la mejor imagen posible de ella. Es el periodista el que debe saber elevarse sobre la subjetividad y parcialidad de las fuentes, contrastándolas unas con otras. No debe asumir como propio y dar por cierto lo que otros le cuentan.

Cuando no pueda afirmar de forma irrefutable algo, el periodista siempre identificará la fuente de la que proviene la información. Así, si decimos que el Ministerio de Industria otorgó una ayuda irregular de quinientos millones a la empresa vinculada con un político, deberemos decir quién nos lo ha dicho o qué documentos lo acreditan. Hay que dejar claro ante e1 lector que nos limitamos a comunicar algo que hemos oído de otra persona o leído en otra parte, pero que no afirmamos ni desmentimos personalmente.

Para evitar que otros nos manipulen con acusaciones o versiones interesadas, no nos haremos eco de opiniones de las que nadie quiere responsabilizarse públicamente.

La opinión de alguien solo es relevante si sabemos quién la avala.

PEPA ROMA: *De profesión, periodista.*

1. Un periodista... (señala la mejor opción):

- ☐ tiene que tener conocimientos suficientes para comprender la realidad y situar cualquier acontecimiento en un contexto.
- ☐ tiene que conocer la historia y la literatura de todos los países.
- ☐ no necesita demasiados conocimientos porque puede preguntar para obtener información.

2. Según el texto, ¿de dónde obtienen los periodistas la información?

____

____

3. En el texto se afirma que «la regla número uno del periodista es contrastar las fuentes», es decir:

- ☐ Recurrir a varias fuentes de información para distinguir lo que es cierto de lo que es falso.
- ☐ Decidir cuál es la mejor fuente de información.
- ☐ Confiar siempre en la misma fuente de información.

4. Este texto es...

- ☐ narrativo y expositivo.
- ☐ expositivo y argumentativo.
- ☐ expositivo e instructivo.

5. La intención del texto es:

- ☐ Explicar y razonar cómo el periodista debe usar sus fuentes de información para ofrecer una información lo más veraz posible.
- ☐ Describir las ventajas y los inconvenientes de la profesión de periodista.

6. Escoge el significado adecuado para las siguientes palabras del texto:

imparcial:

- ☐ Justo, objetivo.
- ☐ Descuidado, despreocupado.

irrefutable:

- ☐ Incuestionable, indiscutible.
- ☐ Insolente, impertinente.

relevante:

- ☐ Significativo, importante.
- ☐ Llamativo, curioso.

7. Busca en el texto frases de significado equivalente a las siguientes:

a) Si una persona explica un hecho que le afecta, lo hará desde su punto de vista y puede que no sea objetivo.

____

b) Cuando el periodista no sepa con certeza si algo es verdad, tendrá que revelar quién le ha proporcionado la información.

____

8. Identifica las formas verbales de la siguiente oración e indica en qué tiempo están.

Por muy neutral que nos parezca un testigo, siempre tendrá una visión subjetiva o parcial de lo que ha visto.

____

____

____

Averigua

En la actualidad, muchos periódicos disponen de hemerotecas (bibliotecas en las que se guardan los periódicos publicados en fechas anteriores) que se pueden consultar a través de internet. Busca en una de ellas el ejemplar que se publicó el día de tu nacimiento y consulta las principales noticias de ese día.

UNIDAD 6

Preparamos la lectura

1. ¿Has oído a algún familiar contar historias de su juventud? ¿Te han hablado de sus amigos de entonces? ¿Conoces los lugares por donde transcurrió esa época de su vida?

2. Fíjate en las ilustraciones que acompañan la lectura y anota qué te sugieren. Después podrás comprobar si habías acertado.

EL JUEGO DE LOS ACRÓSTICOS

¿Sabéis qué es un acróstico? Se trata de una composición poética formada por versos cuyas letras iniciales constituyen una palabra o una frase. En este juego vais a usar vuestros nombres como acrósticos. Cada uno formará una frase o una serie de adjetivos con las letras de su nombre.

Por ejemplo: ELENA Elegante Lista Encantadora Natural Amable

» CLUB DE LECTURA

La sonrisa de los peces de piedra

VOCABULARIO

mítico, ca *adj.* Aquí significa 'apreciado o muy valorado'.

Santi, Manu y yo frecuentábamos, como muchos otros, la sala El Sol en la calle Jardines, donde había actuaciones en directo casi todos los días. Cada uno de nosotros iba por un motivo diferente, aunque el principal era estar juntos. Yo simplemente quería bailar y conocer a los grupos de moda, pero ellos tenían razones más poderosas. Quien más disfrutaba cuando acudíamos era Manu.

A Manuel le volvía loco la música. Tenía una voz estupenda y le gustaba tocar la guitarra y el piano. Cantaba muy bien y gozaba de excelente oído, podía haber explotado esas cualidades para algo más que pasar el rato.

Santi quería absorber todo lo que se cocía en aquellos lugares ahora **míticos**. Siempre llevaba la cámara de fotos y algún papel donde tomar apuntes para sus dibujos. «Aquí es donde soy yo mismo —aseguraba—, fotografiando y dibujando lo que veo. ¡Y no en la gestoría!».

En aquel ambiente de revolución creativa cada cual se expresaba de una manera distinta y yo me limitaba a contemplar, sin darme cuenta de que aquello también iba conmigo.

—¿Has pensado ya lo que te gustaría hacer? —me preguntó Santi una madrugada.

Antes de regresar a casa, siempre acabábamos sentados en la fuente de la Fama de la plaza de Barceló viendo amanecer [...] sentados junto a los peces de piedra. Éramos pura energía, sobre todo Santi [...].

Para mí, aquellas conversaciones representaban lo mejor del día. Deseaba que, en esos ratos de intimidad, ocurriese algo entre Santi y yo.

Aproveché el frío de la madrugada para pegarme a él y me abrazó tiernamente, como un abrigo protector.

—Aún no sé lo que me gustaría hacer —respondí.

En realidad, me importaba poco, pensaba que ya tendría tiempo de tomar decisiones y que lo único deseable era vivir la vida al lado de aquellos dos hombres. Sobre todo al lado de quien me abrazaba en ese instante.

Miré los peces de la fuente y me pareció que me sonreían.

—Me gustaría tener un pez de verdad como estos —comenté, como quien expresa un deseo inalcanzable—. Lo pondría en una pecera en el salón, sería cuidadora de peces.

—No existen esos peces, son fantásticos —rio Santi—. En realidad no son peces, son delfines mitológicos. No hay bichos así en el mar.

—Sí que existen, los estoy viendo —bromeé.

—¡Pero son de piedra, no son seres vivos!

—Es peor estar vivo y parecer de piedra —dije refiriéndome a él, que se mostraba ajeno a mis sentimientos.

—Tienes razón —asintió—. Si estás vivo, nunca parezcas de piedra.

—¡Vaya! —exclamé—. Me gusta esa frase: si estás vivo, nunca parezcas de piedra. Pero yo creo que estos peces son mucho más de lo que se ve. ¿Imaginas la cantidad de gente que habrá pasado por delante de esta fuente durante siglos? Es viejísima. ¿Y si quedaran en estos peces recuerdos de las vidas de las personas que los han mirado? Hay que observarlos y buscar su historia.

—¡Ah! ¿Es que tienen una historia?

—¡Claro! Todo el mundo la tiene —aseguré. —Te la contaré. En realidad estos cuatro peces no eran peces, eran pescadores —improvisé—. Todos los días echaban las redes al mar en busca de buenas capturas y llegaban a puerto con el barco cargado. Eran los cuatro pescadores más famosos del pueblo.

Así era un día y otro día, hasta que dejó de ser. Una tarde regresaron con el barco vacío, ni una mísera sardina había caído en sus redes. El desastre se repitió a lo largo de varios meses: mientras que otros pescadores atracaban en el puerto con los barcos llenos, ellos seguían sin capturar nada. Un día, algo grande cayó en la red, algo tan grande que los arrastró y acabaron hundidos en el fondo del mar. Pero, en lugar de morir, se convirtieron en cuatro peces de las profundidades **abisales**, de esa zona tan profunda a la que apenas llega la luz. Cuatro peces de enormes bocas y ojos saltones en busca de un débil rayo que iluminase aquella masa de agua negra.

—¿Te lo estás inventando? —Santi me escuchaba boquiabierto.

—Déjame seguir —le regañé—. El caso es que no podían soportar tanta oscuridad y rogaron al rey del mar para que los librase de aquel **suplicio**. Neptuno solo les dio una opción: les cambiaba la vida por la luz. Aceptaron sin pensar: no deseaban seguir viviendo en las tinieblas. Se convirtieron en cuatro peces de piedra pero a plena luz del día y rodeados de gente. Por eso sonríen.

Santi también sonrió complacido y empezó a aplaudir.

—Lo ves. Tienes talento —aseguró—. Sabes crear de la nada.

—De la nada, no. He usado a estos cuatro peces.

—No desaproveches tus aptitudes, sería una lástima. Ese don que tienes nunca podrá arrebatártelo nadie.

Casi no le creí, él tenía más fe en mis cualidades que yo misma. Por eso, a partir de ese día, me provocaba y me pedía historias que yo inventaba.

—Pero estos peces no sonríen —objetó.

—Porque no los has mirado bien — respondí—. Si estuvieses enamorado, seguro que te sonreirían.

—La sonrisa de los peces de piedra, parece un buen título —comentó.

—Un título... ¿para qué?

—Para la historia de tu vida. Es mejor que veas siempre la sonrisa de los peces. No dejes de hacerlo. No seas un número dentro de la masa, exprime tu talento, defínete.

—Para ti es fácil decirlo —protesté—, tú eres un artista. Tienes la fotografía, la pintura, quizá algún día seas famoso...

—¡La fama! —exclamó—. ¿Ves la figura que hay en lo alto de la fuente con una trompeta? Es una victoria alada que representa la fama. Pero nos dice que, a pesar del triunfo, la fama no perdura. Es lo más **efímero** que existe.

—Tu propia vida es tu obra de arte. El prodigio es la vida misma —afirmó.

Sacó la cámara de fotos y me hizo posar ante la fuente. Aún había poca luz y el *flash* estallaba con un fogonazo que me hacía cerrar los ojos aún soñolientos [...]. No recuerdo haber visto nunca aquellas fotos, no llegó a enseñármelas por mucho que se las pedí.

Quise pensar que las guardaba como un recuerdo hermoso de una madrugada especial.

ROSA HUERTAS: *La sonrisa de los peces de piedra* (texto adaptado).

VOCABULARIO

abisal *adj.* Dicho de una zona marina, que se sitúa a grandes profundidades.

suplicio *m.* Sufrimiento, tormento.

efímero, ra *adj.* Pasajero, de corta duración.

» ACTIVIDADES

Comprensión de la lectura

1. ¿Para qué acuden los personajes protagonistas de la lectura a la sala El Sol?

2. ¿En qué época de sus vidas transcurre la historia? Copia alguna frase del texto que lo muestre.

3. La chica inventa una leyenda para los peces de piedra de la fuente de la Fama. ¿Qué le descubre Santi sobre sí misma?

4. En lo alto de la fuente hay una escultura que representa la fama. ¿Qué opina Santi sobre la fama?

5. ¿Qué difícil decisión tuvieron que tomar los peces de piedra? ¿Te parece que fue acertada? ¿Por qué?

6. ¿Cómo termina la lectura?

Expresión personal

7. Explica con tus palabras las recomendaciones que Santi le hace a la chica: «Si estás vivo, nunca parezcas de piedra», «Es mejor que veas la sonrisa de los peces. No dejes de hacerlo. No seas un número dentro de la masa. Exprime tu talento».

8. Fíjate en la cubierta del libro al que pertenece el fragmento de la lectura y fíjate en los elementos que contiene. ¿Cómo diseñarías otra diferente que integre también el título del libro y el nombre de la autora? Explícalo.

9. En la lectura figura la palabra *aptitud*, que es muy parecida al término *actitud*: son palabras parónimas. ¿Podrías relacionar las siguientes palabras también parónimas con su significado?

a) aptitud, actitud

______________: Cualidad, talento.

______________: Disposición de ánimo.

b) apertura, abertura

______________: Hendidura, agujero.

______________: Acción de abrir.

c) proscrito, prescrito

______________: Desterrado.

______________: Recetado, ordenado.

d) adición, adicción

______________: Dependencia de sustancias nocivas.

______________: Suma.

e) fragante, flagrante

______________: Que despide buen olor.

______________: Que es evidente.

f) rebasar, rebosar

______________: Pasar o exceder cierto límite.

______________: Excederse en su capacidad.

g) infligir, infringir

______________: Quebrantar las leyes.

______________: Causar daño.

10. En la lectura, la narradora recuerda con nostalgia un amor juvenil. ¿Qué banda sonora le pondrías a esta historia? ¿Qué canción serviría para explicar esos sentimientos? Selecciona una o dos canciones que te parezcan adecuadas y compártelas con tus compañeros. Justifica tu elección.

11. Copia el siguiente texto cambiando por sinónimos las palabras o expresiones destacadas:

Santi, Manu y yo **frecuentábamos**, como muchos otros, la sala El Sol en la calle Jardines, donde había actuaciones **en directo** casi todos los días. Cada uno de nosotros iba por un **motivo** diferente, aunque el **principal** era estar juntos. Yo **simplemente** quería bailar y **conocer** a los grupos de moda, pero ellos tenían razones más poderosas.

12. Resume el argumento de la narración. Puedes empezar de la siguiente manera: *Una mujer recuerda su amistad con dos chicos, Santi y Manu, a quienes conoció en su juventud...*

BARCANOVA EDITORIAL

» TOMA LA PALABRA

En un lugar de la Mancha...

Durante los Siglos de Oro, recitadores y cantores anónimos, generalmente ciegos, se ganaban la vida recitando romances que eran muy apreciados por el pueblo y se recogían en los llamados «pliegos de cordel». Vais a realizar una actividad de memorización de un romance que luego recitaréis delante de la clase. Toda la actividad se realizará en grupos de 4 o 5 alumnos.

Procedimiento

1. Descargad el «Romance de don Quijote» en vuestro espacio personal de la web *www.barcanova.cat* (en esta página podéis leer el principio del poema). Leedlo varias veces para entenderlo bien. Conocer el argumento del *Quijote* os ayudará a comprender mejor el romance.

2. Repartíos el poema y memorizadlo. Ensayadlo varias veces: vocalizad bien, entonad y haced gestos oportunos para acompañar lo que decís. Si queréis, también podéis acompañaros de objetos o imágenes en el recitado o, incluso, disfrazaros adecuadamente.

3. Recitad ajustándoos al ritmo del poema. Respetad las pausas y, cuando queráis llamar la atención sobre algún verso, callad durante unos segundos antes de leerlo. Mirad al público y hablad sin prisa.

4. Respetad las rimas: la poesía es ritmo y las rimas contribuyen a encontrarlo.

5. Interpretad el poema: si vosotros «sentís» lo que decís, el público también lo entenderá.

En un lugar de la Mancha
vivió una vez cierto hidalgo,
amigo de madrugar
y a leer aficionado.
No conforme con el mundo
que le había deparado
la fortuna, dio en pensar
que podría mejorarlo.
Y, hallando en sus viejos libros
el modelo imaginado,
pensó hacerse caballero
como en los tiempos pasados.
Y aunque a la sazón tenía
no menos de cincuenta años,
limpió una vieja armadura
–que alguien llevó batallando
en alguna de las guerras
de nuestros antepasados–,
hizo una celada rústica,
y de este arte pertrechado,
con una herrumbrosa lanza,
un escuálido caballo
y una dama imaginaria,
salió a buscar por los campos
desventuras o aventuras,
que eso no está averiguado.

EMILIO PASCUAL: *Días de Reyes Magos.*

» DILO POR ESCRITO

Concurso de marcapáginas

Por Sant Jordi se celebra el Día Mundial del Libro y se conmemora el fallecimiento de Miguel de Cervantes, que ocurrió el 23 de abril de 1616. Con motivo de esta festividad, se ha convocado un concurso de marcapáginas (señalador, punto de lectura) cuyo tema central es el *Quijote*. Vas a participar diseñando tu propio marcapáginas. El concurso deberá ajustarse a las siguientes bases:

CONCURSO DE MARCAPÁGINAS

Bases del concurso

1. Participarán en este concurso todos los alumnos de 3.° de ESO. Cada participante solo podrá presentar una obra.
2. Los marcapáginas pueden estar confeccionados con cualquier tipo de material. El formato será de 21 cm × 6 cm aproximadamente. El marcapáginas puede llevar, si se desea, un recorte adicional ligado al cuerpo principal mediante un cordel fino.
3. La ilustración estará relacionada con cualquier aspecto del *Quijote*. En una de las caras figurará escrito un fragmento de la obra indicando el capítulo y la parte (1.ª o 2.ª) de donde se ha extraído el texto.
4. Los dibujos serán de autoría propia. Se admitirán dibujos y textos realizados en ordenador.
5. Los marcapáginas serán votados por todos los alumnos el día que el profesor o la profesora señale.
6. Todos los marcapáginas serán expuestos en el aula o en cualquier panel dispuesto para ello.
7. Se establecen tres premios, los cuales, a criterio del profesor o la profesora, consistirán en un diploma acreditativo y en un determinado porcentaje de valoración positiva en la materia de Lengua castellana.
8. La concurrencia a este concurso implica la aceptación de las bases.

Has de saber, Sancho, que no es un hombre más que otro, si no hace más que otro. Todas estas borrascas que nos suceden son señales de que pronto ha de serenar el tiempo y han de sucedernos bien las cosas, porque no es posible que el mal ni el bien sean durables, y de aquí se sigue que, habiendo durado mucho el mal, el bien está ya cerca.

MIGUEL DE CERVANTES, *El Quijote*, 1.ª parte cap. XVIII.

Manos a la obra

Copia aquí el fragmento del *Quijote* que te servirá para ilustrar tu marcapáginas. No olvides indicar el capítulo y la parte (1.ª o 2.ª) de donde has extraído el texto.

» LENGUA Y SOCIEDAD

1. La comunicación en internet

Internet es una gran red de comunicación que facilita la conexión entre personas y la difusión de contenidos diversos.

A través de internet podemos acceder a contenidos tradicionales (televisión, cine, radio, prensa...) y a otros nuevos (redes sociales, por ejemplo).

Características de la comunicación en internet

- Alcance mundial.
- Facilidad y rapidez de uso.
- Interactividad por parte de los suarios.
- Acceso inmediato a la información.
- Vinculación de la información mediante la hipertextualidad.
- Uso de un lenguaje multimedia que integra palabras, sonidos, imágenes fijas y en movimiento, etc.
- Actualización de la información con gran rapidez.

1.1. Los elementos de la comunicación en internet

Desde la perspectiva comunicativa, hay que destacar los siguientes aspectos:

EMISOR	CANAL	RECEPTOR
El emisor es muy variado, pues abarca desde la persona que genera su propia web o blog hasta empresas e instituciones.	El canal es audiovisual, solo se necesita un soporte adecuado (ordenador, teléfono móvil, tableta, etc.) y conexión mediante un proveedor de servicios.	El receptor deja de ser un sujeto pasivo, pues puede decidir la información que precisa y ajustar la búsqueda según sus necesidades.

1.2. Formas de comunicación en internet

Algunas de las más significativas son:

- **Página web:** documento electrónico que contiene texto, imágenes, sonido, vídeo, etc., al que se puede acceder mediante un navegador.
- **Blog o bitácora:** diario personal en internet cuyo autor presenta contenidos de su interés comentados por sus seguidores.
- **Videollamada:** tipo de llamada que permite a los usuarios verse mientras hablan. El programa más empleado para este tipo de comunicación es, sin duda, Skype.
- **Correo electrónico o *e-mail*:** los usuarios pueden enviar y recibir mensajes de forma inmediata. Permite adjuntar archivos de cualquier tipo en el envío.
- **Redes sociales:** conjuntos de usuarios relacionados por amistad (Facebook), profesión (LinkedIn), etc. Cumplen las 3 C: Comunicación en Comunidades que Cooperan.

» ACTIVIDADES

13. La comunicación por internet puede generar ventajas e inconvenientes para sus usuarios. Clasifica estas acciones según las consideres positivas o no y ordénalas de mayor a menor importancia según tu propio criterio.

- ☐ Practicar determinadas habilidades sociales en un entorno cómodo y tranquilo.
- ☐ Evitar el contacto social directo.
- ☐ Dar a conocer un negocio o empresa.
- ☐ Cometer actos inadecuados o ilegales, como amenazar, insultar o perseguir a otros usuarios.
- ☐ Comunicarse con familiares, amigos y seres queridos que viven lejos.
- ☐ Actuar anónimamente con la seguridad de permanecer impune.
- ☐ Obtener información inmediata de lo que sucede en el mundo.
- ☐ Aficionarse en exceso a internet, hasta llegar a la adicción.
- ☐ Trabajar en una empresa sin necesidad de desplazarse físicamente.
- ☐ Valorar a las personas por el número de seguidores o «me gusta» que recibe.
- ☐ Buscar y encontrar pareja.
- ☐ Ser engañado o engañar a otros usuarios.

14. Consulta la siguiente página web (encontrarás el enlace en tu espacio personal de la web *www.barcanova.cat*) y contesta a las preguntas:

a) ¿De qué clase de página web se trata? ¿Qué información ofrece?

____

____

b) Indica los hipervínculos que conducen a informaciones no presentes en la página.

____

____

c) Señala elementos de la página que permitan la interactuación entre emisor y receptor.

____

____

d) ¿Es posible compartir la página? ¿Y comentarla?

____

____

15. En la comunicación por internet es habitual utilizar emoticonos para mostrar sentimientos y estados de ánimo. Explica qué significan los siguientes:

 _______________  _______________

 _______________  _______________

El lenguaje en internet

Muchos usuarios descuidan el léxico, la sintaxis y la ortografía en sus comunicaciones en la red. Esta tendencia debe corregirse, puesto que el lenguaje debe ser empleado con la precisión y el rigor necesarios.

16. Reescribe los siguientes mensajes de forma correcta:

a) xq stás  conmigo, wapo?

b) yo tb. te kro musho.

c) nadie mescribe será xq no existo?

a) _______________

____

b) _______________

____

c) _______________

____

» LITERATURA

1. La obra de Cervantes

Cervantes fue poeta, dramaturgo y narrador, si bien la novela es el género que le ha dado mayor gloria en la literatura mundial. En este cuadro resumimos su obra narrativa.

<table>
<tr><th colspan="3">OBRA NARRATIVA DE CERVANTES</th></tr>
<tr><td>NOVELA PASTORIL</td><td colspan="2">La Galatea (1585)</td></tr>
<tr><td rowspan="2">NOVELA BREVE</td><td rowspan="2">Novelas ejemplares (1613)</td><td>Idealistas: La gitanilla, La española inglesa</td></tr>
<tr><td>Realistas: Rinconete y Cortadillo, El licenciado Vidriera</td></tr>
<tr><td>NOVELA DE CABALLERÍAS (parodia)</td><td colspan="2">El ingenioso hidalgo don Quijote de la Mancha (1.ª parte, 1605; 2.ª parte, 1615)</td></tr>
<tr><td>NOVELA BIZANTINA</td><td colspan="2">Los trabajos de Persiles y Sigismunda (1617)</td></tr>
</table>

Cervantes y el *Quijote*

Miguel de Cervantes, el escritor más importante de nuestra literatura, nació en Alcalá de Henares (Madrid) en 1547. En 1605 publicó la primera parte de su obra capital, *El ingenioso hidalgo don Quijote de la Mancha*. La obra tuvo un gran éxito, tanto en España como en el extranjero, aunque Cervantes vivía casi en la miseria. En 1615 publicó la segunda parte del *Quijote* y un año después, el 23 de abril de 1616, murió en Madrid.

1.1. El *Quijote*: estructura y argumento

La obra se divide en dos partes: *El ingenioso hidalgo don Quijote de la Mancha* y *El ingenioso caballero don Quijote de la Mancha*. Está estructurada en tres salidas que realiza don Quijote: dos en la primera parte y una en la segunda. Las tres salidas presentan la misma estructura.

Primera salida. El hidalgo Alonso Quijano, que ha enloquecido de tanto leer libros de caballerías, se convierte en don Quijote: con una vieja armadura y un caballo flaco, Rocinante, sale por tierras manchegas a imitar a sus héroes para ayudar a los desvalidos y merecer el amor de Dulcinea, una dama imaginaria. En una venta, que él imagina un castillo, es armado caballero en una ceremonia ridícula. Lo apalean unos mercaderes y un vecino lo recoge y lo lleva a su casa, donde el cura, el ama y la sobrina queman sus libros de caballerías.

Segunda salida. Don Quijote sale de nuevo por La Mancha, acompañado de Sancho Panza, un rudo labrador, a quien nombra su escudero y le promete parte de las ganancias que obtengan y el gobierno de una isla. Don Quijote deforma sistemáticamente la realidad y es objeto de burlas. Se enfrenta a molinos de viento, que él cree gigantes; a unos secuestradores, que no son sino unos frailes; libera a unos delincuentes condenados, que luego le apedrean; se enfrenta a ejércitos enemigos, que son unos rebaños de ovejas... Finalmente, el cura y el barbero lo llevan de nuevo a su casa, enjaulado, haciéndole creer que ha sido objeto de un encantamiento.

Tercera salida. Don Quijote y Sancho viven una serie de aventuras por tierras de Aragón y Cataluña. Pero ahora el protagonista ve la realidad tal como es y son los demás quienes se la deforman. En tierras de Aragón son huéspedes de unos duques que se burlan despiadadamente de los protagonistas, con el único propósito de divertirse. Llegan a Barcelona y don Quijote se enfrenta al Caballero de la Blanca Luna, que lo derrota y le obliga a regresar a su casa. Una vez allí, vencido física y moralmente, recobra el juicio y muere, no como don Quijote, sino como quien realmente era: Alonso Quijano, *El Bueno*.

» ACTIVIDADES

17. Lee el siguiente fragmento del prólogo de las *Novelas ejemplares* en el que Cervantes habla de sí mismo y responde a las preguntas:

Este que veis aquí, de rostro aguileño, de cabello castaño, frente lisa y desembarazada, de alegres ojos y de nariz corva, aunque bien proporcionada; las barbas de plata, que no ha veinte años que fueron de oro, los bigotes grandes, la boca pequeña, los dientes ni menudos ni crecidos, porque no tiene sino seis, y esos mal acondicionados y peor puestos, porque no tienen correspondencia los unos con los otros; el cuerpo entre dos estremos, ni grande, ni pequeño, la color viva, antes blanca que morena; algo cargado de espaldas, y no muy ligero de pies; este digo que es el rostro del autor de *La Galatea* y de *Don Quijote de la Mancha*, y del que hizo el *Viaje del Parnaso* [...]. Llámase comúnmente Miguel de Cervantes Saavedra. Fue soldado muchos años, y cinco y medio cautivo, donde aprendió a tener paciencia en las adversidades. Perdió en la batalla naval de Lepanto la mano izquierda de un arcabuzazo, herida que, aunque parece fea, él la tiene por hermosa, por haberla cobrado en la más memorable y alta ocasión que vieron los pasados siglos, ni esperan ver los venideros, militando debajo de las vencedoras banderas del hijo del rayo de la guerra, Carlo Quinto, de felice memoria.

MIGUEL DE CERVANTES:
Novelas ejemplares. Real Academia Española.

a) Describe físicamente a Cervantes con tus propias palabras.

____

____

b) ¿Cómo y dónde perdió la mano izquierda?

____

____

c) ¿Qué piensa Cervantes de su manquedad?

____

____

18. Las *Novelas ejemplares* se dividen en...

a) ☐ realistas y fantásticas.
b) ☐ idealistas y realistas.
c) ☐ realistas y caballerescas.

19. Lee el siguiente fragmento del prólogo de las *Novelas ejemplares* y responde a la pregunta:

Heles dado nombre de ejemplares, y si bien lo miras, no hay ninguna de quien no se pueda sacar algún ejemplo provechoso; [...] y si no fuera por no alargar este sujeto, quizá te mostrara el sabroso y honesto fruto que se podría sacar, así de todas juntas como de cada una de por sí.

MIGUEL DE CERVANTES:
Novelas ejemplares.

a) ¿Por qué llamó «ejemplares» Cervantes a estas novelas?

____

____

20. Las tres salidas de don Quijote presentan una misma estructura. Escribe la estructura que sigue cada una dichas salidas:

1.ª ______________________________

____

2.ª ______________________________

____

3.ª ______________________________

____

1.2. Intención del *Quijote*

Según afirma el propio Cervantes, su propósito fue el de acabar con los libros de caballerías, porque narraban historias absurdas y disparatadas que querían hacer pasar por verdaderas, y, además, estaban pésimamente escritos. Al final de la segunda parte, dice: «no ha sido otro mi deseo que poner en aborrecimiento de los hombres las fingidas y disparatadas historias de los libros de caballería, que por las de mi verdadero don Quijote van ya tropezando, y han de caer del todo, sin duda alguna». Cervantes logró su propósito, pues, tras la aparición del *Quijote*, no se publicaron más libros de caballerías.

1.3. La técnica y el estilo

Cervantes adopta el punto de vista de un **narrador omnisciente** y, al mismo tiempo, el de **transcriptor**, pues en un momento determinado finge que ha encontrado parte de la historia de don Quijote, escrita en arábigo por un tal Cide Hamete Benengeli, y le pide a un morisco que se la traduzca.

En cuanto al estilo, se caracteriza por:

- La norma renacentista de la **naturalidad**; es de destacar la gran variedad de registros utilizados, desde el más elaborado, culto y elegante, al más llano y coloquial, incluso vulgar, según la condición del personaje.
- La **parodia**, el **humor**, la **ironía**, la **ambigüedad**. No olvidemos que quiere ridiculizar los libros de caballerías.
- La incorporación definitiva del **diálogo** a la narración.

1.4. Interpretación del *Quijote*

El *Quijote* es una obra que ha tenido diversas lecturas a lo largo del tiempo: se ha interpretado como una obra cómica, como una parodia de los libros de caballerías. Pero la obra es mucho más:

- Cervantes nos da su visión del mundo y del ser humano a través de los dos personajes principales, don Quijote y Sancho Panza, que simbolizan dos visiones diferentes del mundo: la **idealista** (don Quijote) y la **materialista** (Sancho, que representa el sentido común).
- Don Quijote es el **símbolo** del hombre que lucha en defensa de **nobles ideales** por encima de la adversidad: el amor, la justicia, la libertad, la generosidad, la ayuda a los débiles, etc.
- Refleja la **sociedad de la época**, con personajes de toda condición social y moral, costumbres, gastronomía, vestimenta, modos de hablar, etc.
- Es una obra de **crítica literaria**, ya que, en varias ocasiones, se ponen en boca de personajes opiniones sobre géneros y obras literarias.

» ACTIVIDADES

21. Lee el fragmento del capítulo VIII de la primera parte y responde a las cuestiones que se plantean.

Del buen suceso que el valeroso don Quijote tuvo en la espantable y jamás imaginada aventura de los molinos de viento, con otros sucesos dignos de felice recordación

En esto, descubrieron treinta o cuarenta molinos de viento que hay en aquel campo, y así como don Quijote los vio, dijo a su escudero:

—La ventura va guiando nuestras cosas mejor de lo que acertáramos a desear; porque ves allí, amigo Sancho Panza, donde se descubren treinta o pocos más, **desaforados** gigantes, con quien pienso hacer batalla y quitarles a todos las vidas, con cuyos despojos comenzaremos a enriquecer; que esta es buena guerra, y es gran servicio de Dios quitar tan mala simiente de sobre la faz de la tierra.

—¿Qué gigantes? —dijo Sancho Panza.

—Aquellos que allí ves —respondió su amo— de los brazos largos, que los suelen tener algunos de casi dos leguas.

—Mire vuestra merced —respondió Sancho— que aquellos que allí **se parecen** no son gigantes, sino molinos de viento, y lo que en ellos parecen brazos son las aspas, que, volteadas del viento, hacen andar la piedra del molino.

[...] Pero él iba tan **puesto** en que eran gigantes, que no oía las voces de su escudero Sancho, ni echaba de ver, aunque estaba ya bien cerca, lo que eran; antes iba diciendo en voces altas:

—Non **fuyades**, cobardes y viles criaturas, que un solo caballero es el que os acomete. [...]

Y en diciendo esto, y encomendándose de todo corazón a su señora Dulcinea, pidiéndole que en tal trance le socorriese, bien cubierto de su **rodela**, con la lanza en el **ristre**, arremetió a todo galope de Rocinante y embistió con el primero molino que estaba delante; y dándole una lanzada en el aspa, la volvió el viento con tanta furia, que hizo la lanza pedazos, llevándose tras sí al caballo y al caballero, que fue rodando muy maltrecho por el campo. Acudió Sancho Panza a socorrerle, a todo correr de su asno, y cuando llegó halló que no se podía menear: tal fue el golpe que dio con él Rocinante.

—¡Válame Dios! —dijo Sancho—. ¿No le dije yo a vuestra merced que mirase bien lo que hacía, que no eran sino molinos de viento, y no lo podía ignorar sino quien llevase otros tales en la cabeza?

—Calla, amigo Sancho —respondió don Quijote—; que las cosas de la guerra, más que otras, están sujetas a continua mudanza; cuanto más, que yo pienso, y es así verdad, que aquel sabio **Frestón** que me robó el aposento y los libros ha vuelto estos gigantes en molinos por quitarme la gloria de su vencimiento: tal es la enemistad que me tiene; mas **al cabo al cabo**, han de poder poco sus malas artes contra la bondad de mi espada.

VOCABULARIO

desaforados: de gran tamaño.
se parecen: se ven.
puesto: convencido.
fuyades: huyáis. Se trata de lenguaje arcaico.
rodela: escudo redondo.
ristre: soporte del peto de la coraza donde se encaja la empuñadura de la lanza.
Frestón: mago a quien don Quijote responsabiliza de la desaparición de sus libros.
al cabo al cabo: finalmente.

a) En el título de este capítulo se parodian los libros de caballerías. Indica por qué es así.

b) Señala los contrastes que contribuyen a ridiculizar a don Quijote frente a los héroes de los libros de caballerías.

c) A pesar del tono paródico de todo el texto, a don Quijote le mueven nobles ideales. ¿Cuáles son estos?

» GRAMÁTICA

1. El predicado

El **predicado** consta de una forma verbal que puede ir acompañada de otros sintagmas. Hay dos tipos de predicados: el predicado nominal y el predicado verbal.

1.1. El predicado nominal

El **predicado nominal** expresa una cualidad o estado del sujeto. Está formado por un verbo copulativo (*ser*, *estar* o *parecer*) y un **atributo**, un complemento verbal que indica qué características tiene el sujeto. Por ejemplo:

El motorista	*parece*	*enfadado.*
SN	V cop.	Atributo
SN (sujeto)	SV (pred. nominal)	

El verbo copulativo actúa como **unión** entre el sujeto y el atributo. En el predicado nominal es el atributo quien aporta el significado.

1.2. El predicado verbal

El **predicado verbal** tiene como núcleo un verbo predicativo, es decir, un verbo que aporta significado de acción o proceso a la oración:

Los turcos	*invadieron*	*gran parte de Europa oriental.*
SN	V	Complemento
SN (sujeto)	SV (pred. verbal)	

También se considera predicado nominal el que se forma con verbos semicopulativos acompañados de atributo. Ej.: *María* ***se quedó*** *asombrada*.

En algunos casos, los verbos *ser* (con el significado de 'existir' o de 'costar', 'valer') y *parecer* ('tener semejanza con algo o alguien') funcionan como verbos predicativos y naturalmente no van acompañados de atributo. Ej. *Muchos afirman que Dios es*; *¿Cuánto es?*; *La hija se parece a la madre*.

El verbo predicativo puede ir acompañado de numerosos complementos que veremos en la unidad siguiente.

2. Los complementos verbales (I)

Los sintagmas o grupos de palabras que aparecen en el predicado desempeñan distintas funciones:

Complementos que se refieren al verbo y, a la vez, a un sintagma o grupo nominal	Atributo Complemento predicativo
Complementos que se refieren únicamente al verbo	Complemento directo Complemento indirecto Complemento circunstancial Complemento de régimen Complemento agente

Semánticamente, hablamos de **argumento** para designar el elemento que aporta información exigida por una palabra (por ejemplo, en la oración *Julio leía una nueva novela durante el verano*, el verbo *leer* exige dos argumentos: uno que realice la acción verbal, y otro que sea el objeto leído); y de **adjunto** para referirnos a aquel elemento que, aunque complementa a otra palabra, no viene exigida por ella (en el ejemplo anterior, la circunstancia temporal *durante el verano*).

» ACTIVIDADES

22. Identifica el SN (sujeto) y el SV (predicado) de las siguientes oraciones. Indica a continuación si el predicado es nominal o verbal:

a) Los nuevos paneles solares de la casa proporcionan mucha energía.

b) El joven arquitecto catalán es de Reus.

c) Quizá no sea la persona adecuada para ti.

d) Una academia de idiomas promociona sus clases de verano.

e) Tras la preparación del asado, la cocina está sucia.

f) La enfermera es la responsable de las curas.

g) Sofía parece muy satisfecha con su nuevo contrato.

h) ¿Qué sensor ha fallado?

23. Di si los siguientes enunciados son verdaderos (V) o falsos (F):

a) ☐ En los predicados verbales hay siempre un atributo.

b) ☐ El núcleo de un predicado verbal es un verbo copulativo.

c) ☐ Las oraciones con predicado nominal solo pueden tener un complemento.

d) ☐ El verbo predicativo aporta significado de acción o proceso a la oración.

e) ☐ Los verbos *ser*, *estar* y *parecer* siempre son copulativos.

f) ☐ Cuando hay un verbo copulativo, el predicado es nominal.

g) ☐ En todos los predicados nominales tiene que aparecer un atributo.

24. En las siguientes oraciones aparecen los verbos *ser*, *estar* y *parecer*. Distingue cuándo tienen valor copulativo o predicativo. En el caso de que tengan valor copulativo, identifica el atributo.

a) Tu presencia en este lugar es extraña.

b) El hermano menor de Raúl se parece a su tía abuela Virtudes.

c) Póngame tres kilos de melocotones. ¿Cuánto es?

d) Esa suposición parece absurda.

e) La fiesta de cumpleaños de Marta es en casa de su primo Nikos.

f) Tu forma de correr es asombrosa.

g) La sociedad está cansada de tantas mentiras.

h) Me parece bien tu propuesta.

2.1. El atributo

El **atributo** es un complemento exigido por los **verbos copulativos** *ser, estar* y *parecer* y por los verbos semicopulativos (*hacerse, mostrarse, volverse*...).

Esa novelista *es* *famosa.*
V cop. Atributo

En general, el atributo concuerda en género y número con el sujeto de la oración: *Mis sobrinos están enfermos*. La función de atributo la pueden desempeñar diferentes sintagmas:

- Sintagma nominal (SN): *Tu hermano es **médico***.
- Sintagma adjetival (SAdj): *Los gatos son **ariscos***.
- Sintagma preposicional (SPrep): *Luis es **de Málaga***.
- Sintagma adverbial (SAdv): *Su tía es **así***.

Si los atributos son sintagmas nominales o adjetivales, su núcleo, es decir, el nombre o el adjetivo, admite complementos: *Chopin es un músico muy reconocido*.

El atributo puede sustituirse por el pronombre personal átono *lo*: *Pedro es **listo** → Pedro **lo** es; Las juezas son **listas** → Las juezas **lo** son*.

Cuando el atributo es un SPrep o un SAdv, no hay concordancia de género y número entre este y el sujeto: *Estos chicos son de París*.

El verbo *estar* se suele utilizar con un atributo locativo, es decir, un atributo que sitúa algo o a alguien en un lugar: *Los niños están **en el colegio*** (atributo locativo).

El atributo con verbos semicopulativos

Algunos verbos no copulativos (*volverse, ponerse, hacerse, seguir*...) necesitan un atributo para completar el significado de la oración. En estos casos pierden parte de su significado y reciben el nombre de **semicopulativos** o **pseudocopulativos**. Ej.: *El profesor sigue despistado* (*despistado* es el atributo). Si acompaña a un verbo semmicopulativo, el atributo no puede sustituirse.

2.2. El complemento predicativo (CPred)

El complemento predicativo es normalmente un SAdj o un SN que complementa por un lado a un verbo con significado léxico pleno y, por otro, al sujeto o al complemento directo de la oración, con los que concuerda en género y en número.

*La niña lloraba **desconsolada**. → Los niños lloraban **desconsolados**.*

COMPLEMENTO PREDICATIVO	
Puede ser un SAdj o un SN.	*Caminaban **cansados** de regreso a casa.* *Nombraron a Helena **capitana**.*
Concuerda en género y número con el sujeto o el CD de la oración.	*Ella caminaba **cansada** de regreso a casa.* *Nombraron a Óscar **capitán**.*

Complemento predicativo, atributo y complemento circunstancial de modo

El complemento predicativo no debe confundirse con el atributo ni con el complemento circunstancial de modo.

- El atributo solo aparece en oraciones atributivas, con predicado nominal: *Rosendo parece espabilado.*
- El complemento circunstancial de modo no concuerda en género y número con el sujeto: *Los niños hablan alto.*

BARCANOVA EDITORIAL

» ACTIVIDADES

25. Localiza en las siguientes oraciones el atributo y sustitúyelo por *lo*.

a) Garcilaso fue un gran poeta del siglo XVI.

____

b) El galgo parecía cansado.

____

c) La novela histórica es mi género preferido.

____

d) La renovación del equipo de música era completamente necesaria.

____

e) En estos momentos mi situación es así.

____

f) Itziar está muy satisfecha de su trabajo.

____

g) Manuel es de un pequeño pueblecito de Teruel.

____

h) No me parece adecuada tu actitud.

____

26. Completa las oraciones con los atributos que creas convenientes:

a) Mi familia parece ______________, pero en realidad es ______________.

b) Yo soy ______________, aunque parezco ______________.

c) Mi casa es __________, __________, __________ y __________.

d) Los políticos están ______________ en las decisiones que toman.

e) Aunque este libro parecía ______________, tras leerlo puedo decir que era ______________.

27. Crea una oración con cada grupo de condiciones:

a) Predicado nominal cuyo atributo sea un sintagma nominal en el que haya un artículo y un adjetivo calificativo.

____

b) Verbo copulativo *parecer*. En el sujeto debe aparecer un adjetivo (determinante) demostrativo.

____

c) Predicado verbal. Complemento predicativo que sea un adjetivo femenino plural.

____

d) Predicado nominal con verbo semicopulativo. El sujeto tiene que ser un antropónimo.

____

28. Di si los siguientes enunciados son verdaderos (V) o falsos (F):

a) ☐ En los predicados verbales hay siempre un atributo.

b) ☐ En oraciones con verbo copulativo, el atributo se puede reconocer sustituyéndolo por el pronombre *lo*.

c) ☐ Las oraciones con predicado nominal solo pueden tener un complemento.

d) ☐ Las oraciones atributivas pueden tener complemento agente.

e) ☐ Los verbos *ser*, *estar* y *parecer* siempre son copulativos.

f) ☐ Cuando hay un verbo copulativo, el predicado es nominal.

g) ☐ En todos los predicados nominales tiene que aparecer un atributo.

h) ☐ El atributo que aparece en oraciones con verbos copulativos puede sustituirse por *lo*, *la*, *los* y *las*.

i) ☐ Un sintagma preposicional puede ser un atributo.

j) ☐ El complemento predicativo aparece siempre en predicados verbales.

k) ☐ El complemento predicativo concuerda en número y persona con el sujeto o el CD.

» LÉXICO

1. Neologismos y préstamos léxicos

Un **neologismo** es una palabra nueva que se incorpora a un idioma. Puede ser adoptada de idiomas extranjeros o formada mediante composición, derivación, acronimia, etc.

Los hablantes de un idioma adoptan palabras de otras lenguas para referirse a nuevas realidades. Son los llamados **préstamos léxicos**. Su fortuna y mantenimiento en el idioma depende de factores como la necesidad y la popularización de su uso.

Según cuál sea su lengua de procedencia, los préstamos se clasifican en arabismos, germanismos, anglicismos, lusismos, galicismos, italianismos, helenismos, americanismos, catalanismos, galleguismos, vasquismos... En la actualidad, el idioma que más préstamos aporta a la lengua castellana es el inglés.

americanismos	caoba, colibrí, petate...
anglicismos	*thriller*, gol, clicar...
arabismos	aceituna, escabeche, azulejo...
catalanismos	clavel, chuleta, escudella...
galicismos	bricolaje, corsé, chalé...
galleguismos	morriña, pazo, botafumeiro...
germanismos	vals, guerra, cuarzo...
helenismos	crisis, década, comedia...
italianismos	facha, novela...
lusismos	buzo, mermelada, chubasco...
vasquismos	alud, mus, izquierda...

¿Necesarios o superfluos?

Cuando un idioma carece de una palabra para designar una nueva realidad, la incorporación de términos de otro idioma debe considerarse un enriquecimiento, fruto de la interculturalidad de la sociedad contemporánea. En cambio, en muchas ocasiones, este proceso es producto de la moda o del desconocimiento del propio idioma. En estos casos, debería desestimarse la forma extraña y ajena a la lengua.

¿SABÍAS QUE...?

Las voces procedentes de otras lenguas que no se han adaptado a la lengua española se escriben en cursiva o entre comillas: *paparazzi*, *software*, *marketing*.

Cuando los vocablos extranjeros se incorporan a una lengua, lo hacen de distintas maneras:

a) Manteniendo su grafía original: *hardware*, *hooligan*, *hockey*, etc.

b) Adaptando la grafía según la pronunciación y la estructura silábica de la lengua receptora; así, por ejemplo, *slogan* → eslogan; *leader* → líder, o *beefsteak* → bistec.

c) Calcando o traduciendo el vocablo del otro idioma: *school ship* → barco escuela; *hot-dog* → perrito caliente; *week end* → fin de semana.

» ACTIVIDADES

29. Escribe las siguientes palabras referidas a comidas o bebidas en el apartado correspondiente a su lengua de procedencia:

cuscús	vodka	*sushi*
espagueti	*pizza*	pacharán
vieira	paella	albariño
cruasán	fuet	fuagrás
beicon	rosbif	*baguette*
crep	curri	humus
butifarra	kebab	pesto
escalivada	chistorra	grelo
alioli	*carpaccio*	osobuco

inglés	ruso	francés

italiano	árabe	japonés

catalán	gallego	vasco

30. Escoge qué expresiones sustituyen mejor a las siguientes palabras inglesas del mundo de la moda:

- *look* •
- *outfit* •
- *coolhunter* •
- *casual* •
- *fashion* o *trendy* •
- *sport wear* •

- • de moda
- • prueba
- • supermodelo
- • imagen
- • cazatendencias
- • conjunto
- • maquillaje
- • ropa deportiva
- • famoso
- • informal
- • catálogo

31. Escribe la adaptación gráfica que se ha producido de los siguientes préstamos extranjeros:

a) *camouflage* ____________

b) *penalty* ____________

c) *film* ____________

d) *parking* ____________

e) *boomerang* ____________

f) *football* ____________

32. Consulta el Diccionario de la Lengua Española (*www.dle.rae.es*) y di de qué lengua proceden las siguientes palabras:

Palabra	Lengua de procedencia
retal	
cigarro	
cantimplora	
cacahuete	
soprano	
roquefort	
hámster	
barbacoa	

33. Anota los calcos que en español se han producido a partir de las siguientes palabras o expresiones:

a) *handball* ____________

b) *supermarket* ____________

c) *self service* ____________

d) *automatic pilot* ____________

» ORTOGRAFÍA

1. Uso de la *g*

PRINCIPALES NORMAS DE USO DE LA *G*	EJEMPLOS
Las palabras que contienen la sílaba **gen** se escriben con **g**. Excepciones: *berenjena* y *ajeno*.	*mar**gen**, **gen**te, ima**gen***
La palabras que empiezan por **gest-**, **geni-**, **gene-** se escriben con **g**.	***gest**o, **geni**o, **gene**ral*
Se escriben con **g** las palabras que empiezan por el prefijo **geo-** ('tierra').	***geo**grafía, **geo**metría*
Los verbos que terminan en **-ger**, **-gir** se escriben con **g** delante de **e**, **i** pero con **j** delante de **a**, **o**, **u**. Excepciones: *tejer* y *crujir*, que se escriben siempre con **j**.	*prote**ger**, diri**gir***
Las palabras terminadas en **-gio/-gia**, **-gión**, **-gional**, **-gioso** (y sus femeninos y plurales) se escriben con **g**.	*conta**gio**, ma**gia**, reli**gión**, re**gional**, conta**gioso***
Se escriben con **g** las palabras formadas con el sufijo ***logo*** ('ciencia') y sus derivados.	*bió**logo**, psico**lógico***

2. Uso de la *j*

PRINCIPALES NORMAS DE USO DE LA *J*	EJEMPLOS
Las palabras que contienen **aje** o **eje** se escriben con **j**. Excepciones: *agenda*, *agencia* y sus derivados.	***ej**ército, pais**aje***
Las palabras terminadas en **-jero**, **-jera**, **-jería** se escriben con **j**.	*relo**jero**, co**jera**, mensa**jería***
Los verbos que terminan en **-jar** y **-jear** se escriben con **j**.	*dibu**jar**, force**jear***
Se escriben con **j** todas las formas de los verbos que llevan **j** en su infinitivo.	*ejecutar, injertar*
Se escriben con **j** algunas formas verbales que en el infinitivo no tienen ni **g** ni **j**.	*traer: traje; traducir: traduje*

Ficha ortográfica

- Según las normas ortográficas, las formas del verbo *coger* se escriben con **g-** delante de **-e** e **-i** pero con **-j** delante de **-a** y **-o**. Así ocurre en: *cojo, cogemos; coja, cojamos; cogí, cogiste*, etc. Esta regla se aplica a todas los derivados de *coger*: *acoger, encoger, escoger, recoger, sobrecoger*; *recogimiento, sobrecogedor*, etc.
- La palabra *ingerir* significa 'introducir por la boca los alimentos'. El término *injerir* quiere decir *entrometerse*, *injertar plantas* o meter una cosa en otra. Ejemplos: *Permaneció en ayunas, sin ingerir ni agua ni alimentos. / Los diplomáticos tienen prohibido injerirse en los asuntos internos de otros países.*

» ACTIVIDADES

34. Completa el cuadro de forma que figure entero el presente de indicativo de cada uno de los verbos que se indican:

cojo					
	corriges				
		protege			
			exigimos		
				recogéis	
					eligen

35. Forma otras palabras acabadas en *-aje* a partir de las siguientes:

a) abordar: ____________

b) rodar: ____________

c) tatuar: ____________

d) vendar: ____________

e) embalar: ____________

f) fichar: ____________

36. Completa las oraciones con la forma verbal adecuada de los siguientes verbos: *decir*, *distraer*, *introducir*, *predecir*, *reducir*, *traducir*.

a) Se ____________ y no pudo evitar el choque.

b) ____________ la velocidad hasta el límite permitido.

c) ____________ al inglés las obras completas de Gabriel García Márquez.

d) ____________ mal la clave y por ese motivo no funcionó el ordenador.

e) Manuel ____________ que entrenaríamos todos los días de la semana y lo hemos cumplido.

f) Vosotros ____________ que haría mal tiempo y así ha sido.

37. Completa las siguientes palabras con *j* o *g* según convenga.

aborda___e	embala___e	___enético
oxí___eno	a___encia	exi___ir
___enial	olea___e	a___enda
fin___ir	___ente	pea___e
corre___ir	___eneral	marca___e
prote___er	diri___ir	___eneroso
mar___en	reco___er	ele___ir
___eneración	ori___en	roda___e
transi___ir	sumer___ir	via___e

DICTADO

Premisa: Cuando corrijas el dictado, tacha las palabras mal escritas y escribe (por encima o por debajo) las palabras correctas. A continuación, copia cada palabra que hayas escrito mal junto con la precedente y la siguiente.

Sin embargo, al oír las doce en el reloj todo cambia. Es la hora de las brujas. Los reflejos del televisor parecen cobrar vida contra las paredes del salón. Juraría haber escuchado siniestros crujidos procedentes de la cocina. A lo lejos se oye el llanto de un niño, ¿o es el aullido del hombre-lobo? La sonrisa se me ha helado en la cara. Quiero cambiar de cadena, pero he perdido el mando a distancia entre los cojines del sofá.

FERNANDO LALANA y JOSÉ M.ª ALMÁRCEGUI: *El fantasma del Rialto.*

» PONTE A PRUEBA

Lee y comprueba si lo has comprendido

Netiqueta: comportamiento en línea

La *netiqueta* hace referencia a las normas de buen comportamiento para comunicarse en la red. Se trata de algo tan sencillo como mostrar consideración por las personas con las que de alguna manera se establece relación a través de internet.

Estas son algunas normas básicas de *netiqueta*:

- **Recordar que quien está al otro lado de un dispositivo electrónico es una persona, por lo que siempre se debe ser respetuoso**.
  Son muchas las ocasiones en las que la comunicación se realiza solo mediante texto, es decir, se carece del resto de complementos que ayudan a interpretar el mensaje, como el tono de voz u otros elementos que conforman la comunicación no verbal, por lo que se debe ser muy cuidadoso con los mensajes para evitar malas interpretaciones.

- **Seguir en la red los mismos estándares de comportamiento que cara a cara.**
  Recordar que la red no es un espacio sin ley. Al igual que en cualquier otro lugar, determinados comportamientos o actos pueden conllevar consecuencias sociales e incluso penales. A veces es tan sencillo como pensar si lo que se va a hacer a través de la red se haría cara a cara.

- **Compartir el conocimiento respetando los derechos de autor.**
  Internet ofrece innumerables posibilidades para buscar información, para ampliar conocimientos, pero es imprescindible respetar siempre la propiedad intelectual de los contenidos digitales, cuidando, respetando y valorando el trabajo publicado por otras personas y compartido a través de internet.

- **Respetar la privacidad propia y la de los demás.**
  En la red se debe ser muy cuidadoso con la gestión de la privacidad. Es imprescindible ser conscientes de que un exceso de información genera vulnerabilidad. Del mismo modo, se debe respetar la privacidad de los demás. Es necesario, antes de subir una foto de otra persona, preguntarle si tiene algún inconveniente. Unos segundos de reflexión antes de publicar un comentario permitirán darse cuenta de si puede perjudicar tanto a quien lo publica como a otras personas.

- **No alimentar discusiones sin sentido en internet.**
  Esta pauta conduce a hablar de los troles en internet, personas cuya forma de estar en la red es siempre sembrar discordia, saturar por el gran número de mensajes que envían o quejarse constantemente. En muchas ocasiones se hacen pasar por otra persona para ello. Su único propósito es molestar y provocar. Ante este tipo de acciones, la pauta es ignorar totalmente estos ataques y, si se considera necesario, denunciarlos a través del administrador del servicio o web donde realizan sus publicaciones ofensivas.

Netiqueta: *Comportamiento en línea* (texto adaptado).

1. ¿Qué es la *netiqueta*?

2. ¿Por qué puede resultar más difícil la comunicación solo mediante texto?

- ☐ Porque carece de gestos, expresión facial, postura, contacto ocular, etc. y puede dar lugar a muchos malentendidos.
- ☐ Porque no se sabe si al otro lado del dispositivo electrónico hay una persona o un ordenador.

3. ¿Qué significa *Seguir en la red los mismos estándares de comportamiento que cara a cara*?

- ☐ La red no es un espacio sin ley: determinados comportamientos o actos en la red pueden conllevar consecuencias sociales e incluso penales, igual que en la vida real.
- ☐ En la red, los límites los marca uno mismo y se puede hablar con mucha mayor libertad, con la confianza que da encontrarse con alguien cara a cara.

4. ¿Por qué se debe cuidar la imagen?

- ☐ Porque a través de lo que escribimos y de las fotografías que compartimos nos damos a conocer a los demás.
- ☐ Porque internet es la mejor forma de conocer la manera de ser de una persona.

5. La palabra *vulnerabilidad* destacada en el texto significa...

- ☐ debilidad.
- ☐ popularidad.
- ☐ perversidad.
- ☐ publicidad.

6. La intención del texto es:

- ☐ Dar unas normas de conducta para comportarse en internet.
- ☐ Advertir de los peligros de internet.
- ☐ Explicar el funcionamiento de internet.

7. En las oraciones siguientes, identifica el sujeto y el predicado y di si es verbal o nominal:

a) La red no es un espacio sin ley.

b) En internet, los troles solamente siembran discordia.

c) La expresión correcta proporciona información sobre nosotros mismos.

d) La mejor opción es el desprecio hacia determinados ataques.

Comparte

Por grupos, comentad las siguientes cuestiones y poned en común el resultado con el resto de la clase.

- ¿Puede dificultar la comunicación no ver la cara de nuestro interlocutor? ¿Por qué?
- ¿Te has enfadado con algún amigo por un malentendido en una conversación de internet?

Crea

Haz un cartel/infografía con las normas que has leído. Destaca una frase y añade los dibujos que prefieras.

» ¡YO TAMBIÉN LEO!

¿Qué tenéis que hacer en este proyecto?

Este proyecto consiste en leer un libro y recomendarlo a otras personas mediante la realización de un *book trailer*, o vídeo de promoción de un libro.

1. Redactar un decálogo de los beneficios de la lectura.
2. Escoger un libro y analizarlo. Podéis aprovechar alguna de las lecturas que hayáis trabajado en clase durante el trimestre.
3. Grabar y editar un vídeo para promocionar la lectura del libro escogido (*book trailer*).

¿Cómo tenéis que hacerlo?

1. **Formad grupos de cuatro o cinco alumnos.** Todos los miembros del grupo debéis tener asignadas unas funciones de acuerdo con vuestras habilidades y preferencias. Participaréis aportando datos y opiniones acerca de los beneficios de la lectura y del libro que habéis escogido. También colaboraréis en la realización del guion para el vídeo y en la grabación y edición del material.

2. **Leed el libro.** Antes de empezar, debéis decidir qué libro leer. La condición indispensable es que todos los integrantes del grupo lo conozcan. Si no es así, siempre podéis recurrir a una lectura de las trabajadas durante el trimestre o a una colección de cuentos de algún autor, época o movimiento concreto. Su lectura, más breve, os permitirá agilizar el trabajo.

3. **Redactad el trabajo escrito.**
   a) Redactad un decálogo titulado «Diez beneficios de la lectura para cualquier persona». Para ello, realizad en primer lugar una lluvia de ideas. Podéis utilizar el material del apartado «Material complementario, fuentes de información y modelos». Recordad que en un decálogo no pueden aparecer oraciones demasiado extensas. Además, la sintaxis debe ser ordenada y clara; y el léxico, preciso y poco rebuscado.
   b) Confeccionad el guion del vídeo sobre la lectura escogida. Recordad que debe ser una presentación atractiva del libro. Este es el momento más creativo de todo el proceso, en el que cada uno puede aportar sus ideas para llegar a un acuerdo.

4. **Grabad y editad el vídeo.** Una vez tengáis claro qué vais a hacer, proceded a la grabación y edición del vídeo. Acordaos de que debe ser breve (entre dos y cuatro minutos) y de que en él tienen que aparecer con claridad el título del libro y el nombre de su autor, además de aquellas características que hayáis querido destacar. Podrían ser, por ejemplo, algunas palabras clave acordadas por vosotros y que os haya sugerido la lectura, o algunas oraciones del libro especialmente significativas para el grupo.

Material complementario, fuentes de información y modelos

En www.barcanova.cat encontraréis documentación sobre los beneficios de la lectura, la realización de *book trailers*, etc.

Plantilla para el guion del vídeo

SECUENCIA	DESCRIPCIÓN	TEXTO	ÁNGULO	SONIDO	DURACIÓN (en segundos)
1	Explicación de qué se va a grabar: lugar, personajes...	Texto escrito o dialogado que aparecerá en el vídeo.	Contrapicado, normal, general, primer plano...	Música y sonido directo.	
2					
3					

UNIDAD 7

Preparamos la lectura

1. ¿Sabes en qué consiste el trabajo de un pescador? ¿Te parece un oficio duro? Coméntalo con tu compañero o compañera.

2. Fíjate en el título de la lectura, anota qué te sugiere y luego podrás comprobar si has acertado.

★ LAS PREGUNTAS Y LAS RESPUESTAS

Este juego consiste en formular y responder preguntas muy sencillas, con una sola condición: la respuesta debe contener dos palabras seguidas que empiecen por la misma letra. Por ejemplo: *¿Cuál es tu plato favorito? Me gustan los* ***g****arbanzos* ***g****uisados, Me gustan las* ***s****alchichas* ***s****aladas, Me gustan los* ***c****alabacines* ***c****ocidos, Me gustan las* ***a****lcachofas* ***a****sadas. ¿Qué es lo que más te gusta hacer en tu tiempo libre?* ***L****eer* ***l****ibros. ¿Qué prenda de vestir no te pondrías nunca? Un* ***v****estido* ***v****erde.*

» CLUB DE LECTURA

VOCABULARIO

atuendo *m.* Vestido, conjunto de prendas que viste una persona.

idílico, ca *adj.* Hermoso, paradisiaco.

bronco, ca *adj.* Áspero y desagradable.

hostil *adj.* Aquí significa 'molesto y agobiante'.

redada *f.* Conjunto de peces capturados de una vez.

afligir *v.* Provocar inquietud y tristeza.

desperezarse *v.* Estirar los músculos, sacudirse la pereza.

lacónico, ca *adj.* Breve, que utiliza pocas palabras.

La sabiduría del pescador

En un puerto de la costa occidental de Europa hay un hombre pobremente vestido dormitando, echado en su barca de pesca. Un turista de elegante **atuendo** está colocando en su aparato fotográfico una película de color para fotografiar esta **idílica** escena: cielo azul, mar verde con pacíficas y blancas crestas, embarcación negra, gorra de pescador roja. Clic. Otro clic. Y como tres es un buen número y más vale ir sobre seguro, un tercer clic. El sonido **bronco**, casi **hostil**, despierta al pescador adormilado, que se incorpora medio dormido. Se ha creado una situación embarazosa que el turista —que conoce el idioma del país— intenta salvar mediante un diálogo.

—Hoy va a hacer usted una buena **redada**.

El pescador sacude la cabeza.

—Pues a mí me han dicho que el tiempo es favorable.

El pescador asiente con un gesto de cabeza.

—¿De manera que no va a salir?

El pescador sacude la cabeza. El nerviosismo del turista va en aumento. Seguro que le interesa mucho el bienestar de este hombre pobremente vestido, que le **aflige** sobremanera que haya perdido la oportunidad.

—Oh, ¿no se encuentra bien?

Por fin el pescador pasa del lenguaje de signos a la palabra hablada.

—Me encuentro estupendamente —dice—. Nunca me he sentido mejor.

Se levanta, **se despereza** como si quisiera mostrar su atlética complexión.

—Me encuentro estupendamente.

El turista tiene una expresión cada vez más extrañada, ya no puede contener la pregunta que, por así decir, amenaza con hacerle estallar el corazón:

—Pero entonces, ¿por qué no sale?

La respuesta llega súbita y **lacónica**:

—Porque ya he salido esta mañana.

—¿Ha hecho una buena redada?

—Tan buena que no me hace falta volver a salir, tenía cuatro langostas en las cestas, he pescado dos docenas de caballas...

Ahora el pescador, por fin ya del todo despierto, abandona su actitud reservada y le da al turista unas palmaditas tranquilizadoras en los hombros. La expresión de este se le antoja de una preocupación ciertamente inadecuada, pero conmovedora.

—Tengo suficiente incluso para mañana y pasado mañana —dice para quitarle al turista un peso de encima.

Sacudiendo la cabeza, el forastero se sienta en el canto de la embarcación y deja el aparato fotográfico, pues ahora necesita las dos manos para reforzar lo que va a decir.

—No es que quiera meterme en sus asuntos personales —dice—, pero imagínese que hoy sale usted una segunda vez, una tercera, tal vez incluso una cuarta vez y que pesca tres, cuatro, tal vez diez docenas de caballas... Imagíneselo.

El pescador asiente con un gesto de cabeza.

—Imagínese que no solo hoy, sino mañana, pasado mañana, sí, todos los días buenos sale dos, tres o tal vez cuatro veces... ¿Sabe lo que pasaría?

El pescador sacude la cabeza.

—Lo más tarde dentro de un año podría comprarse un motor, dentro de dos años una segunda embarcación, dentro de tres o cuatro años tener quizás un pequeño **cúter**. Como es natural, con dos embarcaciones o con el cúter pescaría mucho más... Un día tendría usted dos cúteres, entonces... —de puro entusiasmo se queda unos segundos sin poder hablar—, entonces se construiría un pequeño depósito frigorífico, tal vez un **ahumadero**, más adelante una fábrica de escabeche, con su propio helicóptero localizaría los bancos de peces y daría instrucciones por radio a sus cúteres. Podría hacerse con los derechos del salmón, abrir un restaurante marinero, exportar la langosta directamente a París, sin intermediarios y luego... —de nuevo el forastero se queda sin poder hablar de puro entusiasmo. Sacudiendo la cabeza, hondamente **atribulado** y perdida ya casi la alegría de las vacaciones, dirige una mirada a la corriente que gira pacífica y en la que saltan alegremente los peces no pescados—, y entonces... —dice, pero una vez más la excitación le deja sin habla. El pescador le da unos golpecitos en la espalda, como a un niño que se ha atragantado.

—Entonces, ¿qué? —pregunta en voz baja.

—Entonces —dice el forastero con plácido entusiasmo—, entonces podría usted estar sentado aquí en el puerto con toda tranquilidad, dormitar al sol... y mirar el magnífico mar.

—¡Pero si eso ya lo hago ahora! —dice el pescador—. Yo me siento tranquilo en el puerto y dormito, solo que sus clics no me han dejado seguir haciéndolo.

En efecto, el turista que había recibido esta enseñanza se fue pensativo, pues antes él también creía que trabajaba para no tener que trabajar más algún día, y no le quedó ni una pizca de compasión por el hombre vestido pobremente, sino solo una cierta envidia.

HEINRICH BÖLL: «Anécdota para disminuir el espíritu de trabajo», en *Ni una sola lágrima por Schmeck y otros relatos* (texto adaptado).

VOCABULARIO

cúter *m.* Tipo de embarcación.

ahumadero *m.* Lugar en el que se somete el pescado a la acción del humo para secarlo y conservarlo.

atribulado, da *adj.* Preocupado.

BARCANOVA EDITORIAL

» ACTIVIDADES

Comprensión de la lectura

1. ¿Dónde sucede la narración? Marca la opción correcta.

- ☐ En una barca.
- ☐ En una playa.
- ☐ En un puerto.
- ☐ En el mar.

2. ¿Qué le propone el turista al pescador? ¿Por qué lo hace?

3. ¿Qué crees que opina el pescador del turista?

4. ¿Qué coincidencias se dan entre el principio y el final de la lectura?

Expresión personal

5. Numera las frases que figuran a continuación siguiendo el orden en que aparecen en la lectura.

- ☐ Abrir un restaurante marinero.
- ☐ Comprar una segunda embarcación.
- ☐ Comprarse un motor.
- ☐ Construir un ahumadero.
- ☐ Construir un depósito frigorífico.
- ☐ Construir una fábrica de escabeche.
- ☐ Exportar langosta.
- ☐ Hacerse con los derechos del salmón.
- ☐ Tener su propio helicóptero.

6. La idea de la vida y de la felicidad que tienen ambos personajes es diferente. ¿Con cuál te identificas tú? ¿Por qué?

7. Inventa tres títulos distintos para el cuento.

8. Completa la siguiente tabla con los adjetivos del recuadro:

ambicioso • impaciente • feliz • pobre
nervioso • sereno • locuaz • tranquilo
inoportuno • sosegado

El turista es...	El pescador es...

9. Relaciona las siguientes expresiones que contienen la palabra *mar* con su significado, que figura a continuación. Tendrás que colocar la letra correspondiente en la casilla blanca.

a) Llovía a mares cuando llegó el autobús.
b) El barco se hizo a la mar inmediatamente.
c) Estaba hecha un mar de lágrimas.
d) El buque naufragó en alta mar.
e) Era una mujer la mar de simpática.
f) Se encuentra en un mar de dudas.

- ☐ muy
- ☐ está totalmente confuso
- ☐ lloraba mucho
- ☐ lejos de la costa
- ☐ abundantemente
- ☐ inició la navegación

10. Completa las siguientes oraciones con estas palabras: *atracó*, *armador*, *astillero*, *flota*, *mástil*, *muelle*, *timón*.

a) El buque ______________ en el puerto sin ningún contratiempo.

b) Subió al altísimo ______________ del barco para vigilar el horizonte.

c) Todos estos barcos descargan su mercancía en el ______________.

d) Dio un golpe de ______________ y cambió el rumbo de la embarcación.

e) La ______________ francesa ha partido en una misión de paz.

f) Este buque tan grande ha sido construido en el ____________ de un ____________ italiano.

11. Un pescador es una persona que pesca por oficio (o afición). ¿A qué oficios o profesiones se refieren las siguientes definiciones?

a) ______________ Persona que cuida y cultiva un jardín.

b) ______________ Persona que hace o vende joyas.

c) ______________ Persona que tiene por oficio cortar y coser trajes.

d) ______________ Persona que por oficio trabaja la madera.

e) ______________ Persona especializada en la instalación de las conducciones de agua.

f) ______________ Persona que tiene por oficio guisar los alimentos.

g) ______________ Persona que se dedica a la albañilería.

h) ______________ Persona que hace o repara cerraduras.

i) ______________ Persona que se dedica a cultivar la tierrra.

12. En el espacio personal de la *web www.barcanova.cat* encontrarás este texto: «Lo que sucedió a una mujer llamada doña Truhana» de don Juan Manuel. Leélo y di con cuál de los dos personajes de la lectura puede relacionarse. Justifica tu respuesta.

____

____

____

____

13. Busca la biografía del autor de la narración y completa la tabla con los datos más importantes.

Fecha y lugar de nacimiento ______________________________ ______________________________
Fecha y lugar de defunción ______________________________ ______________________________
Título de tres de sus obras más conocidas ______________________________ ______________________________ ______________________________
Premios recibidos ______________________________ ______________________________ ______________________________

» TOMA LA PALABRA

Agencia de publicidad

En grupos de 4 o 5, vais a diseñar un anuncio publicitario de una imagen fija para una publicación periódica, un cartel, una valla, etc.

Procedimiento

1. Delimitad las funciones de los integrantes del grupo; por ejemplo: controlar el tiempo, dirigir los trabajos, anotar y dejar constancia del trabajo del grupo y de las responsabilidades de cada miembro, ser portavoz, etc.

2. Decidid qué producto o servicio vais a anunciar. No importa si se trata de un producto real o si preferís inventar uno.

3. Buscad anuncios en revistas y periódicos y en internet. Analizad la imagen y el texto informativo y otros elementos que destaquen en cuanto a su elaboración. Podéis seleccionar algunos anuncios para usarlos de modelo.

4. Determinad los siguientes elementos del anuncio:
   - Nombre del producto.
   - Marca comercial.
   - Público al que se dirige: edad, sexo, situación social y económica, etc.
   - Valores asociados: culturales, sociales, etc.

5. Inventad el eslogan y redactad el texto que informará de las características esenciales del producto. Planificad la redacción, revisadla y corregidla. Poned especial atención en evitar las faltas de ortografía.

6. Elaborad la parte gráfica con la ayuda de algún programa informático: imágenes (tipo de plano, angulación, colores, distribución), gráficos, logo, tamaño y forma de la letra, etc. Podéis utilizar, por ejemplo, *www.canva.com*

7. ✓ Cuando el trabajo esté terminado, lo presentaréis y explicaréis a vuestros compañeros. Para ello, tendréis que preparar una breve exposición oral que recoja tanto el proceso de elaboración como el trabajo en sí.

8. Podéis exponer vuestros anuncios en un mural o publicarlos en el blog del aula.

Asociación para la promoción del consumo de frutas y hortalizas «5 al día» *www.5aldia.org.*

» DILO POR ESCRITO

Objetivos de Desarrollo Sostenible: Acción por el clima

Los Objetivos de Desarrollo Sostenible (ODS) fueron acordados en 2015 por todos los estados miembros de la ONU (Organización de las Naciones Unidas) como un llamamiento universal para poner fin a la pobreza, proteger el planeta y garantizar que todas las personas gocen de paz y prosperidad en 2030.

En esta actividad vas a redactar **consejos** y **recomendaciones** para contribuir con acciones cotidianas a la consecución del objetivo «Acción por el clima».

Procedimiento

a) Infórmate sobre los Objetivos de Desarrollo Sostenible y contesta a las siguientes preguntas:

¿Cuántos ODS hay? ¿En qué organismo internacional se han formulado y acordado?

En general, ¿a qué aspectos o esferas de la vida se refieren los ODS? Explícalo con tus palabras.

¿Cuál es el objetivo número 13? Copia su título y el texto que explica en qué consiste.

b) En el espacio personal de la web *www.barcanova.cat* encontrarás el documento «Guía de los vagos para salvar el mundo». Consúltalo y copia una de las muchas recomendaciones que contiene.

Manos a la obra

Fíjate en los iconos de la página siguiente. Para cada uno de ellos, tienes que redactar recomendaciones o consejos que indiquen al lector cómo debe actuar para contribuir a alcanzar los ODS.

Ejemplo:

AHORRO ENERGÉTICO

Es necesario desconectar los aparatos eléctricos cuando no se usan.
Hay que apagar las luces al salir de una habitación.

Cómo ayudar a alcanzar los ODS

Expresiones para redactar consejos y recomendaciones:

No deje / Deje
Desconecte
Tiene que / No tiene que
Hay que / No hay que
Es conveniente / Conviene / Es necesario
No es conveniente / No conviene / No es necesario
Se debe / No se debe
Debemos / No debemos
Se puede / No se puede
Tenemos que / No tenemos que

» LENGUA Y SOCIEDAD

1. La publicidad

La **publicidad** consiste en la difusión de información sobre un producto o servicio para atraer a un posible comprador, usuario, etc. Se pretende convencer al receptor de que consuma un producto o realice una determinada acción.

La publicidad, un proceso comunicativo

En la publicidad están presentes los siguientes elementos de la comunicación:

- **Emisor:** la empresa anunciante, la Administración, etc.
- **Receptor:** el consumidor.
- **Mensaje:** el contenido del anuncio.
- **Código:** visual, auditivo o ambos.
- **Canal:** medios de comunicación.
- **Contexto:** valores sociales, culturales, intereses, etc.

1.1. Tipos de publicidad

Según el contenido y la finalidad de la publicidad, esta se clasifica del siguiente modo:

- **Publicidad comercial:** intenta vender sus productos o servicios. La llevan a cabo las empresas y su finalidad es conseguir un beneficio económico.
- **Publicidad institucional:** pretende promover o modificar determinados hábitos y comportamientos. La promueven instituciones privadas o entidades públicas.
- **Publicidad o propaganda política:** transmite ideas políticas.

1.2. El mensaje publicitario

El soporte habitual del mensaje publicitario es el **anuncio**, que pretende armonizar los aspectos visuales y los lingüísticos.

<table>
<tr><td>ASPECTOS VISUALES</td><td colspan="3">La imagen es un elemento primordial de la publicidad. Los publicistas juegan con las tonalidades, los encuadres, las focalizaciones, etc. para asociar determinados valores al producto anunciado y hacerlo atractivo y sugerente para el receptor.</td></tr>
<tr><td rowspan="3">ASPECTOS LINGÜÍSTICOS</td><td rowspan="3">Se distinguen tres elementos:</td><td>Eslogan</td><td>Frase breve, atractiva y fácil de recordar.</td></tr>
<tr><td>Marca</td><td>Elemento identificativo de un producto o empresa. Suele ir acompañada de un logotipo que permite con facilidad su reconocimiento e identificación.</td></tr>
<tr><td>Cuerpo del texto</td><td>Parte informativa en la que se describen las características del objeto o servicio.</td></tr>
</table>

» ACTIVIDADES

14. Señala qué recursos expresivos se han empleado en la creación de los siguientes eslóganes. Tendrás que colocar la letra correspondiente en la casilla blanca.

a) Odorín. Los calcetines que comen olores.
b) TVReal. No imagines la calidad, vive la realidad.
c) Champú rey. La corona es tu pelo.
d) ¿Tienes mucho y quieres poco? Ven al Gym Nasio.
e) Tan sano como la naturaleza. Pan Verdadero
f) Las grandes ideas,
las grandes ocasiones,
las grandes decisiones.
Banco Despierta
g) Colección Lectura: la mejor aventura

☐ Comparación
☐ Personificación
☐ Aliteración
☐ Antítesis
☐ Metáfora
☐ Anáfora
☐ Rima

15. Inventa un eslogan publicitario para los siguientes productos o servicios:

a) Animación a la participación en un viaje escolar de fin de curso.

____

b) Asistencia a la final de la liga regular de un equipo escolar mixto de baloncesto.

____

16. Explica las ventajas que tiene la publicidad en internet. Céntrate en estos puntos: visibilidad y alcance, variedad de formatos, costes, rapidez e inmediatez.

____

____

____

____

17. ✓ Observa este anuncio y contesta las preguntas que figuran a continuación:

a) En este anuncio se juega con palabras propias de la política (*candidatos*, *primeras elecciones*, *salir elegido*). ¿Se trata de publicidad comercial, propaganda política o publicidad institucional? Justifica la respuesta.

____

____

b) Indica quiénes son el emisor y el receptor del mensaje y qué se quiere transmitir.

____

____

c) ¿Qué se ve en la fotografía?

____

____

d) ¿Por qué crees que se ha usado una imagen en blanco y negro?

____

e) ¿Dónde está situado el texto informativo? ¿Con qué intención?

____

f) ¿Te parece que este anuncio cumple el objetivo que el emisor se ha propuesto? Razona la respuesta.

____

____

» LITERATURA

1. El Barroco

El **Barroco** es un movimiento cultural que se desarrolló en Europa a lo largo del siglo XVII.

1.1. Contexto histórico

Durante el siglo XVII reinaron Felipe III (1598-1621), Felipe IV (1621-1665) y Carlos II (1665-1700). Tras el fallecimiento de Carlos II, que muere sin descendencia, se inicia la guerra de Sucesión.

Los monarcas ceden el gobierno de España a sus **validos** o **favoritos**, una suerte de primeros ministros que gobiernan en nombre del rey. Por otro lado, España pierde su hegemonía en Europa tras numerosos desastres militares y políticos.

A nivel social, se produce un fuerte **retroceso demográfico** como consecuencia de las epidemias, del hambre, de las malas cosechas, de las guerras y de la emigración hacia el continente americano.

La **intolerancia religiosa** se acentúa en España derivada del espíritu de la Contrarreforma que se había impuesto en el país desde el Concilio de Trento (1545-1563). De este modo, España regresa a pensamientos y comportamientos medievales, abandona cualquier investigación científica y racional, y persigue toda creencia o pensamiento distinto a los de la doctrina católica.

La sociedad se divide entre **cristianos viejos** (aquellos que pueden acreditar una ascendencia alejada de cualquier origen judío o musulmán) y **cristianos nuevos** o **conversos**, mal vistos y puestos siempre en entredicho y bajo sospecha.

Las meninas, o *La familia de Felipe IV*, es una de las obras más conocidas de Velázquez, uno de los genios de la pintura barroca.

¿SABÍAS QUE...?

A diferencia del Renacimiento (siglo XVI), el Barroco es un período de crisis general en toda Europa que contrasta con un movimiento artístico esplendoroso.
El Renacimiento (siglo XVI) y el Barroco (siglo XVII) constituyen los llamados **Siglos de Oro** de las artes y las letras en España.

Contrastes y desigualdades sociales

- La **nobleza** y **clero**, exentos de impuestos y libres de cualquier obligación laboral, hacen ostentación de sus riquezas y de sus privilegios.
- La **burguesía**, de creciente poder económico, aspira a alcanzar las prerrogativas de los nobles.
- Las **clases populares** soportan todas las cargas fiscales y se empobrecen.
- Los **menesterosos** huyen del campo o regresan de las guerras, y van a la ciudad, sin oficio.

¿SABÍAS QUE...?

La **Inquisición** fue la institución eclesiástica encargada de hacer cumplir los valores religiosos contrarreformistas.
En la práctica, su actividad, a menudo acompañada de persecuciones, torturas y muertes, combatió cualquier forma de racionalismo.

» ACTIVIDADES

18. Completa las siguientes oraciones según sea conveniente:

a) Los dos Siglos de Oro de las artes y las letras abarcan el Renacimiento y el…

b) Durante el siglo XVII reinaron en España…

c) Los monarcas cedieron el gobierno a sus…

d) Las clases sociales que no pagaban impuestos eran…

e) La Inquisición trató de hacer cumplir…

f) Los cristianos viejos eran aquellas personas que…

19. En la siguiente pirámide, escribe los nombres de los diferentes estamentos sociales de la época según corresponda:

REY	CLERO	NOBLEZA
TERCER ESTADO: burguesía, clases populares urbanas, campesinado, menesterosos		

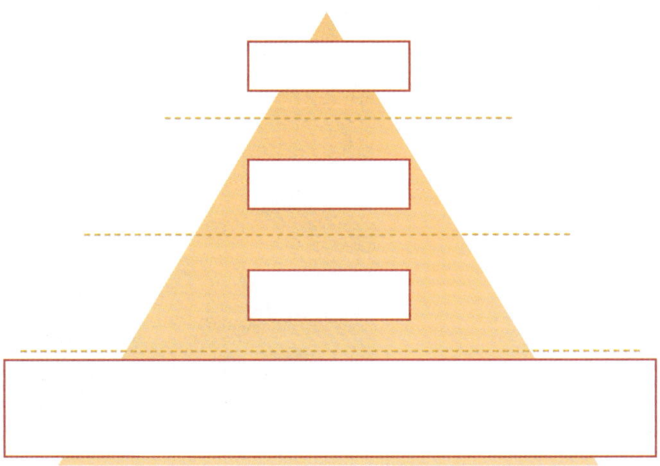

20. Lee el siguiente texto de Arturo Pérez Reverte y contesta a las preguntas que se plantean a continuación.

> En un tiempo en que los toros y el teatro movilizaban por igual al pueblo que a la nobleza, y donde la comedia se estimaba con verdadera pasión, yendo mucho a ganar y a perder en cada estreno, hasta los más consagrados autores dedicaban la loa inicial a ganarse el favor de [los mosqueteros,] ese público ruidoso y descontentadizo:
>
> *Estos que tienen ya el hacer por gala*
> *que sea una comedia buena o mala.*
>
> Y lo cierto es que en aquella pintoresca España nuestra, tan extrema en lo bueno como en lo malo, ningún médico era castigado por matar al enfermo con sangrías e incompetencia, ningún letrado perdía el ejercicio de su oficio por enredador, corrupto e inútil, ningún funcionario real se veía privado de sus privilegios por meter la mano en el arca, pero no se perdonaba a un poeta errar con sus versos y no dar en el blanco. Que a veces parecía holgarse más el público con las comedias malas que con las buenas; pues en las segundas se limitaba a disfrutar y aplaudirlas, sin otro aliciente, mientras que las primeras permitían silbar, hablar, gritar e insultar, […] etcétera. Los más ruines tarugos alardeaban de entendidos, y hasta las dueñas y maritornes hacían sonar las llaves en la cazuela, dándoselas de versadas y discretas. Y así dábase rienda a una de las mayores aficiones de los españoles, que es vaciar la hiel amargada por los malos gobiernos mostrándose bellacos en la impunidad del tumulto. Pues de todos es sabido que Caín, naturalmente, fue hidalgo, cristiano viejo y nació en España.
>
> ARTURO PÉREZ REVERTE: *El caballero del jubón amarillo.*

a) Según el texto, ¿qué actividades entretenían al pueblo y a la nobleza?

- ☐ los toros
- ☐ los bailes
- ☐ los concursos de poesía
- ☐ la caza
- ☐ el teatro
- ☐ el carnaval

b) Anota por qué son criticados en el texto:

- los médicos: ____________
- los letrados: ____________
- los funcionarios reales: ____________

1.2. La cultura y el arte barrocos

El **Barroco** se caracteriza por un marcado **pesimismo** y una profunda **desconfianza** que surgen como consecuencia del desmoronamiento político-social, económico y moral del país. Durante la época, se prodigan las reflexiones producto de una visión pesimista y desengañada del mundo alejada del optimismo renacentista:

- Se acentúa la conciencia de la **brevedad de la vida** y el implacable **paso del tiempo** (*tempus irreparabile fugit*)): vivir es caminar un sendero de ruina y fracaso que conduce hacia la muerte, única liberadora de las penas mundanales.
- El mundo es visto como un breve y falso **sueño** del que se ha de despertar (*vita somnium*), o como una **obra de teatro** que el hombre representa a lo largo de su vida (*vita theatrum*).

El arte barroco es producto de tres factores:

a) La **crisis** de los **valores estéticos** del siglo anterior.
b) Un incremento progresivo de **artificiosidad** y **complicación** en las obras.
c) La **voluntad individualista** de estilo del autor. De este modo, al equilibrio, serenidad y naturalidad renacentistas les sucede una estética al margen de las normas clásicas que favorece el desequilibrio, la exageración y el contraste.

Florecimiento cultural en el Barroco

La decadencia social y económica convive paradójicamente con el florecimiento cultural y la extraordinaria calidad de las obras artísticas barrocas.

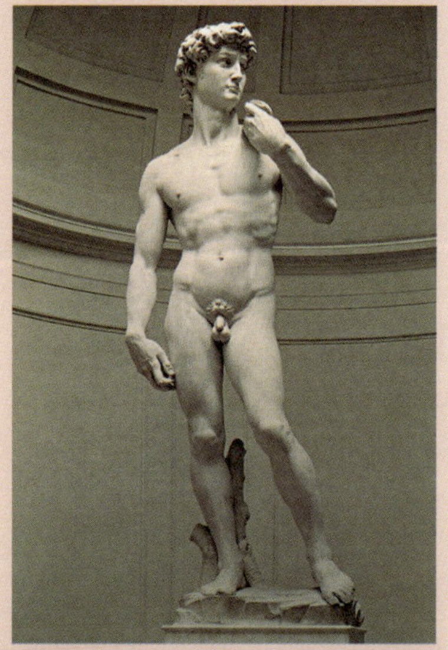

1.3. La literatura en el Barroco

En general, la literatura barroca oscurece y retuerce la estética: en las obras abundan el **contraste**, la **desproporción**, el **recargamiento** y, en definitiva, cualquier hallazgo que complique el estilo y lo aleje de la naturalidad renacentista. Los autores exprimen las posibilidades del lenguaje para conseguir **efectos llamativos** y sorprendentes mediante asociaciones inesperadas, invenciones de palabras, estructuras sintácticas audaces, etc.

LITERATURA ESPAÑOLA DEL BARROCO: GÉNEROS Y PRINCIPALES AUTORES

LÍRICA	NARRATIVA	TEATRO
Poesía culta y popular Luis de Góngora (culteranismo) Francisco de Quevedo (conceptismo) Lope de Vega	Miguel de Cervantes Novela picaresca: Francisco de Quevedo, Mateo Alemán Prosa didáctica: Baltasar Gracián	Lope de Vega (comedia española) Pedro Calderón de la Barca Tirso de Molina

» ACTIVIDADES

21. Clasifica las siguientes características según pertenezcan al Barroco o al Renacimiento:

naturalidad • artificiosidad • equilibrio
clasicismo • extrañeza • desproporción
desequilibrio • contraste

Renacimiento	Barroco

22. Investiga y anota a qué disciplina artística (pintura, escultura o música) se dedicaron los siguientes artistas barrocos:

a) Velázquez

b) Caravaggio

c) Rubens

d) Bernini

e) Zurbarán

f) Händel

g) Rembrandt

h) Bach

i) Vivaldi

j) Murillo

23. Lee el fragmento del siguiente poema de Francisco de Quevedo. Ten en cuenta que es una silva en la que el poeta se dirige a un reloj de arena:

[...] Pero si acaso por oficio tienes
el contarme la vida,
presto descansarás, [...]
pues, con pie doloroso,
mísero peregrino,
doy cercos a la negra sepultura.
Bien sé que soy aliento fugitivo;
ya sé, ya temo, ya también espero
que he de ser polvo, como tú, si muero,
y que soy vidrio, como tú, si vivo.

Francisco de Quevedo:
Poesía original completa.

a) ¿Por qué le dice al reloj de arena que pronto (*presto*) descansará?

b) ¿Qué significa «doy cercos a la negra sepultura»?

c) Explica la comparación del penúltimo verso.

d) ¿Por qué el poeta dice que es vidrio, como el reloj de arena, si vive?

e) Justifica que este poema es representativo del pensamiento barroco.

» GRAMÁTICA

1. Los complementos verbales (II)

1.1. El complemento directo (CD)

El **complemento directo** es un sintagma nominal (o un sintagma preposicional introducido por la preposición *a*) que exigen los verbos transitivos para completar su significado.

He visto un yate estupendo en el puerto. (*un yate estupendo*: CD) *He visto a Ruth en el teatro.* (*a Ruth*: CD)

Se admite el uso del pronombre *le* para designar a un CD de persona masculino y singular. Ej.: *Ayer **lo** vi en la calle* (uso correcto y preferible). *Ayer le vi en la calle* (uso aceptado).

COMPLEMENTO DIRECTO	
Es un sintagma nominal. Si el CD es de persona, animal o cosa personificada, se le antepone la preposición *a*.	*El operario colocó **la reja** en su lugar.* *Detuvieron **a los delincuentes** en el parque.*
Cuando se refiere a la tercera persona, puede sustituirse por los pronombres *lo, la, los, las*.	*El operario **la** colocó en su lugar.* ***Los** detuvieron en el parque.*
El CD puede repetirse cuando se antepone al verbo. En estos casos no es que haya dos CD, sino que hay uno duplicado.	***La reja la** colocó el operario en su lugar.* ***A los delincuentes los** detuvieron en el parque.*
Si la oración se puede transformar en pasiva, el CD pasa a ser el sujeto paciente de la oración pasiva.	***La reja** fue colocada por el operario en su lugar.* ***Los delincuentes** fueron detenidos en el parque.*
El CD puede presentar otras formas pronominales diferentes a *lo, la, los, las*: *me, te, se, nos, os*.	*El médico **me** visitó el martes.*

1.2. El complemento indirecto (CI)

El **complemento indirecto** es un sintagma preposicional introducido por la preposición *a* que designa al destinatario de la acción verbal.

Los ladrones robaron las llaves a Luis. (*a Luis*: CI)

Cuando el CD y el CI se sustituyen al mismo tiempo por pronombres personales de tercera persona, los pronombres *le* y *les* se transforman en *se*: *Los hijos enviaron regalos a su madre. Los hijos **se los** enviaron.*

COMPLEMENTO INDIRECTO	
Es un sintagma preposicional introducido por la preposición *a*.	*El presidente entregó un premio **a los invitados**.*
Cuando se refiere a la tercera persona, puede sustituirse por los pronombres *le* y *les*.	*El presidente **les** entregó un premio.*
El CI puede repetirse cuando se antepone al verbo. En estos casos no es que haya dos CI, sino que hay uno duplicado.	***A los invitados les** entregó un premio el presidente.*
El CI puede presentar otras formas pronominales diferentes a *le* y *les*: *me, te, se, nos, os*.	***Te** dejaré mi nueva chaqueta para la fiesta.*

» ACTIVIDADES

24. Completa las definiciones siguientes según se refieran al complemento directo o al complemento indirecto:

a) El ______________ es un sintagma nominal (o un sintagma preposicional introducido por la preposición *a*) que exigen los verbos transitivos para completar su significado.

b) El ______________ es aquel sintagma preposicional (preposición *a* + SN) que representa al destinatario de la acción verbal.

25. Ordena las palabras de cada recuadro de forma que den lugar a una oración:

la península Ibérica encinas, robles y castaños antiguamente poblaban
durante la juventud ya mayor, se arrepintió de su comportamiento Severo
historias de la guerra a sus nietos y sobrinos contaba el abuelo
vi con compañía la en el supermercado a Mercedes
nos durante las vacaciones tus saltos de trampolín maravillaban

26. Subraya el CD en las siguientes oraciones.

a) Escuchó con atención la melodía.
b) La nieve cubrió esa tarde el pueblo.
c) Los turistas visitaban la catedral.
d) Convocaron a Luis a una reunión.

27. Escribe las oraciones de la actividad anterior sustituyendo el CD por el pronombre *lo*, *la*, *los* o *las*, según corresponda.

____

____

____

____

28. Escribe un CI para las siguientes oraciones:

a) Envió una nota ______________

b) Remedios pintaba las uñas ______________

c) Vendieron todas sus pertenencias ______________

____

d) Marcos regaló un dron ______________

29. En las siguientes oraciones indica cuál de los complementos subrayados es el complemento directo (CD) y cuál es el indirecto (CI):

a) María envió un regalo a sus padres.

____

b) El cónsul ofreció una recepción a los empresarios.

____

c) Había devuelto los patines a sus dueños.

____

d) He cedido mis datos personales a esa institución.

____

30. Subraya en las siguientes oraciones el CD y el CI y sustitúyelos por sus correspondientes pronombres. Sigue el ejemplo:

La empresa suministraba medicamentos (CD) *a las farmacias* (CI).

CD: La empresa los suministraba a las farmacias.
CI: La empresa les suministraba los medicamentos.
CD y CI: La empresa se los suministraba.

a) El club había regalado entradas a los socios.

CD: ______________

CI: ______________

CD y CI: ______________

b) La radio transmitió la información a los oyentes.

CD: ______________

CI: ______________

CD y CI: ______________

1.3. El complemento de régimen (CR)

El **complemento de régimen** preposicional es un sintagma preposicional que exigen algunos verbos para completar su significado: *dudar de, preocuparse por, tratar de, acordarse de, soñar con...*

Los jugadores se avergonzaron de sus resultados.
CR

COMPLEMENTO DE RÉGIMEN	
Es siempre un sintagma preposicional introducido por las preposiciones *a, de, en* o *con*...	*Sueña* ***con el éxito****.* *Solo piensa* ***en su novia****.*

El CC no viene exigido por el verbo (a diferencia, por ejemplo, del CR); por tanto, puede suprimirse de la oración sin que esta pierda sentido. Así, en la oración *En verano nos bañamos todos los días en la piscina*, podemos eliminar todos los complementos circunstanciales y la oración continúa teniendo sentido: *Nos bañamos*.

1.4. El complemento circunstancial (CC)

El **complemento circunstancial** expresa las circunstancias en las que se desarrolla la acción verbal. Estas pueden ser muy variadas: de lugar, de tiempo, de modo, de causa, de finalidad...

En verano nos bañamos todos los días en la piscina.
CC CC CC

COMPLEMENTO CIRCUNSTANCIAL	
Puede ser un SAdv, un SPrep o un SN.	*Camina* ***sigilosamente****;* ***Cada tres años*** *se celebra la romería; Vive* ***en Extremadura****.*
Generalmente, los CC de tiempo, de lugar y de modo pueden sustituirse por adverbios. El resto, no.	***Entonces*** *se celebra la romería; Vive* ***allí****; Camina* ***así****.*
Además de los complementos circunstanciales de lugar, tiempo y modo, existen otros tipos: de cantidad, de finalidad, de causa, de compañía, de instrumento...	*Nos gusta* ***mucho*** *el salmón.* (Cantidad) *Tomaba notas* ***para su próxima novela****.* (Finalidad) *Miró el accidente* ***por curiosidad****.* (Causa) *Salieron al patio* ***con sus amigos****.* (Compañía) *Rompió la ventana* ***con una lámpara****.* (Instrumento)

1.5. El complemento agente (CAg)

El **complemento agente** es un SPrep, introducido por la preposición *por*, que indica quién realiza la acción de una oración pasiva.

Los archivos fueron recuperados por el experto informático.
CAg

COMPLEMENTO AGENTE	
Es un SPrep introducido por la preposición *por*.	*Justo en ese momento fue descubierto* ***por su padre****.*
Si transformamos la oración pasiva en activa, el complemento agente se convierte en sujeto.	*Los artistas fueron vitoreados* ***por el público****.* *El público vitoreó a los artistas.*

» ACTIVIDADES

31. Relaciona estas oraciones con el complemento de régimen adecuado.

a) Nunca renunció...
b) Nos acostumbramos con facilidad...
c) En la televisión hablaban...
d) El libro trataba...
e) Se opuso...
f) Soñaba...

☐ a sus convicciones más íntimas.
☐ al descanso.
☐ del fallido golpe de estado.
☐ a todas nuestras peticiones.
☐ con ese viaje a Argentina.
☐ de política y de economía.

32. Subraya los complementos de régimen de las siguientes oraciones y escribe a continuación el verbo de la oración junto con la preposición que rige. Fíjate en el ejemplo:

El abogado se ocupará de todos los asuntos.

Verbo y preposición: *ocuparse de*

a) En los momentos de dificultad recurrieron a la familia.

Verbo y preposición: ____________

b) Ya me he olvidado de su nombre.

Verbo y preposición: ____________

c) Confía siempre en nosotros.

Verbo y preposición: ____________

d) Piensa solo en ella misma.

Verbo y preposición: ____________

33. Completa las siguientes oraciones con un complemento agente inventado por ti.

a) Los representantes sindicales han sido recibidos ____________

b) Las botellas vacías fueron recogidas ____________

34. Escoge la preposición que exige el verbo en las siguientes oraciones: *a*, *de*, *con*, *en*.

a) El meteorólogo acertó ______ el pronóstico.

b) Ahora solo queda apechugar ______ las consecuencias.

c) Se burlaban ______ sus últimas actuaciones.

d) Solo contaba ______ Isabel.

e) El entrenador renunció ______ su cargo.

f) Murmuraba ______ los ausentes en cuanto se iban.

g) Los jóvenes del pueblo simpatizaban ______ sus ideas.

h) No te acostumbres ______ esas actitudes.

35. Marca de qué tipo son los complementos circunstanciales de estas oraciones:

a) Mi nuevo móvil funciona perfectamente.
☐ CC Tiempo ☐ CC Causa ☐ CC Modo

b) Por esa calle circulan muchos vehículos.
☐ CC Causa ☐ CC Lugar ☐ CC Modo

c) Rasgué el envoltorio con un cuchillo.
☐ CC Causa ☐ CC Modo ☐ CC Instrumento

d) No lo hizo por miedo.
☐ CC Instrumento ☐ CC Causa ☐ CC Tiempo

e) Vive cerca de mi casa.
☐ CC Instrumento ☐ CC Lugar ☐ CC Tiempo

36. Localiza todos los complementos circunstanciales de estas oraciones e indica de qué tipo son:

a) Me gustó mucho tu dibujo. ____________

b) En estos momentos ya no queda nadie aquí. ____________

c) Al cabo de unos minutos ella se levantó con prisa. ____________

d) Patinaba a todas horas por el hielo del lago. ____________

e) Desde la cima verás toda la cordillera. ____________

1.6. Clasificación de las oraciones según su predicado

ATRIBUTIVAS O COPULATIVAS	Tienen un **verbo copulativo** (o semicopulativo) que, junto al atributo, conforma un predicado nominal. Ej.: *Sara está nerviosa. El viejo boxeador se mantiene fuerte.*
PREDICATIVAS	Tienen como núcleo un **verbo predicativo** y, como consecuencia, el predicado es verbal. Ej.: *La florista vende claveles y azucenas de oferta toda la semana.*
ACTIVAS	Aquellas en las que el sujeto realiza la acción verbal. Ej.: *El caballo galopa veloz por la pradera.*
PASIVAS	La **pasiva perifrástica** es aquella oración que se construye con un sujeto pasivo y con un verbo en voz pasiva, es decir, con el verbo auxiliar *ser* conjugado más el participio del verbo. Ej.: *Los documentos serán organizados en archivos más funcionales. El examen fue revisado por el coordinador.* Puede aparecer o no un CAg. La **pasiva refleja** tiene también sujeto paciente, pero el verbo presenta forma activa (aunque su significado sea pasivo) precedido de la partícula *se*. No tiene habitualmente CAg. Ej.: *Se compran máquinas agrícolas de cualquier tipo. La cosecha de aceitunas se recolectó la primera quincena de enero.*
TRANSITIVAS	Las **transitivas** son aquellas oraciones cuyo verbo complementa su significado con un CD. *El pastelero vende tartas deliciosas.*
INTRANSITIVAS	Las oraciones **intransitivas** no necesitan CD. *Lendínez corría veloz en el estadio.*
REFLEXIVAS	En las oraciones **reflexivas**, el sujeto realiza y recibe la acción verbal. Se pueden reconocer porque admiten expresiones como *a mí mismo, a ti mismo, a sí mismo*... En estas oraciones siempre hay un pronombre personal (*me, te, se, nos, os*) que se refiere al sujeto y que funciona como CD o como CI. Ej.: ***Nos** cepillamos los dientes todas las mañanas. Elvira **se** pinta las uñas. ¿Tú **te** has visto en el espejo?*
RECÍPROCAS	En las oraciones **recíprocas**, la acción se intercambia entre las personas o seres que forman el sujeto. Pueden identificarse porque aceptan la inclusión de expresiones como *entre ellos, el uno al otro, mutuamente*, etc. Estas oraciones también tienen siempre un pronombre personal (*nos, os, se*) funcionando como CD o como CI. Ej.: *Toro y torero **se** miraron fijamente a los ojos. Los novios **se** abrazaron bajo el castaño. ¿Vosotros **os** queréis?*
IMPERSONALES	Las oraciones **impersonales** son aquellas que no tienen sujeto o se desconoce quién es. Pueden ser: • **Unipersonales:** El verbo se refiere a fenómenos atmosféricos o meteorológicos: *Llovió a cántaros.* • **Gramaticalizadas:** Se construyen con el verbo *haber, hacer* o *ser*. *Ayer hubo fiesta en el quinto piso. Hace frío por las mañanas. Es tarde.* • **Reflejas:** Se construyen con *se*. *Se vive bien en Castelldefels.* • **Eventuales:** Se construyen con verbos en tercera persona del plural: *Han llamado a la puerta.*

» ACTIVIDADES

37. Indica en cada par de oraciones cuál es la oración copulativa y cuál es la oración predicativa.

a) predicativa **b)** copulativa

☐ El agua estaba muy limpia y muy fría.
☐ Limpió con agua la mancha de la chaqueta.

☐ El planeta Saturno es mayor que la Tierra.
☐ Hemos estudiado los planetas del sistema solar.

☐ Pintó varios autorretratos.
☐ Este cuadro parece un autorretrato.

38. Transforma las oraciones activas a pasivas y, después, a pasivas reflejas. Observa el ejemplo:

- Activa: *Roberto presentó un nuevo producto en la Feria de la Tecnología.*
- Pasiva: *Un nuevo producto fue presentado por Roberto en la Feria de la Tecnología.*
- Pasiva refleja: *Se presentó un nuevo producto en la Feria de la Tecnología.*

a) El policía ordenó el desalojo inmediato del local.

- Pasiva: ____________________
- Pasiva refleja: ____________________

b) Han inaugurado una exposición en esa galería de arte.

- Pasiva: ____________________
- Pasiva refleja: ____________________

c) Los cazadores habían visto muchos jabalíes.

- Pasiva: ____________________
- Pasiva refleja: ____________________

d) Reventaron la puerta de la entrada.

- Pasiva: ____________________
- Pasiva refleja: ____________________

e) Puso los tomates en las cestas.

- Pasiva: ____________________
- Pasiva refleja: ____________________

39. Escribe oraciones con estos verbos y indica si se trata de oraciones transitivas o intransitivas:

a) *mentir* ____________________

Tipo de oración: ____________________

b) *regalar* ____________________

Tipo de oración: ____________________

c) *romper* ____________________

Tipo de oración: ____________________

d) *respirar* ____________________

Tipo de oración: ____________________

e) *cerrar* ____________________

Tipo de oración: ____________________

f) *trabajar* ____________________

Tipo de oración: ____________________

g) *dividir* ____________________

Tipo de oración: ____________________

40. Di si las siguientes oraciones son reflexivas o recíprocas:

a) reflexivas **b)** recíprocas

☐ Los enemigos se odiaban a muerte.
☐ Los compañeros de clase se tienen mucho cariño.
☐ He peinado a mi hermana pequeña antes de salir.
☐ Carlitos ya se peina él solo.
☐ Ana y Eduardo se dijeron adiós.
☐ En las colonias nos duchábamos por la noche.

41. Indica qué oraciones son impersonales.

☐ Nevó toda la noche sin cesar.
☐ Hubo tres sorpresas mayúsculas esa noche.
☐ ¿Me viste en el cine?
☐ Todavía hacía demasiado calor.
☐ Se vive bien en Tarragona.
☐ Nos envió un mensaje.

» LÉXICO

1. Locuciones verbales y frases hechas

Una **locución** es un grupo de palabras con sentido unitario. Su significado no es la suma literal de los significados de los términos que la forman. Además, no se puede cambiar el orden de las palabras que la forman ni intercalar otro vocablo entre ellas.

Existen locuciones de distintos tipos: prepositivas, conjuntivas, nominales, adjetivales... Así, *rumbo a* es una locución prepositiva equivalente a *hacia*; *sin embargo* corresponde a *pero*; *tal vez*, a *quizás*, etc.

Son muy habituales en la lengua las **locuciones verbales**, es decir, aquellos grupos fijos de dos o más palabras que funcionan semántica y sintácticamente como un solo verbo. Ej.: *andar de capa caída* significa 'padecer retroceso en bienes, fortuna o salud'; *dejar correr* algo es 'permitirlo, tolerarlo o disimularlo'.

Una **frase hecha** es una frase o expresión con forma fija y sentido figurado que es de uso común para la mayoría de los hablantes de un idioma. Ej.: *coger el rábano por las hojas* significa 'interpretar algo equivocadamente, confundiendo lo accesorio con lo fundamental'.

¿SABÍAS QUE...?

Los **refranes** son sentencias breves y anónimas que presentan un contenido moral o ejemplificador. Ej.: *A buen hambre no hay pan duro. A grandes males, grandes remedios.*

» ACTIVIDADES

42. Relaciona las oraciones con las locuciones verbales correspondientes.

a) Jugaron tan mal que...
b) Los médicos le recomendaron que...
c) No fue en absoluto cobarde y...
d) Saltó la valla del huerto y...
e) Tras la reprimenda, no le tocó otra que...
f) Tras las vacaciones, tendrá que...

☐ agachar las orejas y callarse.
☐ cambiara de aires.
☐ dio la cara ante los demás.
☐ fue pan comido ganarles.
☐ ponerse al corriente de todo.
☐ salió por piernas.

43. Escribe una oración en la que se aprecie con claridad el significado de estas frases hechas:

a) sentar la cabeza

b) dar en el clavo

c) haber gato encerrado

44. Rodea el elemento que se relaciona con el verbo de la columna izquierda. Después, explica su significado.

atar	cuerdas / vistas / cabos
entrar	en razón / en salón / en vista
bajar	las escaleras / la baqueta / la guardia
cogerse	las piernas / los dedos / los ojos

45. Ordena las palabras de cada bloque y obtendrás una frase hecha. A continuación, explica su significado:

a)	b)	c)	d)	e)
hierba	rábano	boca	por	Valencia
muere	hojas	la	gato	en
nunca	por	agua	liebre	luna
mala	tomar	hacerse	dar	estar
	el			la
				de

a)
b)
c)
d)
e)

46. Relaciona los siguientes refranes y explica su significado:

a) A la tercera...
b) Antes de hacer nada...
c) Si dices las verdades...
d) Casa con dos puertas...
e) De lo que no veas...
f) El que siembra vientos...

☐ pierdes las amistades.
☐ ni la mitad creas.
☐ va la vencida.
☐ mala es de guardar.
☐ consúltalo con la almohada.
☐ recoge tempestades.

» ORTOGRAFÍA

1. La *r* y la *rr*

PRINCIPALES NORMAS DE USO DE LA *R* Y *RR*	EJEMPLOS
La doble *rr* solo se escribe entre vocales. Las palabras como *alrededor* o *enredar* no se escriben con *rr*.	*correr, perro, carro*
En las palabras derivadas y compuestas cuyo primer elemento acaba en vocal y el segundo empieza por *r* se escribe doble *rr*.	*guarda + ropa = guardarropa*
En las palabras que empiezan por *r*, si se les añade el prefijo *in-*, la *r* se duplica y la *n* desaparece.	*in + regular = irregular*

2. La *s* y la *x*

PRINCIPALES NORMAS DE USO DE LA *S* Y *X*	EJEMPLOS
Se escribe *x* entre la *e* de principio de palabra y cualquier otra vocal o *h*. Excepciones: *esencia* y derivados.	*examen, exhibir*
Se escribe *x* entre la *e* de principio de palabra y los grupos *pl* y *pr*. Excepción: *esplendor* y *espléndido*.	*expresión, explorar*
En muchas palabras del vocabulario habitual que empiezan por *es-* o *ex-* resulta difícil formular una sola regla ortográfica para distinguirlas	*escalera, esclavo, espacio, estratégico*, pero también *excavar, excluir, expansión, extremo*

Ficha ortográfica

CASTELLANO	CATALÁN
Conjunción copulativa: *y* *Blanco y negro.*	Conjunción copulativa: *i* *Blanc i negre.*
Conjunción adversativa: *pero* *Vendrá pero no sabemos cuándo.*	Conjunción adversativa: *però* *Vindrà però no sabem quan.*
No se acentúan las formas verbales del verbo *ser*: *es, son.* *Son las ocho: es hora de desayunar.*	Se acentúan las formas verbales del verbo *ser*: *és, són.* *Són les vuit: és l'hora d'esmorzar.*
En los verbos de la 1.ª conjugación, la terminación del pretérito imperfecto es *–aba*: *cantaba, bailaba, caminaba.*	En los verbos de la 1.ª conjugación, la terminación del pretérito imperfecto es *–ava*: *cantava, ballava, caminava.*
Palabras con diferencias ortográficas: *cambiar, gobierno, prueba, nube, móvil, cuaderno, cuarenta, clase, invierno, sencillo, extranjero, contar, ciencia, familia.*	Palabras con diferencias ortográficas: *canviar, govern, prova, núvol, mòbil, quadern, quaranta, classe, hivern, senzill, estranger, comptar, ciència, família.*

» ACTIVIDADES

47. Con la ayuda del prefijo *in-* escribe palabras de significado contrario de cada una de las palabras de la siguiente lista: *realizable*, *reconocible*, *recuperable*, *regular*, *remediable*, *reprochable*, *respirable*, *revocable*. Ejemplo: *rompible*, *irrompible*.

____

____

48. Completa las oraciones con la palabra adecuada de entre las siguientes:

excepción • espléndida • extranjero
exceso • exprimidas • espió

a) Ha sido muy ______________ y nos ha dado propina.
b) Solo toma zumo de naranjas recién ______________.
c) Quiere completar sus estudios en el ______________.
d) El detective ______________ sus movimientos.
e) No debe comer ni beber en ______________.
f) Han hecho una ______________ y saldrá antes de la hora.

49. Relaciona los siguiente verbos con la definición que les corresponde: *enrabiar*, *enrejar*, *enriquecer*, *enroscar*, *honrar*, *sonrojar.*

a) Aumentar la riqueza. ______________
b) Hacer que alguien se ponga rabioso.
____
c) Introducir una pieza que tiene rosca.
____
d) Poner rejas en algún sitio. ______________
e) Ponerse alguien rojo por vergüenza.
____
f) Premiar con honor.
____

★ LUDOLENGUA

50. Averigua tu nivel de energía ortográfica:

a) En las siguientes oraciones hay dos errores ortográficos en cada una.
b) Por cada error detectado y bien corregido sumas un punto hasta alcanzar el indicador de «depósito lleno», que son 20 puntos.
c) Pero si corriges una palabra que está bien escrita, restas un punto.

1. Éste plástico dicen que es inrompible.
____
2. Prueva las berenjenas rebozadas por que están buenísimas.
____
3. Quién va a venir a ver esta pel·lícula conmigo?
____
4. Los comercios alrrededor del estadio hacen negocio durante todo el anyo.
____
5. Yo ya e dicho mi opinión, ahora di tu la tuya.
____
6. Por fabor, canvia la música y pon algo más moderno.
____
7. No puedes comer-te-lo por que aún está crudo.
____
8. Los estranjeros no se sentían estraños en aquella ciudad.
____
9. A noche, durante la tormenta, se produció el cortocircuito.
____
10. La narración de la vida d'una persona constituye su biografia.
____

» PONTE A PRUEBA

Lee y comprueba si lo has comprendido

El tabaco ata y te mata

El tabaquismo constituye el principal problema de salud pública prevenible en los países desarrollados, y es la primera causa de mortalidad evitable en nuestro país y en el resto de los países de nuestro entorno.

Tu vida y tus aficiones
Si no fumas, tendrás más energía y resistencia, aparte de que conservarás tus sentidos del gusto y del olfato.

Si te gustan los deportes o la naturaleza, podrás practicarlos más y mejor porque te cansarás menos. ¿Fuman tus deportistas favoritos?

Además, tendrás más dinero para poder comprar tus cosas, como una bici de montaña o una tabla de *skate*, apuntarte a clases de guitarra, ir al cine, a conciertos...

Tu aspecto y tu olor
Si no eres fumador, tendrás mucho mejor aspecto. No nos engañemos, fumar no es nada atractivo: los fumadores tienen más acné y celulitis. También las arrugas empiezan a aparecer pronto en su cara y el pelo a caerse. Tienen los dientes y los dedos amarillos, los ojos rojos e irritados. Además, evitarás ese asqueroso olor a tabaco en tu aliento y en tu ropa.

Tu salud
Puedes pensar que solo lo estás probando y que estás lejos de esos fumadores empedernidos que tienen enfermedades respiratorias y cardiovasculares, cáncer, etc. Pero el tabaco engancha rápido, la mayoría de los fumadores empezaron cuando eran adolescentes. Los problemas de salud comienzan a aparecer antes de lo que parece, y a los efectos iniciales en el aspecto y en el rendimiento físico le siguen el resto.

El planeta y los derechos humanos
Evitando el tabaco, ayudarás a salvar el planeta. La producción de tabaco provoca cerca del 5 % de la deforestación global en los países en vías de desarrollo. Además, en todo el mundo, es uno de los mayores causantes de los incendios forestales debido a las colillas mal apagadas. Las colillas son residuos que contaminan los espacios naturales: son el tipo de desecho más común en las playas y supone el 25-50 % de la basura recogida en carreteras y calles. Contienen compuestos cancerígenos, pesticidas, etc. y liberan metales pesados y otros tóxicos en los ecosistemas acuáticos.

Tu libertad
Tu libertad es muy importante. Muchos fumadores se sienten esclavos de su adicción. La falta de nicotina genera ansiedad, que solo se calma momentáneamente fumando. Por ello, tienen que parar o salir para fumar estén donde estén, y gastar su dinero y su tiempo en ello.

Que no te engañen
Fumar no es una simple elección. El tabaco es una adicción para muchos y un gran negocio para algunos.

MINISTERIO DE SANIDAD

1. Este texto es principalmente…

- [ ] Argumentativo
- [ ] Expositivo
- [ ] Narrativo
- [ ] Descriptivo

2. ¿Cuál de los siguientes enunciados define mejor el texto anterior?

- [ ] El texto es publicidad comercial puesto que pretende convencer al receptor de que realice una determinada acción.
- [ ] El texto es publicidad institucional puesto que pretende modificar determinados hábitos y comportamientos.
- [ ] El texto es propaganda política dirigida a los jóvenes con la intención de informarles de los riesgos del tabaquismo.

3. Explica el significado del título *El tabaco ata y te mata* en una sola frase.

____

4. ¿En qué orden se mencionan en el texto los siguientes asuntos?

- [ ] El tabaco es una adicción.
- [ ] La mayoría de los fumadores empezaron cuando eran adolescentes.
- [ ] Las colillas contaminan los espacios naturales.
- [ ] Los fumadores tienen los dientes y los dedos amarillos.
- [ ] Si no fumas, tendrás más energía y resistencia.

5. Busca en el texto las palabras correspondientes a las siguientes definiciones:

a) Dependencia de sustancias o actividades nocivas para la salud.

____

b) Obstinado, tenaz, que tiene un vicio o una costumbre muy arraigados.

____

c) Que puede provocar cáncer.

____

6. Escribe una frase con las dos palabras de cada serie:

a) tabaquismo, salud

____

b) fumador, deporte

____

7. Indica la función sintáctica de los sintagmas destacados en las siguientes oraciones:

a) Las colillas contienen **compuestos cancerígenos**. ______________________________

b) El tabaco es **una adicción y un gran negocio**.

____

c) Muchos incendios forestales son causados **por las colillas mal apagadas**. ______________________________

8. Indica la clase de predicado de las oraciones de la actividad anterior.

- [ ] Predicado verbal. Activo. Transitivo.
- [ ] Predicado nominal con verbo copulativo.
- [ ] Predicado verbal. Pasivo. Pasiva perifrástica.

Comparte

Por grupos, comentad las siguientes cuestiones: ¿Se te ocurren algunas otras razones para no consumir tabaco? ¿Crees que los jóvenes conocen verdaderamente las consecuencias del tabaquismo? ¿Conoces a alguien que abandonó el hábito del tabaco? ¿Cómo lo hizo?

Infórmate y mira

Encontrarás los falsos mitos del tabaco en tu espacio personal de la web *www.barcanova.cat*.

Vídeo

Encontrarás un vídeo para la prevención del tabaquismo en tu espacio personal de la web *www.barcanova.cat*.

UNIDAD 8

Preparamos la lectura

1. ¿Tenemos más ropa de la que necesitamos? ¿Qué opinas sobre esto? Comentadlo en clase.

2. ¿Sabes cuál es el proceso de fabricación de una prenda de vestir?

★ PALABRAS DE COLORES

Este juego consiste en decir en el menor tiempo posible el color en el que está escrita cada una de las siguientes palabras. Gana quien lo dice más rápido sin equivocarse.

AMARILLO AZUL NARANJA NEGRO ROJO VERDE MORADO AMARILLO ROJO
NARANJA VERDE NEGRO AZUL ROJO ROJO MORADO VERDE AZUL NARANJA

» CLUB DE LECTURA

VOCABULARIO

tuc-tuc *m.* Vehículo motorizado de tres ruedas que circula por las ciudades de Asia llamado *tuc-tuc* por el ruido de su motor.

fardo *m.* Lío grande de ropa u otra cosa, muy apretado, para poder llevarlo de una parte a otra.

embutido, da *adj.* Metido, apretado dentro de alguna cosa.

escuerzo *m.* Persona flaca que no alcanza el desarrollo normal.

partida *f.* Cantidad o porción de un género de comercio.

atestado, da *adj.* Ocupado por un número excesivo de personas.

monzón *m.* Viento que sopla en el océano Índico. Los monzones provocan cambios estacionales responsables de abundantes lluvias.

acuclillarse *v.* Ponerse en cuclillas, es decir, con el cuerpo doblado de manera que las nalgas se acerquen al suelo.

Taslima

15 de septiembre de 2005, las 7:45 horas. En la periferia de la ciudad de Dacca, la capital de Bangladés.

Hasán está nuevamente con su ***tuc-tuc*** en la puerta de la tintorería. Lleva cuatro **fardos** grandes de forro polar y uno pequeño **embutidos** en el vehículo. El fardo pequeño es de color rojo vivo. Cargado hasta los topes, el tuc-tuc sale traqueteando por la puerta y toma el camino hasta la fábrica textil Garni International.

A esa hora aguardan allí unas doscientas costureras. Los guardas solo tienen la puerta abierta diez minutos. Para algunas costureras no es nada fácil ser puntuales, ya que no tienen reloj. Y tampoco hay ninguno en la calle.

Poco antes de las 8:30 llega Hasán a la fábrica textil. Le abren la puerta y pasa al interior. Cuando la puerta se vuelve a cerrar, aún se escurre en el último momento una costurera menudita. Es Taslima, de 17 años, que corre inmediatamente al edificio de la fábrica y sube a toda prisa la escalera hasta su planta. Un guarda grita tras ella:

—¡**Escuerzo** miserable! ¡La próxima vez te daré con la puerta en las narices!

Así son aquí las cosas: las jóvenes costureras —¡todas de entre 16 y 30 años— no reciben un trato precisamente amable.

Taslima entra en su nave, que se encuentra en la segunda planta; en ella hay más de 80 máquinas de coser en dos largas hileras. Se sienta en su lugar de trabajo, justo en medio. Aquí pasará las próximas 11 o 12 horas sin hacer otra cosa que coser. Detrás de ella están apiladas ya las piezas de forro polar cortadas que hay que coser: su sección trabaja desde hace dos días en una enorme **partida** de chalecos de forro polar. [...]

La nave está **atestada**, mal iluminada y muy mal ventilada. Como la época de los **monzones** está a punto de acabar, hay agua por todas partes. Huele a moho y hace un bochorno tremendo. Se suda solo con respirar, pero cuando uno está trabajando aceleradamente, el sudor le cae a chorros por todo el cuerpo.

Como mucho en la segunda o tercera prenda que cose, las manos de Taslima trabajan de manera automática. Sus pensamientos huyen de esta nave oscura y asfixiante y vuelven junto a su familia. Vive fuera, en el campo, a tres horas de viaje en minibús. Solo cada dos o tres meses le dan unos días libres y puede irse a casa. Se encuentra con todo el vecindario reunido en casa de su tío: 20 o 30 personas **se acuclillan** ante el único televisor que hay en la aldea. En Bangladés hay solamente seis televisores por cada cien habitantes, y en el campo todavía menos. Así que lo de reunirse para ver la televisión es un acontecimiento social.

De todos modos, tres cuartas partes del tiempo de emisión de los canales privados se compone exclusivamente de publicidad. Es demencial: tanta publicidad en un país en el que más de la mitad de la gente vive con menos de un euro al día y nunca podrán comprar ninguno de esos artículos. Hay anuncios de nuevos coches y móviles, del aceite de mostaza para cocinar, especialmente bueno, y de cosméticos para las mujeres.

El canal público BTV, por el contrario, ofrece muchos programas culturales. En él dan también el programa favorito de Taslima, el programa favorito de todas las niñas y muchachas de Bangladés: *Meena*, una serie de dibujos animados al estilo de Heidi. Meena es una niña de diez años muy valiente. Le gusta ir al colegio, es más lista que nadie de su familia y se defiende contra la opresión a que están sometidas las chicas: se opone a que las casen cuando todavía son menores de edad, a que no reciban educación y a que no las lleven al médico cuando están enfermas. [...]

El mismo día a las 20 horas. El turno normal de trabajo entre 10 y 12 horas ha terminado; a Taslima le da la impresión de que lleva varios días seguidos detrás de su máquina de coser. Así que era cierto: ¡la partida «tres mil chalecos de forro polar para Alemania» tiene que estar terminada para mañana temprano!

Las 23:05 horas. Taslima y sus compañeras llevan cosiendo 16 horas ininterrumpidas. Hoy solo han tenido el descanso del mediodía. Situación actual: están terminados 889 chalecos. Hace varias horas que Taslima tiene una gran necesidad de ir al cuarto de baño, pero desde las ocho de la tarde el capataz no ha dejado salir a ninguna mujer. En lugar de eso, no deja de **increparlas**:

—Inútiles, que sois más lentas que una tortuga.

Los fardos de forro polar beis, azul y marrón se hacen cada vez más delgados. Espero que haya bastante tela —piensa Taslima—; si no, nos pegarán. Tac, tac, tac, tac...

La 1:10 horas. La tela de forro polar se ha terminado. Solo quedan **retales** pequeños en las mesas de cortar. El capataz grita a los cortadores:

—¡Perros! ¡Habéis cortado trozos demasiado grandes! ¡Os lo voy a descontar del salario!

Taslima ya no lo soporta más. Se levanta, echa a correr por el pasillo y busca tela aprovechable por todas partes. ¿Qué haría ahora Meena, su heroína de la televisión? Entonces Taslima ve, apoyada en una **hornacina** de la pared, el fardo pequeño, el de color rojo vivo.

—¡Aquí! ¡Aquí hay un poco más! —Saca la tela de la hornacina—.

—¡Pero si es roja! –gruñe un cortador.

—¿Y qué? ¡Seguro que habrá alemanes a los que les guste ese color!

—¿Hombres con chaleco rojo?

El cortador mira interrogante al guarda. Este se encoge de hombros.

—A mí me da lo mismo. ¡Lo que importa es que nos vayamos todos pronto a casa!

Así que, sin más, echan mano de la tela roja. Tac, tac, tac, tac... En un abrir y cerrar de ojos han aparecido unos cuantos chalecos de color rojo vivo. En cuanto el chaleco ve la luz del día, lo meten a presión junto con otros en una caja de cartón. Ha sido una noche muy dura. A pesar de todo, no despedirán a ninguna costurera...

WOLFGANG KORN: «La vuelta al mundo de un forro polar rojo», en *Nuevos cuentos de la esfinge* (texto adaptado).

VOCABULARIO

increpar *v.* Reprender con dureza y severidad.

retal *m.* Pedazo sobrante de una tela.

hornacina *f.* Hueco en forma de arco que se deja en el grueso de una pared maestra de las fábricas.

» ACTIVIDADES

Comprensión de la lectura

1. ¿Qué lleva Hasán en su *tuc-tuc*?

2. ¿Cuántas costureras trabajan en la fábrica textil Garni International? ¿Qué edades tienen?

3. ¿Cómo es la nave donde trabajan?

4. ¿Cuál es el programa de televisión favorito de Taslima? ¿Por qué?

5. Taslima ha trabajado sin descanso durante más de dieciocho horas. ¿Por qué motivo? Marca la respuesta.

- ☐ Porque la escasez de tela ha retrasado el trabajo.
- ☐ Porque empezaron el trabajo tarde.
- ☐ Porque se trata de una tarea lenta y laboriosa.
- ☐ Porque han tenido que coser más de tres mil chalecos.

Expresión personal

6. De entre los siguientes enunciados, marca los que tengan relación con los temas de la lectura.

- ☐ El comercio justo.
- ☐ La discriminación de la mujer.
- ☐ La fabricación de las prendas de ropa.
- ☐ La explotación laboral.
- ☐ La moda como fenómeno global.
- ☐ La actitud de la juventud con respecto al trabajo.

7. ¿Qué sabes sobre Taslima? Completa la siguiente tabla con los datos de la lectura y otros inventados por ti pero adecuados al personaje:

Edad:
Oficio:
Familia:
Manera de ser:
Sueños y deseos:

8. Redacta con otras palabras las siguientes frases de la lectura:

a) Cargado hasta los topes, el *tuc-tuc* sale traqueteando.

b) La nave está atestada, mal iluminada y muy mal ventilada.

c) Reunirse para ver la televisión es un acontecimiento social.

d) En un abrir y cerrar de ojos han aparecido unos cuantos chalecos de color rojo.

9. Relaciona las palabras de la columna de la izquierda, que significan 'parte o porción de algo', con las expresiones de la columna de la derecha.

retal •	• de pan
astilla •	• de madera
recorte •	• de chocolate
loncha •	• de patata
esquirla •	• de bala
tableta •	• de periódico
pastilla •	• de naranja
rodaja •	• de jamón
rebanada •	• de tela
gajo •	• de jabón

10. Continua las series con palabras que se refieran a accesorios o complementos del vestir:

a) Accesorios que se colocan en el cuello: *bufanda*,

b) Accesorios que se llevan sobre los hombros:

c) Accesorios que se colocan en la cintura:

d) Accesorios que se colocan en la cabeza:

e) Accesorios que se llevan en la muñeca:

11. ¿Dónde está Bangladés? ¿Y Dacca, su capital? Busca información sobre este país y di en qué continente está y con qué otros países tiene frontera.

12. Explica cuáles son las condiciones laborales de Talisma en relación con los siguientes aspectos: jornada, sueldo, trato personal, vacaciones.

13. Los siguientes sustantivos se refieren a la costura. Colócalos en las oraciones según corresponda.

ojal • metro • alfiletero • mercería
dedal • alfiler • acerico

a) Cuando acabaron de coser, guardaron las agujas y los alfileres en el ________.

b) La almohadilla que sirve para clavar en ella alfileres o agujas se llama ________.

c) Mi tía cose siempre con el ________ para no pincharse.

d) Trae el ________ para medir el largo del pantalón.

e) Marcó el dobladillo del pantalón con un solo ________.

f) Era un botón demasiado grande para ese ________.

g) Si necesitas hilos de bordar, en mi barrio hay una buena ________.

» TOMA LA PALABRA

En mi opinión...

Vas a realizar una exposición oral de tres minutos para defender tu idea o tu postura sobre un tema. Para ello, expondrás diversos argumentos con el objetivo de demostrar y convencer a los demás de que esa es la mejor opción.

Procedimiento

1. Escoge un tema y documéntate a fondo: busca información, averigua los datos principales, ten en cuenta los testimonios de personas de prestigio, etc. Toma nota de todo y enuncia el tema de tu intervención. Aquí tienes algunas sugerencias, pero tú puedes proponer otro asunto que te interese.

- El instituto: ¿deberían suprimirse los deberes y los exámenes?
- El sueldo de los futbolistas: ¿justo o excesivo?
- La precariedad de los trabajos actuales
- ¿Es legítimo experimentar con animales en laboratorios?
- Redes sociales: beneficios y riesgos
- Mascotas: ¿perros o gatos?
- Tecnología: ¿hacemos un uso razonable del móvil?

2. Adopta una postura o tesis sobre el tema y formula la idea que vas a defender. Por ejemplo:

> **Tema:** Los zoológicos: ¿deben desaparecer?
> **Tesis:** Los zoológicos deben mantenerse porque son lugares para la conservación de las especies y centros de investigación que apoyan la vida salvaje.

3. Con los datos obtenidos, prepara tu argumentación: ten presente qué quieres decir y en qué orden vas a hacerlo.
   a) Presenta el tema sobre el que vas a hablar.
   b) Explica tu tesis.
   c) Desarrolla los argumentos que sustentan la postura que has adoptado.
   d) Formula una conclusión que corrobore la tesis y resuma los argumentos principales.

4. Puedes usar palabras y expresiones similares a las del recuadro.

5. Memoriza los datos importantes y ensaya varias veces tu discurso. Si optas por utilizar un programa de presentaciones para acompañarlo, ten presente que solo es un apoyo y que con tres o cuatro imágenes será suficiente.

Para empezar y presentar el tema:
Voy a hablaros de / Me gustaría hablaros de

Para estructurar el texto:
En primer lugar / en segundo lugar
Por una parte / por otra
Por un lado / por otro

Para desarrollar la argumentación:
Por esa razón
De ahí que
Por consiguiente
Aunque, a pesar de que
Sin embargo, pero, no obstante
En cambio, por el contrario
En mi opinión
Es verdad... pero también

Para finalizar la exposición
Finalmente
Por último
Muchas gracias por vuestra atención

» DILO POR ESCRITO

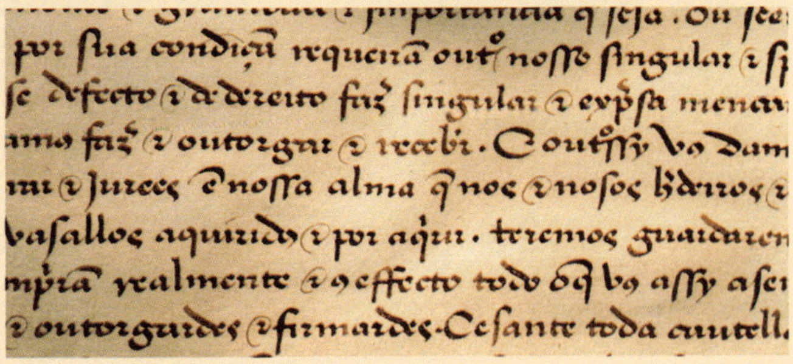

Los orígenes del castellano

Qué tienes que hacer

El **trabajo monográfico** es un texto expositivo extenso que muestra los conocimientos adquiridos sobre un tema. En esta actividad vas a redactar un trabajo monográfico sobre la historia de la lengua castellana de unas 3 o 4 páginas de extensión.

Cómo puedes hacerlo

1. Busca información sobre el tema del trabajo: los orígenes de la lengua castellana y su evolución a lo largo de la historia.

   ¿Qué es la romanización? ¿Cómo se formaron las lenguas románicas peninsulares? ¿Qué influencia tuvieron las lenguas germánicas y el árabe? ¿Cuáles son los primeros escritos conservados en lengua castellana? ¿Qué papel tuvo el rey Alfonso x el Sabio en la fijación de la lengua castellana? ¿Quién escribió la primera gramática castellana? ¿A qué llamamos Siglos de Oro? ¿Cuándo se fundó la Real Academia Española? ¿Qué funciones tiene esta institución? ¿En qué países se habla castellano en la actualidad?

   Puedes consultar en enciclopedias, libros especializados, revistas, páginas web de internet, etc. En este último caso, asegúrate de que sean fiables. Apunta los documentos que consultes.

2. Selecciona la información y toma nota de todo lo que sea interesante para el tema. Resume y redacta las ideas principales. Puedes rellenar el borrador de la página siguiente.

3. Elabora el guion del trabajo, esto es, organiza la información en forma de esquema, diferenciando los apartados y los subapartados. Puedes rellenar el borrador de la página siguiente.

4. Redacta el trabajo a partir del guion. Recuerda que las ideas se ordenan en párrafos y que cada idea se explica en un párrafo independiente. En este paso es tan importante el contenido como la corrección lingüística y la claridad expositiva. Revisa y corrige el texto.

5. Confecciona el índice con los títulos de los apartados y subapartados y colócalo al comienzo del trabajo. Añade al final una página con la bibliografía y la *webgrafía* que has consultado.

✓

- Centrarse en el tema.
- Utilizar páginas web fiables.
- Demostrar que se han adquirido conocimientos.
- Ordenar cuidadosamente los apartados.
- Planificar el trabajo.
- Presentar el trabajo con pulcritud y sin faltas de ortografía.

✗

- Salirse del tema propuesto.
- Confiar en la información de cualquier página web.
- Limitarse a copiar.
- Incluir en un apartado conceptos que no tienen relación.
- Exponer la información sin orden.
- Dejarlo todo para el último día.
- Presentar el trabajo sucio.

Manos a la obra

Partes de un trabajo monográfico

- **Portada.** Título del trabajo, nombre del alumno, curso, materia y nombre del profesor.
- **Índice.** Es un esquema de los apartados del trabajo, con los números de las páginas en que se encuentran.
- **Introducción.** Presentación del contenido del trabajo. (Explica en estas líneas cuál es tema de tu trabajo y qué puntos vas a tratar).

- **Desarrollo del trabajo.** Es el trabajo propiamente dicho. (Escribe aquí una lista de los aspectos principales que vas a desarrollar).

- **Conclusión.** Es un resumen de los resultados obtenidos. (Explica aquí qué has aprendido y a qué conclusiones has llegado).

- **Bibliografía y *webgrafía*.** Es la lista de los documentos que se han utilizado como fuentes. (Anota los libros y las páginas web que has consultado).

» LENGUA Y SOCIEDAD

1. Variedades de la lengua

La lengua presenta variaciones en función de la procedencia de los hablantes, de su nivel sociocultural, del interlocutor, de la situación comunicativa en que se encuentre, etc.

¿SABÍAS QUE...?

Es necesario saber cambiar de registro y adecuarlo a las diferentes situaciones en las que nos encontremos: en un acto solemne, con la familia, con los amigos, en una entrevista de trabajo, etc.

1.1. Variedades estilísticas o registros

Según cuál sea la situación comunicativa, podemos encontrar los siguientes niveles o registros:

- La **variedad estándar** o **común** se considera el modelo común de referencia, el modelo correcto del idioma. Se usa en los medios de comunicación.
- El **nivel culto** se caracteriza por la corrección gramatical y el uso de léxico selecto y preciso, con tecnicismos. Es empleado por emisores cultos en situaciones como actos académicos, etc.
- El **nivel familiar** o **coloquial** se caracteriza por la espontaneidad y la expresividad. Se usa en situaciones informales, cotidianas.
- El **nivel vulgar** se caracteriza por la abundancia de incorrecciones de todo tipo, que reciben el nombre de **vulgarismos**.

1.2. Variedades sociales o jergas

Las **variedades sociales** o **jergas** son las que presenta la lengua en función de la pertenencia de sus hablantes a distintos grupos sociales según la edad, la profesión, la formación cultural, etc.

TIPOS DE JERGAS	
Profesionales Las usan quienes comparten una profesión, oficio o afición. Se caracterizan por el uso de un **léxico especializado**.	**Jerga jurídica:** *pleito*, *fiscal*, *eximente*, *agravante*, *dolo*, *atestado*, etc. **Jerga futbolística:** *túnel*, *penalti*, *córner*, *linier*, *defensa*, etc. **Jerga musical**: *pentagrama*, *tenor*, *bemol*, *corchea*, *arpegio*, etc. **Jerga estudiantil:** *chuleta*, *hincar codos*, *asignatura maría*, etc. **Jerga de la delincuencia:** *madero*, *chorizo*, *mangar*, *trena*, *chirona*, etc.
Juveniles Las utilizan los jóvenes para diferenciarse del modelo lingüístico de los mayores.	**Abreviaciones o modificaciones:** *cole*, *mates*, *bocata*, *tranqui*, *mola*, *guay*, etc. **Muletillas y palabras comodín:** *tío*, *tope de*, *vale*, etc. **Frases hechas:** *dar el cante*, *tener morro*, *hacer la cobra*, etc. **Tacos y expresiones malsonantes.**
Marginales Las usan personas próximas al mundo de la delincuencia.	**Uso de léxico específico:** *talego*, *trullo*, *trena* (cárcel), *madero*, *pasma* (policía), *chute*, *camello*, *caballo*, *costo*, *chocolate*, *abrirse* (irse), *cantar* (confesar), etc.

» ACTIVIDADES

14. Indica qué registro sería adecuado en las siguientes situaciones:

nivel estándar • nivel coloquial • nivel culto

- Una conferencia en la universidad. ____________
- Una entrevista radiofónica. ____________
- Una conversación con tu vecino. ____________

15. Lee el siguiente texto y contesta a las preguntas:

> El caso es que estaba mi madre echándonos la bronca a mi abuelo y a mí, cuando llamó la Luisa a mi casa y asomó la cara por la cocina y nos dijo que si ya le habíamos dicho a mi madre lo que teníamos que decirle. Así es la Luisa: te chafa en un pispás las mejores sorpresas. Mi abuelo le contó a mi madre que tenían que operarlo de la próstata, y mi madre empezó a gritar: ¡Hasta las vecinas se enteran de las operaciones antes que yo! [...]
>
> ELVIRA LINDO: *Manolito Gafotas. Yo y el Imbécil.*

a) ¿Qué relación tienen los personajes entre sí?

____

b) ¿Qué variedad de la lengua emplean?

____

c) ¿Qué expresiones son propias de esa variedad? Cópialas.

____

16. Escribe cinco palabras que pertenezcan a la jerga juvenil y explica su significado.

____

____

____

____

17. Indica la variedad social o jerga a la que pertenecen cada una de las siguientes series de palabras:

a) diafragma, cámara, *flash*, obturador

____

b) ecografía, ictus, placa, resonancia

____

c) testigo, resolución, usufructo, demanda

____

d) tenor, aria, partitura, acorde

____

e) canasta, pase, fintar, gorro

____

18. Las siguientes oraciones contienen vulgarismos lingüísticos. Identifícalos y sustitúyelos por las formas correctas.

a) El médico nos ha puesto una endición.

____

b) Ese amigo tuyo es mu listo y mu apañao.

____

c) Ayer me dijistes que habías acabado de pintar y no era verdá.

____

d) ¿Cuántos kilómetros andasteis la semana pasada?

____

e) De aperitivo se pidieron una docena de cloquetas.

____

f) Venir aquí, sentaros y callaros de una vez.

____

g) El año pasado hubieron muchos accidentes en la autopista del Norte.

____

h) ¿Ya sus marcháis, tíos? Si entavía es mu pronto.

____

» LITERATURA

1. La lírica del Barroco

La **poesía barroca** presenta una **gran diversidad** y, a la vez, una **calidad extraordinaria**. Los autores componen tanto obras populares como cultas, escriben poemas trascendentes y serios junto a otros burlescos y procaces, cultivan sonetos y silvas a la par que romances y seguidillas...

En la **lírica culta barroca** destacan dos estilos poéticos: el **culteranismo** y el **conceptismo**.

1.1. El culteranismo

Su máximo representante es **Luis de Góngora**. Se caracteriza por empequeñecer el tema y sobrecargar la forma con artificios y adornos innumerables. Sus obras son brillantes, artificiosas y complejas debido a la acumulación de metáforas, perífrasis alusivas, hipérbatos, cultismos, referencias mitológicas, etc.

Luis de Góngora

Se suele clasificar su obra según su grado de complejidad:

- **Poesía sencilla.** En esta etapa se encuentran sus composiciones de carácter más popular: los romances y las famosísimas letrillas. En los romances cultivó temas diversos: mitológicos, burlescos, etc. Entre sus letrillas destacan las de carácter satírico, como podemos ver en los siguientes versos:

Ándeme yo caliente
y ríase la gente.

Traten otros del gobierno
del mundo y sus monarquías,
mientras gobiernan mis días
mantequillas y pan tierno,
y las mañanas de invierno
naranjada y aguardiente,
y ríase la gente.

Coma en dorada vajilla
el príncipe mil cuidados,
como píldoras dorados,
que yo en mi pobre mesilla
quiero más una morcilla
que en el asador reviente,
y ríase la gente. [...]

- **Poesía oscura.** Junto a la mayoría de sus sonetos, destacan dos grandes poemas por su enorme dificultad: la *Fábula de Polifemo y Galatea* y las *Soledades*. En ambos pretende mostrar una vez más su agudeza verbal y su dominio de la técnica literaria.

Luis de Góngora y Argote (Córdoba, 1561-1627) nació en el seno de una familia acomodada, estudió leyes en Salamanca y, ya mayor y sin vocación alguna, se ordenó sacerdote. Siguiendo a la corte, se instaló en Madrid, donde vivió en parte gracias a la protección del duque de Lerma. Arruinado por sus deudas de juego, regresó a su ciudad natal, donde murió. De carácter difícil, se granjeó la animadversión de numerosos autores, entre ellos, Francisco de Quevedo, con quien mantuvo una disputa personal y literaria apasionante.

» ACTIVIDADES

19. Lee este poema de Góngora y responde a las cuestiones que aparecen a continuación:

Lloraba la niña
(y tenía razón)
la **prolija** ausencia
de su ingrato amor.
Dejola tan niña,
que apenas creo yo
que tenía los años
que ha que la dejó.
Llorando la ausencia
del galán traidor,
la halla la Luna
y la deja el Sol,
añadiendo siempre
pasión a pasión,
memoria a memoria,
dolor a dolor.
Llorad, corazón,
que tenéis razón.

Dícele su madre:
«Hija, por mi amor,
que se acabe el llanto,
o me acabe yo».
Ella le responde:
«No podrá ser, no:
las causas son muchas,
los ojos son dos.
Satisfagan, madre,
tanta sinrazón,
y lágrimas lloren
en esta ocasión,
tantas como dellos
un tiempo tiró
flechas amorosas
el arquero dios.
Ya no canto, madre,
y si canto yo,
muy tristes endechas
mis canciones son;
porque el que se fue,
con lo que llevó,
se dejó el silencio,
y llevó la voz».
Llorad, corazón,
que tenéis razón.

VOCABULARIO

prolija: larga, dilatada.

a) ¿Qué personajes se mencionan en el poema?

b) ¿Qué quiere expresar el poeta en los versos «Llorando la ausencia / del galán traidor, / la halla la Luna / y la deja el Sol»?

c) Marca el enunciado correcto:

☐ Es una poesía popular: tiene versos cortos, rima asonante, palabras sencillas, estribillo.

☐ Es una poesía culta: es un poema largo, elaborado, con palabras difíciles de entender y trata un tema complicado.

20. Lee el siguiente soneto de Góngora y responde a las cuestiones que aparecen a continuación:

Mientras por competir con tu cabello
oro bruñido al sol relumbra en vano,
mientras con menosprecio en medio el llano
mira tu blanca frente al lilio bello;

mientras a cada labio, por cogello,
siguen más ojos que al clavel temprano,
y mientras triunfa con desdén lozano
del luciente cristal tu gentil cuello,

goza cuello, cabello, labio y frente,
antes que lo que fue en tu edad dorada
oro, lilio, clavel, cristal luciente,

no solo en plata o vïola troncada
se vuelva, más tú y ello juntamente
en tierra, en humo, en polvo, en sombra, en nada.

a) Relaciona los versos del poema que se indican en la columna de la izquierda con el tópico literario que encontrarás en la columna de la derecha.

Versos 9-13 •	• *tempus fugit*
Versos 13-14 •	• *carpe diem*

b) ¿Cuál de los siguientes esquemas métricos corresponde al poema?

☐ ABBA CDDC DED DED
☐ ABBA ABBA CDC DCD
☐ abba abba cdc dcd
☐ abba cddc ded ded

c) Anota qué metáforas utiliza el poeta para referirse al cabello, la frente, el labio y el cuello de la dama. (Fíjate en las enumeraciones del primer terceto.)

el cabello: ______

la frente: ______

el labio: ______

el cuello: ______

d) ¿Cómo se llama el recurso retórico que consiste en la repetición de una palabra a principio de verso?

☐ hipérbole ☐ hipérbaton
☐ anáfora ☐ comparación

1.2. El conceptismo

El **conceptismo** se centra en el juego de ideas o conceptos, es decir, en el contenido. Sobresale en esta tendencia **Francisco de Quevedo**, con obras de gran densidad significativa: ingeniosos dobles sentidos, elisiones, metáforas, antítesis, paradojas, asociaciones audaces, etc.

Francisco de Quevedo

Francisco de Quevedo, máximo representante del **conceptismo**, es el paradigma del contraste barroco, pues su obra refleja tanto el espíritu angustiado, pesimista y desengañado del Barroco como la sátira, la burla y la procacidad del siglo. Su obra poética se puede clasificar atendiendo a cuatro grandes temas:

- **Poesía metafísica** o **filosófica.** En ella el poeta desarrolla motivos típicamente barrocos: el inexorable paso del tiempo, la brevedad y caducidad de la vida, la cercanía de la muerte, etc. Obsérvalo en el siguiente soneto:

Miré los muros de la patria mía,
si un tiempo fuertes ya desmoronados,
de la carrera de la edad cansados,
por quien caduca ya su valentía.

Salime al campo, vi que el sol bebía
los arroyos del hielo desatados,
y del monte quejosos los ganados,
que con sombras hurtó su luz al día.

Entré en mi casa; vi que, amancillada,
de anciana habitación era despojos;
mi báculo más corvo y menos fuerte;

vencida de la edad sentí mi espada,
y no hallé cosa en que poner los ojos
que no fuese recuerdo de la muerte.

- **Poesía moral y religiosa.** En algunos poemas defiende una actitud ascética o estoica de la vida, a la vez que en otros ataca y condena el ansia de poder, la ambición, el egoísmo, la envidia, etc.
- **Poesía amorosa.** Quevedo comparte la concepción idealizada del amor cortés, aunque, en ocasiones, presenta este sentimiento como causante de la frustración vital, pues no puede alcanzarse.
- **Poesía burlesca y satírica.** Cualquier tema era motivo de chanza y sátira para Quevedo: la vejez, las mujeres, la justicia, los médicos, etc. Su carácter mordaz facilitó la crítica a numerosas personalidades, entre las que destaca Luis de Góngora.

Francisco de Quevedo y Villegas nació en Madrid en 1580. Hombre de gran cultura, vivió los avatares de la corte y combinó épocas de desgracias (prisiones, destierro) con otros momentos de relevancia y reconocimiento públicos. Murió en Villanueva de los Infantes (Ciudad Real) en 1645.

¿SABÍAS QUE...?

Quevedo fue también un gran prosista. De su obra en prosa destaca su sátira *Sueños* y la novela picaresca *El Buscón* (nombre incompleto con el que se conoce la *Historia de la vida del Buscón, llamado don Pablos*, escrita hacia 1603.

» ACTIVIDADES

21. Lee este famoso soneto de Quevedo y contesta a las preguntas que se plantean a continuación:

PRONUNCIA CON SUS NOMBRES LOS TRASTOS Y MISERIAS DE LA VIDA

La vida empieza en lágrimas y caca,
luego viene la mu, con *mama* y *coco*,
síguense las viruelas, baba y moco,
y luego llega el trompo y la matraca.

En creciendo, la amiga y la **sonsaca**;
con ella **embiste** el apetito loco;
en subiendo a mancebo, todo es poco,
y después la intención peca en **bellaca**.

Llega a ser hombre, y todo lo trabuca;
soltero sigue toda **perendeca**;
casado se convierte en mala **cuca**.

Viejo encanece, arrúgase y se seca;
llega la muerte, todo lo **bazuca**,
y lo que deja paga, y lo que peca.

VOCABULARIO

sonsaca: estafa; **embestir:** ir con ímpetu sobre algo o alguien; **bellaca:** mala, ruin; **perendeca:** prostituta; **cuca:** ave que pone sus huevos en nido ajeno; **bazucar:** agitar, revolver.

a) Busca en el diccionario qué significan en el texto los siguientes términos: *matraca*, *mancebo*, *trabucar*.

b) Este poema...
- ☐ es una descripción de la maldad del ser humano.
- ☐ trata de las miserias de la vida a lo largo de distintas etapas.
- ☐ es un elogio de la vida humana.
- ☐ se refiere a la paciencia frente a los obstáculos de la vida.

c) Analiza y anota qué registro utiliza el poeta en este poema.

22. Lee este poema de Quevedo y contesta a las preguntas que se plantean a continuación:

«¡Ah de la vida!»... ¿Nadie me responde?
¡Aquí de los **antaños** que he vivido!
La fortuna mis tiempos ha mordido;
las horas mi locura las esconde.

¡Que sin poder saber cómo ni adónde
la salud y la edad se hayan huido!
Falta la vida, asiste lo vivido,
y no hay calamidad que no me ronde.

Ayer se fue; mañana no ha llegado;
Hoy se está yendo sin parar un punto:
soy un fue, y un será, y un es cansado.

En el hoy y mañana y ayer, **junto**
pañales y mortaja, y **he quedado**
presentes sucesiones de difunto.

VOCABULARIO

antaños: tiempos pasados; **junto:** del verbo *juntar*; **he quedado:** 'me he convertido en'

a) El soneto evoca la condición fugaz de la vida humana. ¿Con qué tópico literario se relaciona?
- ☐ *carpe diem*
- ☐ *locus amoenus*
- ☐ *tempus fugit*

b) Indica en qué dos versos el poeta dice que la vida se ha diluido sin que él apenas se haya dado cuenta.

c) Explica por qué dice el poeta que junta «pañales y mortaja» en el verso 13.

d) ¿Es un poema representativo de la mentalidad barroca? ¿Por qué?

e) Analiza la métrica del poema:

1. ¿Cuánto mide cada uno de los versos?

2. ¿Qué versos riman de cada estrofa?

» GRAMÁTICA

1. Las palabras invariables

Las palabras invariables, como el **adverbio**, la **preposición** y la **conjunción**, carecen de morfemas de género, número, persona, etc.

1.1. El adverbio

Morfológicamente, el adverbio es una palabra invariable; semánticamente, indica circunstancias, como lugar, tiempo, modo, cantidad, etc.; sintácticamente, puede complementar a un verbo (*acabó* ***pronto***), a un adjetivo (*chico* ***muy*** *listo*) o a otro adverbio (***bastante*** *tarde*). Así pues, el adverbio tiene significado léxico.

Las **locuciones adverbiales** son grupos de dos o más palabras con significado unitario que funcionan como un adverbio: *a las tantas*, *a gatas*, *en un santiamén*, etc.

Clases de adverbios

Desde el punto de vista formal, los adverbios pueden dividirse en:

- **Simples:** *bien*, *nunca*, *quizá*, *sí*, *no*, *mañana*, etc.
- **Compuestos:** formados por un adjetivo en su forma femenina y el sufijo *-mente*: *dignamente*, *rápidamente*, *constantemente*, etc.

Los adverbios y locuciones adverbiales se clasifican en:

TIPOS	ADVERBIOS	LOCUCIONES ADVERBIALES
LUGAR	*aquí, ahí, allí, allá, debajo, encima, cerca...*	*al lado, al otro lado, en medio, a la derecha...*
TIEMPO	*hoy, ayer, mañana, anoche, antes, después...*	*al instante, de vez en cuando, en un tris...*
MODO	*bien, mal, regular, así, deprisa, despacio...*	*a escondidas, a ciegas, a manos llenas...*
CANTIDAD	*mucho, poco, bastante, casi, muy, nada, algo...*	*más o menos, todo lo más, por lo menos...*
AFIRMACIÓN	*sí, también, realmente, efectivamente...*	*en verdad, en efecto, por supuesto, sin duda...*
NEGACIÓN	*no, nunca, jamás, tampoco...*	*en la vida, de ninguna manera, en modo alguno...*
DUDA	*acaso, quizá(s), probablemente, seguramente...*	*tal vez...*

Funciones sintácticas de los adverbios

FUNCIONES	EJEMPLOS
COMPLEMENTO CIRCUNSTANCIAL	*En esta empresa se trabaja* ***mucho****.* (CC de cantidad)
COMPLEMENTO DEL ADJETIVO	*Tu nuevo amigo es* ***muy*** (CAdj) *interesante.*
COMPLEMENTO DEL ADVERBIO	*El concierto empezó* ***bastante*** (CAdv) *tarde.*

» ACTIVIDADES

23. Di de qué clase son los adverbios que aparecen en el siguiente texto.

> Querida Kitty:
> El curso de taquigrafía ha terminado. **Ahora** empezamos a practicar la velocidad. ¡Seremos unas hachas! Te voy a contar algo más sobre nuestras «asignaturas matarratos», que llamamos así porque las estudiamos para que los días transcurran lo **más** rápido posible, y de ese modo hacer que el fin de nuestra vida de escondidos llegue **pronto**. Me encanta la mitología, sobre todo los dioses griegos y romanos. **Aquí** piensan que son aficiones pasajeras, ya que **nunca** han sabido de ninguna jovencita con inclinaciones deístas.
>
> ANA FRANK: *Diario*.

ahora: ____________________

más: ____________________

pronto: ____________________

aquí: ____________________

nunca: ____________________

24. Escribe una oración con cada uno de los siguientes adverbios.

Lejos ____________________

Temprano ____________________

Pronto ____________________

Deprisa ____________________

25. Sustituye las locuciones adverbiales destacadas por otras expresiones de significado parecido.

a) Cogieron la moto y llegaron <u>en un santiamén</u>.

____

b) Se comió una tableta de turrón <u>a escondidas</u>.

____

c) No sé cómo te gustan tanto las citas <u>a ciegas</u>.

____

d) Estuvo <u>en un tris</u> de perder el tren.

____

26. Subraya las locuciones adverbiales de las siguientes oraciones:

a) De vez en cuando me levanto a las cinco de la mañana para ir a correr.
b) Sin duda, lo que me has contado es increíble.
c) En la vida me he encontrado en tal situación.
d) Se comió los huevos con jamón en un abrir y cerrar de ojos.
e) Este verano tal vez viaje a un país nórdico.

27. En este texto, sustituye los adverbios acabados en *-mente* por otra expresión equivalente:

> Efectivamente, por los datos de que disponemos actualmente, podemos afirmar realmente que próximamente se van a producir situaciones que afectarán negativamente a la economía.

____

1.2. La preposición

La **preposición** es una palabra invariable que sirve para relacionar palabras o sintagmas. Algunas preposiciones solo tienen significado gramatical, como *a*, *de*, etc. Otras tienen significado léxico, generalmente de carácter locativo y temporal, como *bajo*, *desde*, *sobre*, etc.

Hemos salido ***de*** *la ciudad* *esta mañana.*
V — Prep — SN
SPrep (CC Lugar)

Cuando la preposición precede a un sintagma nominal, constituye con él un sintagma preposicional y lo subordina a otro elemento de la oración al que complementa: *Es especialista* ***en*** *fotografía*.

Las **locuciones prepositivas** son grupos de palabras que equivalen a una preposición.

PREPOSICIONES	LOCUCIONES PREPOSITIVAS
a, ante, bajo, con, contra, de, desde, durante, en, entre, hacia, hasta, mediante, para, por, según, sin, sobre, tras, versus, vía	*cerca de, junto a, encima de, debajo de, a través de, detrás de, con destino a, en medio de, etc.*

1.3. La conjunción

La **conjunción** es una palabra invariable sin significado léxico que sirve para relacionar palabras, sintagmas u oraciones.

Las **locuciones conjuntivas** son grupos de palabras que equivalen a una conjunción: *sino que, puesto que, en caso de que, a fin de que, mientras que, dado que*, etc.

Las conjunciones y las locuciones conjuntivas pueden ser **coordinantes** (unen elementos de la misma categoría gramatical) o **subordinantes** (relacionan una oración principal con una subordinada).

CLASIFICACIÓN DE LAS CONJUNCIONES Y LOCUCIONES CONJUNTIVAS

COORDINANTES	**Copulativas**	*y, e, ni; tanto... como, tanto... cuanto, no solo... sino también*
	Disyuntivas	*o, u; bien... bien, ya... ya*
	Adversativas	*pero, sino (que)*
SUBORDINANTES	**Completivas**	*que, si*
	Condicionales	*si, como, siempre que, en caso de que, a condición de que*
	Causales	*porque, como, pues, puesto que, ya que, en vista de que*
	Concesivas	*aunque, si bien*
	Temporales	*luego que*
	Consecutivas	*(tanto, tan...) que, como*
	Ilativas	*luego, conque*
	Comparativas	*(mas, tanto...) que, como*
	Finales	*para, para que, a que, a fin de que, con el objeto de (que)*

» ACTIVIDADES

28. Subraya las preposiciones del siguiente texto:

> Milo y Toc vagabundeaban por los alrededores contemplando el maravilloso surtido de palabras en venta. Había palabras cortas y fáciles para uso cotidiano, y largas y muy importantes para ocasiones especiales, e incluso palabras maravillosamente fantasiosas empaquetadas en cajas individuales de regalo para uso en declaraciones y decretos reales.
>
> NORTON JUSTER: *La cabina mágica*.

29. Rodea las preposiciones que aparecen en cada uno de los siguientes refranes.

a) En abril, aguas mil.
b) Cada oveja con su pareja.
c) Sarna con gusto no pica.
d) En boca cerrada no entran moscas.

30. Completa los espacios en blanco de las siguientes oraciones con las preposiciones agrupadas que te proponemos: *de entre*, *hasta por*, *por entre*, *de por*, *hasta con*, *hasta sin*:

a) ¡Qué suerte tienes! Aciertas ____________ proponértelo.

b) Se quedó estudiando ____________ la tarde.

c) El jabalí salió ____________ los matorrales.

d) Le han concedido una pensión ____________ vida.

e) Puede ganar la carrera ____________ los pies atados.

f) El delincuente se escabulló ____________ la multitud.

31. Di si las conjunciones y locuciones conjuntivas destacadas en las siguientes oraciones son coordinantes o subordinantes:

a) Carmen **y** María son amigas desde hace diez años. ____________
b) Tiene buenos propósitos, **pero** es muy inconstante. ____________
c) Es muy tarde **conque** no te entretengas por el camino. ____________
d) El presidente aseguró **que** cumpliría todos los compromisos. ____________
e) **Aunque** se lo pidió muchas veces, nunca quiso salir con él. ____________
f) **A medida que** pasa el tiempo me parece más interesante. ____________

32. Clasifica las palabras subrayadas en el siguiente texto en el cuadro situado a continuación.

> Podría decir que <u>ahora</u> sé muchas cosas, que Mayele Kunasse tenía razón y que no la tenía, <u>porque</u> a lo largo de mi experiencia y <u>después</u> de ella, yo conocí primero el dolor, la soledad, la injusticia, pero después, finalmente, hallé la paz y la bondad. <u>Hoy</u> sé que <u>en</u> mi tierra, África, millones de personas se mueren de sida. Sé que las guerras que nos asolan, tribales o no, son la herencia del colonialismo que nos dominó <u>desde</u> tiempos remotos. Sé que hay un África seca y <u>sin</u> agua que mata a miles de seres humanos llevándolos a la hambruna. Y sé que hay un África que espera, que confía, que tiene un futuro, <u>aunque</u> nos parezca lejano, tan lejano que hoy se nos antoja imposible.
> Lo sé.
>
> JORDI SIERRA I FABRA: *La piel de la memoria*.

adverbios	preposiciones	conjunciones

» LÉXICO

1. Siglas y acrónimos

Una **sigla** es una abreviación gráfica formada por el conjunto de letras iniciales de una expresión compleja: BCE (Banco Central Europeo), IPC (Índice de Precios al Consumo). Se escriben en todos los casos sin puntos. Gráficamente no admiten variación de plural (la ONG, las ONG; el AVE, los AVE), salvo que la sigla esté formada solo por dos letras. En ese caso, estas se duplican: SS. MM.: Sus Majestades; JJ. OO.: Juegos Olímpicos.

También se llama sigla a cada una de las letras que forman una sigla. Así, podemos decir que ONU tiene tres siglas.

Los **acrónimos** se definen como:

a) Siglas que pueden leerse y pronunciarse como una palabra. Así, ESO sería a la vez sigla y acrónimo, mientras que ITV sería solo sigla, pero no acrónimo, pues para pronunciarla se deletrea.
b) Vocablos formados por elementos de dos o más palabras, habitualmente el principio de una y el final de otra: *ofimática* (oficina + informática).

RECUERDA

Siempre que en un escrito se utilice por primera vez una sigla, esta debe ir acompañada de su desarrollo o explicación. Ej.: *El FMI (Fondo Monetario Internacional) ha pronosticado un estancamiento de la economía*. Quedan fuera de esta norma aquellas siglas sobradamente conocidas por los hablantes, como DNI o UE.

¿SABÍAS QUE...?

Tanto para la acentuación como para la formación del plural de los acrónimos se tienen que seguir las normas generales: euríbor (***eur**o **i**nter**b**ank **o**ffered **r**ate*), *pymes* (plural de *pyme*, **p**equeña **y m**ediana **e**mpresa).

» ACTIVIDADES

33. Reescribe las siguientes oraciones indicando en los paréntesis el significado de las siglas:

a) Durante el mes de noviembre subió dos décimas el IPC (____).

b) Se ha acusado al COI (____) de malversación y tráfico de influencias.

c) La RAE (____) ha realizado una ingente labor de renovación la última década.

d) En la actualidad es necesario tener una buena formación en TIC (____).

e) La integración de España en la OTAN (________________________________) fue motivo de manifestaciones multitudinarias.

34. Algunas siglas y acrónimos están formados a partir de expresiones complejas de otras lenguas, especialmente del inglés. Averigua cuál es el origen de los siguientes:

a) ISBN ________________________

b) láser ________________________

c) Interpol ________________________

d) CIA ________________________

e) UNESCO ________________________

f) NASA ________________________

35. Escribe las siglas y acrónimos siguientes delante de su significado:

AEAT • AEMET • BC • CI • FP • LSE • TSJ

__________ Coeficiente de Inteligencia

__________ Lengua de Signos Española

__________ Banco Central

__________ Tribunal Superior de Justicia

__________ Agencia Estatal de Administración Tributaria

__________ Formación Profesional

__________ Agencia Estatal de Meteorología

36. Es muy habitual encontrarse en el símbolo de la cruz cristiana las siglas INRI. Busca su significado y anótalo.

____

LUDOLENGUA

37. Descubre en la sopa de letras las siglas correspondientes a las siguientes expresiones:

- Organización Nacional de Ciegos Españoles
- Expediente de Regulación de Empleo
- Boletín Oficial del Estado
- Comisiones Obreras
- Unión General de Trabajadores
- Tribunal Superior de Justicia
- Organización Mundial de la Salud
- Asociación de Clubs de Baloncesto

C	B	X	O	I	U	G	T
C	A	U	Q	A	L	X	S
O	P	B	T	U	A	I	J
O	J	O	N	C	Ê	Y	I
I	V	E	H	S	R	D	L
N	E	P	T	A	E	Q	H
Ñ	A	C	B	M	I	R	A
B	D	E	M	S	O	M	S

» ORTOGRAFÍA

1. Signos de puntuación (I)

	EJEMPLOS
La **coma** se usa para separar los elementos de una **enumeración** que no van unidos por *y*, *ni*, *o*.	*Traed pantalón corto, calzado cómodo, un bocadillo y una botella de agua.*
Se escriben entre comas las **aclaraciones que se intercalan** en una oración.	*El día, según informaron en la televisión, será muy caluroso.*
El **nombre de la persona a la que nos dirigimos** va separado por comas del resto de la oración.	*Pásame el azúcar, Elena.*
Cuando se coloca en primer lugar una **expresión larga de tipo circunstancial**, esta se separa del resto de la oración con una coma.	*Cuando se dio cuenta de que no habíamos comido, nos ofreció un bocadillo.*
Se pone coma para **sustituir un verbo que se sobreentiende**.	*Manolo tomará café; Pedro, té; y yo, una infusión de poleo y menta.*
Se escriben entre comas **expresiones** como *es decir*, *o sea*, *por consiguiente*, *sin embargo*, *por lo tanto*, *en efecto*, *por ejemplo*, etc.	*He cumplido dieciocho, es decir, ya soy mayor de edad.*
Se escribe **punto y coma** para separar **enumeraciones** que ya tienen comas.	*Fuimos a Sevilla, que nos gustó mucho; a Granada, que es una maravilla; y a Córdoba.*
Se escribe **punto y coma** para unir oraciones relacionadas por el sentido y sin elementos de enlace.	*Vete si quieres; ya hemos acabado.*
Se escribe **punto y coma** delante de las expresiones *pero*, *sin embargo*, *no obstante*, *aunque* en oraciones largas.	*En esta región llueve muchas tardes de verano; sin embargo, los turistas aprecian la tranquilidad de la zona.*
Los **signos de interrogación y exclamación** se escriben **al principio y al final** de las oraciones interrogativas y exclamativas.	*¿Estas sandalias son nuevas? ¡Son muy bonitas!*
Se colocan **donde empiece la pregunta o exclamación**, aunque no sea ese el comienzo de la oración.	*Si no tenías llaves, ¿cómo pudiste entrar en casa?*

Ficha ortográfica

- El punto y aparte suele indicar que el párrafo siguiente trata otro aspecto del tema o bien un tema diferente. Se escribe en otra línea.
- No se escribe punto detrás de los signos de interrogación ni de exclamación.
- En castellano, para la interrogación y la exclamación se usan dos signos: uno de apertura y otro de cierre.
- Si el comienzo de una interrogación no coincide con el comienzo de la oración, la pregunta empieza con minúscula.

» ACTIVIDADES

38. En cada uno de los siguientes textos falta un punto y seguido. Escríbelo donde corresponda y pon mayúscula.

a) Casi todos los días me encuentro con Ana a la salida del instituto estamos estudiando el mismo curso, pero vamos a clases diferentes.
b) Se oyó cómo una puerta se cerraba de golpe alguien había entrado precipitadamente en la casa.
c) Recuerdo un viaje en tren con toda mi familia nuestro destino era París.
d) La enfermera se acercó con unas pinzas en la mano con sumo cuidado, porque yo tenía mucho miedo, me extrajo la astilla de la mano.

39. Lee el siguiente texto e indica dónde tiene que haber un punto y seguido (faltan cinco). Después, inventa un título adecuado.

> De repente, uno de los perseguidores se detuvo y abrió ligeramente las piernas, sacó una pistola, apuntó y disparó sobre el hombre que huía el eco del disparo reverberó en las fachadas de las casas situadas en los márgenes del parque inquietas y asustadas, algunas palomas revolotearon por el cielo la presa echó una breve ojeada a su alrededor y cambió de dirección ahora se dirigía directamente hacia la puerta de hierro tras la que se encontraba el corcel blanco esta maniobra hizo que los perseguidores ganaran aún más tiempo, pues naturalmente habían cambiado de dirección con el fugitivo.
>
> MARK HELPRIN: «La huida del corcel blanco» en *Las mejores historias sobre caballos*.

Título: ______________________________

40. Pon la coma que falta en cada oración:

a) La oferta era en efecto, muy tentadora.
b) Ellos los que han organizado el viaje, son los que deben dar explicaciones.
c) Por favor, Juan cierra la puerta.
d) Se ha comprado una camiseta blanca, unos pantalones cortos unas zapatillas deportivas y una raqueta de tenis.

41. Escribe los signos de interrogación que faltan en las siguientes oraciones:

a) Quién ha cogido mis llaves
b) Qué ha ocurrido Quién ha roto el jarrón No se os puede dejar solos ni un momento.
c) Y cuando acabes los estudios, qué vas a hacer
d) Si tenías nuestro número de teléfono, por qué no nos llamaste

42. Pon los signos de exclamación que faltan en las siguientes oraciones:

a) Bah Qué tontería No tengas miedo, que nadie te va a decir nada.
b) Qué pena Ya están agotadas todas las entradas para la sesión de la tarde.
c) Y yo qué sé No me hagas tantas preguntas, por favor.

DICTADO

Premisa: Copia el texto y escribe de un color diferente todos los signos de puntuación.

Todo se fue complicando desde el principio: ya había salido tarde, y casi enseguida, el coche, que siempre iba como la seda, comenzó a hacer un extraño ruido y tuvo que acercarse a un taller; luego, cuando dejó la autopista, la carretera comarcal estaba en obras, y en el último tramo se le puso delante un camión con remolque. En resumidas cuentas, que el sol ya enrojecía, entre oscuras y amenazadoras nubes, cuando divisó los edificios de la pequeña población que era su destino.

C. LÓPEZ NARVÁEZ, M. SALMERÓN LÓPEZ: *El abrazo de la muerte.*

» PONTE A PRUEBA

Lee y comprueba si lo has comprendido

¿Qué hacemos con tanta ropa de usar y tirar?

La *fast fashion* ha disparado el consumo de prendas de vestir, hasta el punto de que desde 1990 se ha multiplicado por cuatro.

12

MILAGROS PÉREZ OLIVA 23 abril 2018

Cuando aparecieron en los supermercados los primeros envases de plástico desechables, no podíamos imaginar que acabarían siendo un problema ecológico tan grave como lo es ahora. Con la ropa nos va a ocurrir lo mismo. Lejos quedan los tiempos en que un traje duraba una década; y un vestido, varios años. Afortunadamente, ya no estamos en esa situación de escasez de antaño, pero ahora el riesgo al que nos enfrentamos es el de la sobreabundancia. Hasta el concepto de «ropa de temporada» está dejando de ser vigente. Los hábitos han mutado. Ya no cambiamos de ropa cada estación, sino constantemente.

Las grandes cadenas basan el éxito de su negocio en la capacidad de cambiar dos veces cada semana las prendas en oferta, de manera que cada vez que alguien pasa por delante de sus escaparates pueda ver nuevos modelos y nuevos diseños. Esta estrategia comercial no tendría ningún sentido si los consumidores no sintieran la necesidad imperiosa de renovar constantemente su imagen como una exigencia de estos tiempos cambiantes que vivimos. Pero tanta renovación tampoco sería posible sin la deslocalización de la producción, que permite fabricar a costes increíblemente bajos en países en desarrollo y vender las prendas a precios que hace una década nos hubieran parecido imposibles.

La *fast fashion* ha disparado el consumo de ropa, hasta el punto de que desde 1990 se ha multiplicado por cuatro. Pero, ¿es sostenible un modelo de usar y tirar tan rápido? ¿Qué hacemos con el desorbitado volumen de ropa que desechamos? Aparte de alimentar necesidades sociales artificialmente creadas, este modelo está creando un nuevo y grave problema ecológico. La industria textil es la segunda que más residuos produce; y, aparte de los tóxicos que los procesos de fabricación generan, la creciente cantidad de residuos textiles que producimos exige un replanteamiento.

Cada español compra una media de 34 prendas al año y genera 14 kilos de residuos textiles de media, según datos de la Asociación Ibérica de Reciclaje Textil (Asirtex). De toda la ropa que tiramos, apenas el 20 % se recoge selectivamente; la mayor parte, para la exportación a los países en desarrollo. El problema es que también esos países empiezan a estar saturados. Reciclar tejidos no es ni sencillo ni barato. […]

MILAGROS PÉREZ OLIVA, en *www.elpais.com*.
24 de abril de 2018. (Texto adaptado.)

1. Este texto periodístico es...

- ☐ una noticia.
- ☐ un artículo de opinión.
- ☐ una carta al director.
- ☐ una crónica.

2. La *fast fashion*, o moda rápida, es...

- ☐ un tipo de moda de diseño sencillo y muy buena calidad.
- ☐ un tipo de moda clásica y atemporal para un público joven.
- ☐ un tipo de moda que se produce a bajo coste, se comercializa rápidamente y tiene una vida corta.

3. La deslocalización se refiere a que...

- ☐ las empresas trasladan sus centros de trabajo a países en vías de desarrollo, donde los costes de producción son menores.
- ☐ las empresas producen en todo el mundo cantidades ingentes de prendas.
- ☐ las empresas venden las prendas que se producen en países desarrollados a países del tercer mundo donde no hay capacidad para producirlas.

4. ¿Por qué funciona la estrategia comercial de la *fast fashion*?

- ☐ Porque los compradores desean renovar constantemente su imagen y es ropa barata.
- ☐ Porque los compradores quieren ropa de calidad a buen precio.

5. Explica qué mensaje quiere transmitir la autora del texto.

____

6. La moda rápida es cuestionable en muchos aspectos. Numéralos según el orden en que aparecen en el texto:

- ☐ Alimenta necesidades sociales creadas artificialmente.
- ☐ La industria del reciclado textil comporta elevados costes de transporte.
- ☐ La industria textil es la segunda industria que más residuos produce.
- ☐ Las fibras sintéticas no son biodegradables.
- ☐ Los procesos de fabricación de la ropa son tóxicos.
- ☐ Reciclar tejidos no es ni sencillo ni barato.
- ☐ Solo se reutiliza un pequeño porcentaje de los tejidos.

7. Escribe un sinónimo adecuado para la palabra *vigente* en el contexto de la lectura:

____

8. Busca en el texto un acrónimo, cópialo y explica su significado.

____

9. En este fragmento del texto: «Pero, ¿es sostenible un modelo de usar y tirar tan rápido? ¿Qué hacemos con el desorbitado volumen de ropa que desechamos?».

- ☐ Falta un punto para separar las dos oraciones interrogativas.
- ☐ Habría que poner mayúscula al comienzo de la primera oración interrogativa.
- ☐ Sobra la coma que hay después de la palabra *pero*.
- ☐ No se ha cometido ningún error de puntuación.

Averigua

¿Dónde se ha fabricado la ropa que llevas? Escoge una prenda y completa la ficha siguiente:

Nombre y breve descripción de la prenda: ______________________________
Marca: ______________________________ Nacionalidad de la marca: ______________________________
Fabricado en: ______________________________

UNIDAD 9

- CLUB DE LECTURA » *El avaro*
- TOMA LA PALABRA » ¿Qué lenguas hablas?
- DILO POR ESCRITO » ¡Felicidades!
- LENGUA Y SOCIEDAD » Las lenguas del mundo. Las lenguas románicas
- LITERATURA » El teatro del Barroco. Lope de Vega. Calderón de la Barca
- GRAMÁTICA » La oración compuesta
- LÉXICO » Abreviaturas, símbolos y acortamientos
- ORTOGRAFÍA » Signos de puntuación (II)

Preparamos la lectura

1. ¿Gastas rápidamente el dinero o eres una persona ahorradora?

2. ¿A qué género literario crees que pertenece el texto que vas a leer? ¿Cómo lo has identificado?

★ PRINCIPIO Y FIN

Se divide la clase en dos equipos. Todos los miembros del equipo A escriben palabras que empiecen por las letras o la sílaba que el profesor indique. Todos los miembros del equipo B escriben palabras que terminen por la letra o la sílaba que el profesor o la profesora indique. Por ejemplo: Si el profesor dice *sal* las palabras podrían ser: ***sal****ió*, ***sal****ero*, ***sal****iva*, ***sal****ud* o *colo****sal***, *univer****sal***, *correspon****sal***, *ro****sal***, etc. Se reúne cada equipo por separado para seleccionar una lista de cinco o seis palabras y escoger un portavoz. A continuación, comienza el juego: un miembro del equipo A dice una palabra y un miembro del equipo B, otra. Toda la clase trata de escribir una frase coherente en la que figuren esas dos palabras. Gana quien la diga antes o quien escriba una oración mejor.

» CLUB DE LECTURA

VOCABULARIO

sin rechistar *loc. adv.* Sin decir nada, sin protestar.

carne de horca Expresión metafórica de desprecio que significa 'condenado, destinado a morir en la horca'.

mascullar *v.* Decir una cosa sin pronunciarla con claridad, murmurar.

acechar *v.* Observar, espiar.

fisgonear *v.* Curiosear, entrometerse.

chismoso, sa *adj.* Persona que habla con mala intención o indiscretamente de las cosas privadas de otros.

barruntar *v.* Sospechar.

calzas *f.* Prenda antigua de vestir que cubría el muslo y la pierna.

El avaro

Harpagón: ¡Fuera de aquí ahora mismo y **sin rechistar**! ¡Vamos, sal pitando de mi casa, consumado bribón, auténtica **carne de horca**!

El Flecha *(Aparte)*: Nunca vi a nadie tan malvado como este maldito viejo, y creo, con perdón, que tiene el diablo en el cuerpo.

Harpagón: ¿Qué **mascullas**?

El Flecha: ¿Por qué me echáis?

Harpagón: ¡Y eres tú, bribón, quien me pregunta los motivos! Sal rápidamente, antes de que te muela a palos.

El Flecha: Pero ¿qué os he hecho?

Harpagón: Me has hecho que quiero que salgas.

El Flecha: Mi amo, vuestro hijo me ha pedido que lo espere.

Harpagón: Te vas a esperarlo a la calle, y no te quedes más en mi casa, plantado como un poste, observando lo que ocurre y sacando provecho de todo. No quiero tener pegado a mí todo el día a un espía de mis cosas, a un traidor cuyos malditos ojos **acechan** todos mis movimientos, devoran lo que poseo y **fisgonean** por todos los rincones para ver si hay algo que robar.

El Flecha: ¿Cómo queréis vos que yo haga para robaros? Ni que fuerais un hombre robable, vos que todo lo encerráis y vigiláis día y noche.

Harpagón: Yo encierro lo que me viene en gana y vigilo como me parece. ¡No te digo los **chismosos** que se van metiendo en lo que hace uno! *(Aparte)* Tiemblo de pensar que se **barrunte** algo de mi dinero. *(En voz alta)* ¿No serás capaz de ir por ahí con el cuento de que tengo dinero escondido en mi casa?

El Flecha: ¿Tenéis dinero escondido?

Harpagón: No, granuja, no estoy diciendo eso. ¡Qué rabia me da! *(En voz alta)* Pregunto si, por malicia, no irás por ahí con el cuento de que lo tengo.

El Flecha: ¡Eh!, pero ¿qué importa si lo tenéis o no lo tenéis, si para nosotros es lo mismo?

Harpagón: ¡Te haces el razonador! A ti te voy a dar yo razonamiento de ese en las orejas. *(Levanta la mano para darle un guantazo)* Vete de aquí, te repito.

El Flecha: Bueno, pues me voy.

Harpagón: Espera. ¿No te me llevarás nada?

El Flecha: ¿Qué os habría de llevar?

Harpagón: Ven acá que te mire. Enséñame tus manos.

El Flecha: Aquí las tenéis.

Harpagón: Las otras.

El Flecha: ¿Las otras?

Harpagón: Sí.

El Flecha: Aquí las tenéis.

Harpagón *(Señalando las **calzas**)*: ¿No te habrás metido nada ahí dentro?

El Flecha: Miradlo vos mismo.

HARPAGÓN (*Palpándole los bajos de las calzas*): Estos **gregüescos** grandes son los apropiados para hacer de tapadera de cosas robadas, y ya me gustaría a mí que hubieran colgado a alguno de esos.
EL FLECHA (*Aparte*): ¡Ah, cómo se merecía un hombre así lo que tanto teme, y qué gusto me daría a mí robarle!
HARPAGÓN: ¿Eh?
EL FLECHA: ¿Qué?
HARPAGÓN: ¿Qué hablas de robar?
EL FLECHA: Digo que registréis por todas partes, a ver si os he robado.
HARPAGÓN: Eso es precisamente lo que voy a hacer.
(*Registra los bolsos de* EL FLECHA)
EL FLECHA (*Aparte.*): ¡Así se lleve la peste a la avaricia y a los avariciosos!
HARPAGÓN: ¿Cómo?, ¿qué dices?
EL FLECHA: ¿Que qué digo?
HARPAGÓN: Sí. ¿Qué estás hablando de avaricia y avariciosos?
EL FLECHA: Digo que ojalá se llevara la peste a la avaricia y a los avariciosos.
HARPAGÓN: ¿A quién te estás refiriendo?
EL FLECHA: A los avariciosos.
HARPAGÓN: ¿Y quiénes son los avariciosos esos?
EL FLECHA: Unos miserables y unos roñosos.
HARPAGÓN: ¿Y qué entiendes tú por tal?
EL FLECHA: Pero ¿de qué os preocupáis?
HARPAGÓN: Me preocupo de lo que tengo que preocuparme.
EL FLECHA: ¿Creéis que me estoy refiriendo a vos?
HARPAGÓN: Creo en lo que creo; pero quiero que me digas a quién le hablas cuando dices eso.
EL FLECHA: Le hablo.... **le hablo a mi coleto**.
HARPAGÓN: Pues yo podría hablarle a tu **pestorejo**.
EL FLECHA: ¿Vais a impedirme que maldiga a los avariciosos?
HARPAGÓN: No; pero te impediré que murmures y que seas **insolente**. Cállate.
EL FLECHA: No estoy nombrando a nadie.
HARPAGÓN: Como hables te muelo a palos.
EL FLECHA: El que se pica...
HARPAGÓN: ¿Te vas a callar?
EL FLECHA: Sí, a mi pesar.
HARPAGÓN: ¡Ja, ja, ja!
EL FLECHA: (*Mostrándole uno de los bolsillos de sus gregüescos*): Mirad, aquí tenéis otro bolsillo. ¿Estáis satisfecho?
HARPAGÓN: Venga, devuélvemelo sin que tenga que registrarte.
EL FLECHA: ¿El qué?
HARPAGÓN: Lo que me has cogido.
EL FLECHA: Yo no os he cogido nada de nada.
HARPAGÓN: ¿De veras?
EL FLECHA: De veras.
HARPAGÓN: Adiós. Y vete al diablo.
EL FLECHA: Ahora sí que estoy despedido y bien despedido.
HARPAGÓN: ¡Sobre tu conciencia lo cargo! Bribón de criado...

MOLIÈRE: *El avaro.*

VOCABULARIO

gregüescos *m.* Pantalones muy anchos, que llegaban hasta media pierna, usados en los siglos XVI y XVII.

le hablo a mi coleto Lo digo para mí mismo.

pestorejo *m.* Cogote, nuca.

insolente *adj.* Descarado; se aplica a la persona que trata a otras sin ningún respeto.

» ACTIVIDADES

Comprensión de la lectura

1. ¿Por qué Harpagón quiere echar de casa a El Flecha? Marca la respuesta correcta.

- ☐ Porque es un vago.
- ☐ Porque es un chismoso.
- ☐ Porque teme que le espíe y le robe.
- ☐ Porque es una mala persona.

2. Antes de obligar al criado a marcharse, Harpagón:

- ☐ Lo golpea y lo tira al suelo.
- ☐ Lo registra para asegurarse de que no se lleva nada.
- ☐ Le paga la parte del sueldo que le debía.
- ☐ Le exige que le dé la ropa que lleva.

3. Anota algunos de los insultos que el mísero Harpagón dice a su criado:

____

4. ¿Qué opina El Flecha de Harpagón?

____

____

5. ¿Te parece que el público se va a compadecer de Harpagón? ¿Por qué?

____

____

Expresión personal

6. Haced una lectura expresiva en voz alta repartiendo los papeles de los dos personajes.

7. Busca el argumento de esta obra de Molière y resúmelo en unas pocas líneas.

____

____

____

____

8. El Flecha, con intención cómica, inventa el adjetivo *robable*. Anota a qué adjetivos construidos también con el sufijo *-ble* se refieren las siguientes definiciones.

Ej: Que se puede admitir: *admisible*

a) Que se puede aceptar: ______________

b) Que se puede comprender: ______________

c) Que se puede mover: ______________

d) Que se puede romper: ______________

e) Que se puede permitir: ______________

f) Que se puede sumergir: ______________

9. Clasifica las siguientes palabras en dos columnas según puedan referirse a una persona avara o a una persona generosa:

agarrado • mezquino • altruista • espléndido
codicioso • desprendido • ruin • usurero
caritativo • desinteresado • roñoso • miserable
rumboso • tacaño

Avaro	Generoso

10. Escribe con otras palabras las siguientes frases de la lectura.

a) Sal pitando de mi casa.

b) No te quedes más en mi casa plantado como un poste.

c) Te voy a dar razonamiento de ese en las orejas.

d) Tiene el diablo en el cuerpo.

11. En las obras de teatro, un aparte es lo que dice un personaje hablando para sí y suponiendo que no lo oyen los demás. Identifica los apartes que hay en el texto: ¿por qué necesitan estos dos personajes hablar sin que el otro los oiga?

12. Busca información sobre Molière y completa la ficha:

Nombre verdadero:

Fecha y lugar de nacimiento:

Fecha y lugar de defunción:

Títulos de sus obras más conocidas:

Temática de sus obras:

13. Escribe (como si tu fueras tan avaro como Harpagón) una «Oda al dinero» de diez o doce versos. No es necesario que rime pero usa metáforas, hipérboles, exclamaciones etc. Puedes darle un tono humorístico.

14. *El avaro* es una obra clásica que se ha representado en infinidad de ocasiones. Busca alguna de ellas en internet y localiza el fragmento de la lectura.

15. Si te fijas en el personaje protagonista, un rico burgués que antepone su pasión por el dinero a cualquier otro sentimiento, ¿crees que el autor tiene alguna intención crítica?

- En tu opinión, ¿cuál es el mensaje que Molière ha querido transmitir? Justifica tu respuesta.

» TOMA LA PALABRA

¿Qué lenguas hablas?

Vas a realizar una exposición oral de 4 o 5 minutos sobre tu «biografía lingüística» y sobre la historia y las características de una lengua que te interese o con la que tengas algún vínculo especial.

Procedimiento

1. Escoge la lengua que vas a presentar a tus compañeros: puede tratarse de una lengua que hables en el ámbito familiar o de una lengua que te gustaría aprender por un motivo u otro.

2. El contenido de tu exposición se ajustará a las indicaciones que te damos a continuación. Puedes introducir alguna variación pero no deberías suprimir ningún aspecto.

Introducción

Preséntate y di a tus compañeros cuál va a ser el tema de tu exposición oral y el orden en que va a desarrollarse.

Desarrollo

1. **Biografía lingüística:** ¿Cuál es tu lengua materna? ¿Qué lenguas hablas? ¿Cómo las has aprendido? ¿Cuándo las usas? ¿Cuál es tu nivel de conocimiento de cada una?
2. **Información** acerca de la lengua que vas a presentar:
   - **a)** Nombre de la lengua y razones por las cuales la has escogido.
   - **b)** Familia y rama a la que pertenece.
   - **c)** Dominio lingüístico (territorios donde se habla) y número de hablantes.
   - **d) Otros aspectos:** breve reseña de su historia, características especiales relacionadas con su pronunciación, alfabeto, gramática etc., escritores y obras literarias, etc.
   - **e) Muestra oral:**
     - ¿Qué palabras se usan para saludar y despedirse?
     - ¿Cómo se da las gracias? ¿Cómo se felicita? Etc.
     - Otras frases curiosas o de interés, un audio o un documento audiovisual.

Conclusión

Resumen de las principales ideas expuestas y razonamiento que invite a aprender lenguas a las personas que te han escuchado (también puedes aludir a las ventajas de conocer más de una lengua).

3. Memoriza los datos importantes, elabora un **guion** y ensaya varias veces la exposición. Si utilizas un programa de presentaciones, ten en cuenta que solo es un apoyo y que con tres o cuatro imágenes será suficiente. Para este tema, sí que podría resultar interesante que incluyeras un audio o un documento audiovisual.

» DILO POR ESCRITO

¡Felicidades!

¿Tienes algún motivo para felicitar a alguien? Te sugerimos algunos (pero tú puedes añadir otros):

- A un amigo o a una amiga por su cumpleaños.
- A una pareja por el nacimiento de un bebé.
- A tu hermano o hermana por la obtención de un título académico.
- A un conocido por su comportamiento solidario.
- A un amigo o amiga porque ha obtenido una medalla deportiva.
- A un compañero de clase que ha obtenido muy buenas notas.

Redacta un mensaje (de unas 100 palabras aproximadamente) en el que felicites a alguien por el motivo que tú desees. A continuación, léeselo a tus compañeros. Por ejemplo, este es nuestro mensaje para ti:

Querido -a alumno -a:

Te felicitamos por el interés y el esfuerzo que has demostrado a lo largo de estas páginas. Seguramente, tú ya sabías que dominar la lengua es necesario; y ahora, además, has podido comprobar que no es tan difícil. Recibe nuestra enhorabuena por el progreso conseguido y no dudes de que todo lo que has aprendido te será muy útil. No se puede andar por la vida sin saber leer ni escribir correctamente.

Un saludo afectuoso,
Los autores

BARCANOVA EDITORIAL

Manos a la obra

Escribe tu texto. Recuerda dividirlo en párrafos mediante puntos y aparte. No olvides revisar y corregir el texto antes de darlo como definitivo.

» LENGUA Y SOCIEDAD

1. Las lenguas del mundo

Según la ONU, en el mundo se hablan unas 6.000 lenguas. Para clasificarlas, los lingüistas del siglo XIX aplicaron el método comparativo, estableciendo semejanzas y diferencias entre ellas. Así surgieron los siguientes conceptos:

- **Familia lingüística:** grupo de lenguas que tienen la misma procedencia. Algunas familias de lenguas son tan amplias que se subdividen en **ramas**.
- **Lengua madre:** la que es el origen de otras.
- **Lenguas hermanas:** las que proceden de la misma lengua.

2. Las lenguas románicas

Las **lenguas románicas** son: castellano, catalán, gallego, portugués, francés, occitano, retorrománico, italiano, sardo y rumano. Todas ellas proceden de una lengua madre, el **latín**.

2.1. Origen de las lenguas peninsulares

Cuando los romanos llegaron a la península Ibérica (218 a. C.) convivían en ella diversos pueblos (iberos, celtas, vascos, fenicios, cartagineses, etc.) que hablaban lenguas diferentes.

Se conoce como **romanización** el proceso por el que los territorios conquistados por los romanos adoptan las leyes, las costumbres, la lengua y la cultura de Roma. Así, el latín sustituyó a las lenguas **prerromanas** peninsulares, que desaparecieron (salvo el vasco). Ese latín no era el clásico, sino el **latín vulgar**, hablado por los soldados y por los colonos romanos que se instalaron en la Península.

Las sucesivas invasiones de la Península y la propia evolución del latín vulgar propició la fragmentación lingüística y la aparición de diferentes dialectos: el **gallegoportugués**, el **asturleonés**, el **castellano**, el **navarroaragonés**, el **catalán** y el **mozárabe**. De todos estos, solo alcanzaron la categoría de lenguas el gallego, el portugués, el castellano y el catalán.

2.2. La situación lingüística de España en la actualidad

España es un estado plurilingüe: un país en el que se hablan varias lenguas. Estas son: el castellano, el catalán, el gallego y el vasco.

La familia indoeuropea

El indoeuropeo es una antigua lengua que se extendió por toda Europa y parte del sur de Asia en el tercer milenio a. C. Esta primitiva lengua dio lugar a diferentes ramas, y estas, a su vez, a diversas lenguas. Estas son algunas de las ramas del indoeuropeo y las lenguas que la forman:

- **Germánica:** inglés, alemán, holandés, noruego, sueco, danés e islandés.
- **Eslava:** ruso, bielorruso, ucraniano, polaco, checo, eslovaco, búlgaro, serbocroata, esloveno y macedonio.
- **Románica:** portugués, gallego, español, catalán, francés, occitano, italiano, sardo, retorrománico, rumano.

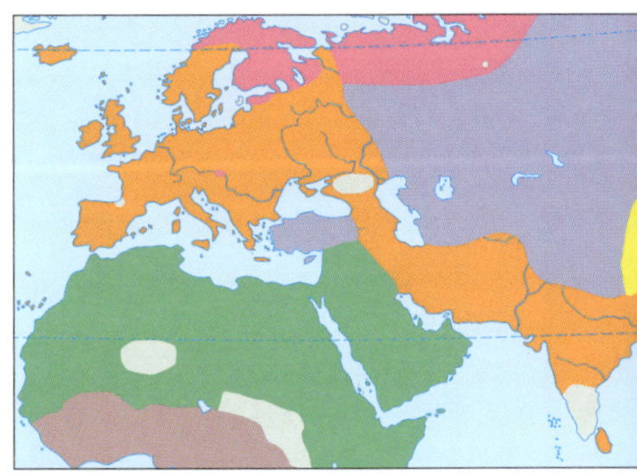

En naranja, la familia indoeuropea.

¿SABÍAS QUE...?

El castellano es una de las lenguas más habladas del mundo (unos 500 millones de hablantes). Además de en España, es lengua oficial en la mayoría de los países de América del Sur y Central y en México. El español es una de las lenguas más estudiadas del mundo y con mayor presencia en internet.

» ACTIVIDADES

16. Indica si las siguientes afirmaciones son verdaderas (V) o falsas (F):

- ☐ Las lenguas románicas constituyen una rama de la familia indoeuropea.
- ☐ El latín sustituyó a las primitivas lenguas peninsulares.
- ☐ Todas las lenguas que se hablan en España son románicas.
- ☐ Todas las palabras del español proceden del latín.
- ☐ El español es lengua oficial en toda América del Sur.

17. Observa el siguiente cuadro y contesta a las preguntas que se formulan:

latín	FARINA(M)	HORTU(M)	PECTUS
castellano	harina	huerto	pecho
catalán	farina	hort	pit
gallego	fariña	horto	peito
portugués	farinha	horto	peito

a) ¿Cómo ha evolucionado la F- latina en las cuatro lenguas?

b) ¿Qué solución ha dado el grupo consonántico latino -CT- de la palabra *pectus* en las diferentes lenguas?

c) ¿Cuál es la única lengua que ha diptongado la O en *ue*?

d) Por lo tanto, de las cuatro lenguas románicas peninsulares, ¿cuál es la que más ha evolucionado con respecto al latín?

18. Lee los siguientes textos escritos en gallego y en vasco y contesta las preguntas:

Pouco a pouco o seu espírito foi sosegando e, como non lle quedaba outro remedio que pasar a noite no lugar, volveu á biblioteca.

A pesar de que o sol empezaba a declinar, aínda lle deu tempo a ter moitos libros entre as súas mans.

CONCHA LÓPEZ NARVÁEZ: *Endrina e o segredo do peregrino.*

Zer garen guk eztagiku,
inoiz ezta jakingo.
anketan oinak ditungu,
lurretik ibilteko.
besoetan esku finak,
gauzak erabilteko.

GABRIEL ARESTI: *Maldan behera. Harri eta herri.*

a) ¿Has entendido el texto en gallego en su totalidad o solo en parte? ¿Por qué?

b) ¿Has entendido algo del texto en vasco? ¿Por qué?

c) ¿Qué conclusiones puedes sacar de ello?

19. Busca en internet a qué ramas del indoeuropeo pertenecen las siguientes lenguas:

irlandés: ______

lituano: ______

bengalí: ______

griego: ______

» LITERATURA

1. El teatro del Barroco

En España, en el siglo XVII coexistieron tres tipos de teatro, mayoritariamente escrito en verso: el **teatro popular**, que se representaba en los **corrales de comedias** (una especie de patios interiores entre casas que se habilitaban para las funciones teatrales); el **teatro cortesano**, representado en salones y palacios para nobles y cortesanos, y el **teatro religioso**, con los **autos sacramentales**, pequeñas piezas con personajes alegóricos (el Pecado, el Amor...) que se representaban en la liturgia.

En esa época se conoce con el nombre de **comedia** cualquier obra teatral extensa, ya sea trágica o cómica. Entre los **temas** de la comedia, destacan el amor, el honor y la honra y la religión. Los **personajes** de estas obras son estereotipados y actúan según su **arquetipo**: el monarca, el noble, el villano rico, el galán y la dama, el gracioso, etc.

¿SABÍAS QUE...?

La **comedia nueva** es la nueva fórmula teatral desarrollada por Lope de Vega. Este nuevo género dramático rompe con las estructuras clásicas del teatro: incumple la unidad de acción, de espacio y de tiempo, mezcla lo trágico y lo cómico, incluye personajes de diversa clase social, usa formas métricas variadas, intercala elementos líricos en las representaciones, etc.

2. Lope de Vega

La obra de Lope de Vega es amplia y variada, pues cultiva, en prosa y en verso, casi todos los géneros literarios del momento. Sus obras dramáticas suelen agruparse de la siguiente manera:

- **Comedias de temática histórico-legendaria.** Entre ellas están algunas de sus obras más reconocidas: *Fuenteovejuna*; *El mejor alcalde, el rey*; *El caballero de Olmedo*; *Peribáñez y el comendador de Ocaña*, etc.
- **Comedias de asunto inventado.** Se incluyen aquí comedias cuyo asunto principal es el honor y la venganza (*El castigo sin venganza*) y sus famosísimas comedias de enredo (*El perro del hortelano*, *La dama boba*, etc.).
- **Comedias religiosas.** Desarrollan temas religiosos: relatos de la Biblia, vidas de santos, etc. Por ejemplo, *La buena guarda*.
- **Comedias mitológicas y de historia antigua y extranjera.** Ejemplos de ellas son *El laberinto de Creta* y *El gran duque de Moscovia*, respectivamente.

La vida de **Félix Lope de Vega y Carpio** (1562-1635) es rica en anécdotas. De origen humilde, tuvo numerosas relaciones amorosas que le sirvieron de inspiración en múltiples versos. Su autoridad y reconocimiento teatrales en la época son incontestables. En 1614 se ordenó sacerdote pero, abandonó el ministerio al poco tiempo.

Peribáñez y el comendador de Ocaña **(1614)**

Es una famosa comedia que enfrenta el honor y la honra del villano virtuoso a la lujuria y el abuso del noble desconsiderado. En esta obra, el público veía reconocido el derecho del villano a defender su honor.

Argumento: El comendador de Ocaña intenta conseguir los amores de Casilda, una bella labradora casada con el labrador Peribáñez. Al intentar conquistarla (con distracciones y engaños) la deshonra, por lo que Peribáñez debe vengarse del noble y matarlo. Las noticias de la muerte del comendador llegan a oídos del rey Enrique III de Castilla, quien, tras escuchar el relato de lo acontecido por boca de Peribáñez, lo libera de toda culpa y lo nombra capitán.

» ACTIVIDADES

20. Indica si las siguientes afirmaciones son verdaderas (V) o falsas (F):

- ☐ En el siglo XVII se denomina *comedia* a una obra de humor.
- ☐ El teatro popular se representaba en los corrales de comedias.
- ☐ Los personajes de las comedias tienen una gran riqueza psicológica.
- ☐ El amor y la defensa del honor y de la honra son los dos grandes temas de la comedia de la época.

21. Busca en internet el argumento de *El caballero de Olmedo* y completa el siguiente texto con el desenlace de la obra:

Don Alonso, un caballero de Olmedo, va a la feria de Medina con Tello, su sirviente. Allí, aclamado y admirado por su valor en los toros, se enamora de doña Inés. Don Rodrigo también la pretende y, celoso de su rival, planea matarlo. Don Alonso ignora los avisos y en el camino de regreso a Olmedo es asesinado. Tello lo encuentra y…

Lope de Vega (1562-1635).

22. Lee el siguiente texto y responde a las preguntas que se plantean a continuación. Son los últimos versos de *El caballero de Olmedo*. En ellos, Tello le cuenta al rey lo sucedido:

TELLO: Paso adelante, ¡ay de mí!,
y envuelto en su sangre veo
a don Alonso espirando.
Aquí, gran señor, no puedo
ni hacer resistencia al llanto,
ni decir el sentimiento.
En el caballo le puse
tan animoso, que creo
que pensaban sus contrarios
que no le dejaban muerto.
A Olmedo llegó con vida,
cuanto fue bastante, ¡ay cielo!,
para oír la bendición
de dos miserables viejos,
que enjugaban las heridas
con lágrimas y con besos.
Cubrió de luto su casa
y su patria, cuyo entierro
será el del fénix, Señor,
después de muerto viviendo
en las lenguas de la fama,
a quien conocen respeto
la mudanza de los hombres
y los olvidos del tiempo.

a) Anota cuál es la situación temporal y espacial de los sucesos narrados por Tello.

b) ¿A quién se refiere Tello con la expresión «miserables viejos»?

c) Indica qué dos enunciados recogen mejor las intenciones de Tello en los versos anteriores:

1. Ensalzar la figura de don Alonso.
2. Contar a doña Inés la muerte de su enamorado.
3. Excusar su descuido por dejar marchar a su señor solo.
4. Demandar justicia al rey.
5. Demostrar su afecto por don Alonso.
6. Explicar su valiente actuación para intentar salvar a su señor.

3. Calderón de la Barca

Calderón comenzó su producción teatral siguiendo el modelo de la comedia nueva, aunque, más adelante, sus obras fueron más elaboradas y reflexivas.

Su obra fue fundamentalmente dramática y se le atribuyen más de un centenar de comedias, numerosos autos sacramentales y unos cuantos entremeses, zarzuelas, etc.

Aunque escribió comedias de entretenimiento para el pueblo (comedias de honor o de celos, como *El alcalde de Zalamea* y *El médico de su honra*, respectivamente), en su obra destaca una actitud más reflexiva, religiosa y moral. Son especialmente reseñables sus autos sacramentales, que desarrolló con gran rigor teológico y maestría escénica, como *El gran teatro del mundo*.

Dos de sus mejores obras son la comedia de honor *El alcalde de Zalamea* (1651) y el drama filosófico *La vida es sueño* (1635).

De familia cortesana, **Pedro Calderón de la Barca** nació en Madrid en 1600. Tuvo una gran formación humanística y religiosa, y mostró siempre un pensamiento conservador. Se ordenó sacerdote en 1651 y desde entonces alternó su vida religiosa con distintos encargos dramáticos que le hacían reyes y nobles. Murió en 1681.

***La vida es sueño* (1635)**

Segismundo, príncipe heredero de Polonia e hijo del rey Basilio, ha sido encerrado desde su infancia para que no se cumpla el fatal augurio que le presagiaron al nacer: ser el causante de la destrucción del reino. Tras someterlo en palacio a una prueba de confianza en la que se muestra cruel y tirano, es devuelto al lugar donde vivía cautivo. Segismundo cree que todo ha sido un sueño y reflexiona sobre la vida en estas famosas décimas:

SEGISMUNDO:
Es verdad, pues: reprimamos
esta fiera condición,
esta furia, esta ambición,
por si alguna vez soñamos.
Y sí haremos, pues estamos
en mundo tan singular,
que el vivir solo es soñar;
y la experiencia me enseña,
que el hombre que vive, sueña
lo que es, hasta despertar.

Sueña el rey que es rey, y vive
con este engaño mandando,
disponiendo y gobernando;
y este aplauso, que recibe
prestado, en el viento escribe
y en cenizas le convierte
la muerte (¡desdicha fuerte!):
¡que hay quien intente reinar
viendo que ha de despertar
en el sueño de la muerte!

Sueña el rico en su riqueza,
que más cuidados le ofrece;
sueña el pobre que padece
su miseria y su pobreza;
sueña el que a **medrar** empieza,
sueña el que afana y pretende,
sueña el que agravia y ofende,
y en el mundo, en conclusión,
todos sueñan lo que son,
aunque ninguno lo entiende.

Yo sueño que estoy aquí,
destas prisiones cargado;
y soñé que en otro estado
más **lisonjero** me vi.
¿Qué es la vida? Un **frenesí**.
¿Qué es la vida? Una ilusión,
una sombra, una ficción,
y el mayor bien es pequeño;
que toda la vida es sueño,
y los sueños, sueños son.

VOCABULARIO

medrar Mejorar la fortuna aumentando sus bienes, reputación, etc.

destas De estas.

lisonjero, ra Agradable.

frenesí Delirio violento y furioso.

Finalmente, tras ser liberado de nuevo por el pueblo, quien lo reconoce como soberano, Segismundo actúa con justicia, perdona a su padre y reina en Polonia.

23. Lee este texto extraído de *La vida es sueño*, de Calderón de la Barca, y responde a las preguntas:

El viejo rey Basilio hace llamar a sus sobrinos Estrella y Alfonso para dilucidar sus derechos a la corona de Polonia. Antes de favorecer su casamiento y nombrarlos herederos, el rey les explica que, tras infaustos presagios, tuvo un heredero legítimo, Segismundo, y les da las razones de por qué lo ha tenido escondido hasta entonces y qué quiere hacer con él a partir de ese momento.

BASILIO:
Allí Segismundo vive
mísero, pobre y cautivo,
adonde solo Clotaldo
le ha hablado, tratado y visto.
Este le ha enseñado ciencias;
este en la ley le ha instrüido
católica, siendo solo
de sus miserias testigo.
Yo he de ponerle mañana
sin que él sepa que es mi hijo
y rey vuestro, a Segismundo
(que aqueste su nombre ha sido)
en mi dosel, en mi silla,
y, en fin, en el lugar mío,
donde os gobierne y os mande,
y donde todos rendidos
la obediencia le juréis;
pues con aquesto consigo
tres cosas, con que respondo
a las otras tres que he dicho.
Es la primera, que siendo
prudente, cuerdo y benigno,
desmintiendo en todo al hado
que **dél** tantas cosas dijo,
gozaréis el natural
príncipe vuestro, que ha sido
cortesano de unos montes,
y de sus fieras vecino.
Es la segunda, que si él,
soberbio, osado, atrevido
y crüel, con rienda suelta
corre el campo de sus vicios,
habré yo piadoso entonces
con mi obligación cumplido;
y luego en desposeerle
haré como rey invicto,
siendo el volverle a la cárcel
no crueldad, sino castigo.
Es la tercera, que siendo
el príncipe como os digo,
por lo que os amo, vasallos,
os daré reyes más dignos
de la corona y el cetro,
pues serán mis dos sobrinos;
juntando en uno el derecho
de los dos, y convenidos
con la fe del matrimonio
tendrán lo que han merecido.
Esto como rey os mando,
esto como padre os pido,
esto como sabio os ruego,
esto como anciano os digo;
[...]

VOCABULARIO

a las otras tres que he dicho: previamente Basilio había explicado tres razones para justificar su decisión: a) ama tanto a Polonia que no quiere que sea regida por un opresor; b) no pretende cometer ningún delito privando a su pueblo del legítimo heredero, y c) persigue saber si erró haciendo caso a los hados.
dél: de él.

a) ¿Quién es la única persona con la que ha podido hablar Segismundo a lo largo de su vida?

b) Anota con tus palabras cuáles son las tres conclusiones que, según Basilio, servirán para emitir un juicio justo tras la liberación de Segismundo.

c) ¿Qué recurso retórico hay en el fragmento *en la ley le ha instrüido / católica*?

- ☐ hipérbole
- ☐ hipérbaton
- ☐ anáfora
- ☐ metáfora
- ☐ metonimia

d) En los últimos cuatro versos del fragmento, se aprecian con claridad dos recursos retóricos de repetición. ¿Cuáles?

Calderón de la Barca (1600-1681).

» GRAMÁTICA

1. La oración compuesta

La oración **compuesta** consta de **dos o más verbos** en forma personal: *Mi vecino cometió una infracción y un agente le puso una multa*; *No llegué a tiempo a la conferencia porque perdí el autobús*.

Las oraciones de una oración compuesta pueden relacionarse mediante coordinación o subordinación.

- Dos oraciones tienen una relación de **coordinación** cuando entre ellas no se da ningún grado de dependencia sintáctica; es decir, tienen sentido por sí solas.

  Terminamos muy pronto el trabajo y *nos fuimos al cine*.
  Oración 1 — Oración 2

- Las oraciones de una oración compuesta mantienen una relación de **subordinación** cuando una de ellas, la **subordinada**, depende de otra, la **principal**. La subordinada siempre desempeña una función sintáctica dentro de la principal:

  Llámame enseguida *cuando llegues a tu casa.*
  Oración principal — Oración subordinada (CC Tiempo)

La yuxtaposición

La relación de **yuxtaposición** se da cuando las oraciones de una oración compuesta (sean coordinadas o subordinadas) se unen sin nexos entre ellas.
Ven a mi casa: *te enseñaré mi colección de discos* (oración yuxtapuesta + oración yuxtapuesta = coordinadas yuxtapuestas)

1.1. Clases de oraciones coordinadas

Coordinadas copulativas

Son aquellas cuyos significados van uniéndose unos a otros. Los nexos son *y*, *e*, *ni*:

Tómate la medicina ***y*** *métete en la cama*.
Oración 1 — nexo — Oración 2

Coordinadas disyuntivas

Son aquellas cuyos significados se excluyen mutuamente; es decir, si se da una, no se puede dar la otra. Los nexos disyuntivos son *o* y su variante *u*:

¿Irás a la universidad ***o*** *trabajarás en la empresa de tu padre?*
Oración 1 — nexo — Oración 2

Coordinadas adversativas

Dos oraciones coordinadas son adversativas cuando una de ellas se opone a la otra, la corrige o plantea una dificultad o una objeción. Las conjunciones adversativas son *pero*, *sino* (*que*) y *mas*:

Llegué a tu casa a las seis, **pero** *ya te habías ido al trabajo*.
Oración 1 — nexo — Oración 2

Conectores discursivos

Según la *Nueva gramática de la lengua española* de la RAE, las locuciones *sin embargo*, *por el contrario*, *es decir*, *o sea*, *más bien*, *por tanto*, *por consiguiente* son **conectores discursivos** que orientan sobre la manera en la que ha de interpretarse la oración.

» ACTIVIDADES

24. Di qué afirmaciones sobre la oración compuesta son verdaderas (V) o falsas (F):

- [ ] Consta de dos o más sujetos.
- [ ] Tiene dos o más verbos en forma personal.
- [ ] Es la que tiene dos CD.
- [ ] Tiene dos o más oraciones.
- [ ] Es la que tiene dos verbos en forma no personal.
- [ ] Tiene siempre dos verbos en forma personal.
- [ ] Tiene dos sujetos y dos o más complementos.

25. Subraya los verbos de las siguientes oraciones y di si estas son simples o compuestas:

a) La brigada municipal se ha llevado los restos de la poda.

____

b) No llegaron a tiempo porque perdieron el tren.

____

c) Si vais a llegar tarde, no os olvidéis las llaves.

____

d) Los bomberos controlaron el incendio a la caída de la tarde.

____

26. Escribe una oración con cada una de las siguientes series de palabras y luego di si se trata de una oración simple o compuesta.

a) jure Aunque no por me lo lo más, creeré sagrado lo.

____

b) día dos ropa Se veces de al. cambia

____

c) llegada Espero mi molestado no os que haya.

____

d) ¿taxi coche el o en Vendrás un conmigo cogerás?

____

27. Clasifica las siguientes oraciones compuestas según su tipo de coordinación:

a) Hemos puesto la lavadora y hemos tendido toda la ropa.
b) No quiero el rojo sino que quiero el verde.
c) Gritó desesperadamente pero nadie le oyó.
d) ¿Quieres venir o prefieres quedarte en casa?
e) No toma té ni come galletas.
f) Hace mucho frío y no llevo guantes.

Coordinadas copulativas	Coordinadas disyuntivas	Coordinadas adversativas

28. Di de qué tipo son las siguientes oraciones coordinadas:

a) El atleta se esforzó al límite pero no ganó la carrera.

____

b) Este verano iré a mi pueblo o me quedaré en casa.

____

c) Le dieron un golpe y le robaron el móvil.

____

d) Aurelio no estudió en París, sino en Bolonia.

____

1.2. Las oraciones subordinadas

La oración subordinada es la que depende de otra, llamada principal, en la que desempeña una función sintáctica. Las oraciones subordinadas pueden ser: **sustantivas**, **de relativo** y **adverbiales**.

- Las **oraciones subordinadas sustantivas** son las que desempeñan una función propia del sustantivo: sujeto, atributo, complemento directo, complemento indirecto, complemento de régimen, complemento del nombre, complemento del adjetivo y complemento del adverbio.

  Luis dice | *que* | *viajará a Lisboa la semana próxima.*
  Oración principal | nexo | Oración subordinada sustantiva (CD)

- Las **oraciones subordinadas de relativo** desempeñan una función propia del adjetivo; es decir, complementan a un nombre que aparece en la proposición principal.

  Mi abuelo me ha regalado el ordenador | *que tanto me gustaba.*
  Oración principal | Oración subordinada de relativo (CN)

- Las **oraciones subordinadas adverbiales** son un grupo heterogéneo de oraciones, introducidas por una conjunción o una locución conjuntiva, que expresan diversos valores y complementan al verbo de la oración principal o a toda esta. Pueden ser de **tiempo**, de **modo**, **ilativas**, **condicionales**, **causales**, **concesivas** y **finales**.

  Aunque había mucha seguridad, | *se mantenía alerta.*
  Oración subordinada adverbial | Oración principal

Para las oraciones tradicionalmente denominadas *subordinadas comparativas* o *consecutivas* se prefiere el uso de la terminología **construcción comparativa** o **construcción consecutiva** puesto que estas no aparecen introducidas solo por una conjunción o una locución conjuntiva. Por ejemplo:
Este partido es ***tan*** *aburrido* ***como*** *el anterior* (comparativa).
Tiene ***tanto*** *miedo* ***que*** *no sale de casa* (consecutiva).

MODELO DE ANÁLISIS SINTÁCTICO

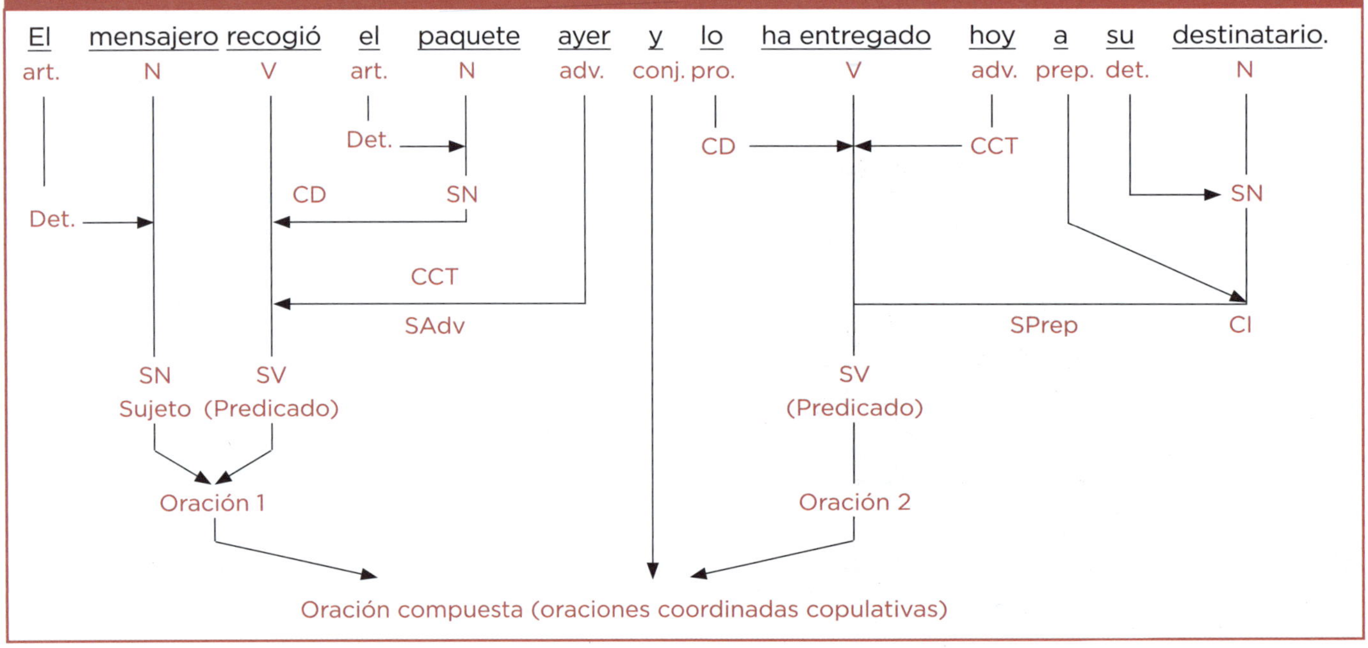

» ACTIVIDADES

29. Convierte las siguientes oraciones simples en compuestas:

Ej.: *Ayer perdí la cartera.* → *Ayer perdí la cartera y no pude comprar la entrada del cine.*

a) El perro descubrió al ladrón.

____

b) Francisco se sentó en el sofá.

____

c) Nos hemos comprado un ventilador nuevo.

____

d) Han avisado inmediatamente a la policía.

____

e) El portero no les dejó entrar.

____

30. Subraya las oraciones subordinadas:

a) Teresa nos dijo que Laura estaba en el bar de la esquina.
b) La película que me recomendaste es sobrecogedora.
c) Ponte traje y corbata para causar buena impresión.
d) Aunque Gloria conduce bien, ya la han multado.
e) Me iré a casa cuando haya acabado el entreno.

31. Escribe el nexo adecuado:

mientras • porque • aunque • si
así que • para que

a) ____________ el coche sufrió una avería, el piloto no abandonó la carrera.

b) ____________ no presenta el trabajo hoy, lo presentará mañana.

c) Ha superado todas las pruebas ____________ le darán el trabajo.

d) ____________ Carmen cosía en el sofá, Joaquín le escribía un poema.

e) Le dieron permiso ____________ cogiera el coche de sus padres.

f) No le dejaron entrar al acto ____________ llevaba ropa deportiva.

32. Subraya las oraciones subordinadas y di de qué tipo son:

a) Cogimos los abrigos porque hacía frío.

____

b) Quedan cinco minutos para el cierre, conque date prisa.

____

c) Julián se comió tantos pasteles que enfermó.

____

33. Analiza morfosintácticamente la siguiente oración según el modelo que te presentamos en la página anterior:

Nosotros hemos fregado los platos y vosotros pasaréis el aspirador por toda la casa.

» LÉXICO

1. Abreviaturas, símbolos y acortamientos

Una **abreviatura** es la reducción de una palabra o expresión compleja mediante la supresión de letras finales o centrales. Esta forma de representación de una palabra se cierra generalmente con un punto. Por ejemplo: *ej.*: *ejemplo*; *atte.*: *atentamente*.

Las abreviaturas de los tratamientos se escriben siempre con letra inicial mayúscula: *Ilmo.*: *ilustrísimo*; *Dr.*: *doctor*.

El **símbolo** es una abreviación de carácter científico-técnico formada por letras y signos. Se diferencia de la abreviatura en que se escribe sin punto (*N* por *Norte*; *kg* por *kilogramo*), no lleva tilde (*a* por *área*) y no admite variación de plural (*2 H* por *dos hidrógenos*).

En general, cuando el símbolo acompaña a un número se escribe pospuesto y dejando un espacio en blanco: *20 $*; *100 W*.

Un **acortamiento** es la reducción de la parte final o inicial de una palabra (*uni* de *universidad*, *fisio* de *fisioterapeuta*; *bus* de *autobús*, *quillo* de *chiquillo*). A veces el reajuste de sílabas no es completo (*facu*, de *facultad*). Los acortamientos funcionan a todos los efectos como palabras independientes y se ajustan a las normas de acentuación comunes al resto de vocablos. Abundan en el registro coloquial y familiar, y aunque, en ocasiones, su uso es muy común en todos los hablantes (*tele*, *taxi*, *otorrino*, *moto*, *kilo*, *hetero*, *electro*), en general, debe evitarse en situaciones de formalidad.

Los acortamientos suelen seguir las reglas de formación del plural habituales: *bici*, *bicis*; *cole*, *coles*; en ocasiones, sin embargo, se mantienen invariables: *el súper*, *los súper*.

El ingenio popular produce curiosos acortamientos de expresiones complejas: *por si acaso*: *porsi / porsiaca*; *sin pagar*: *simpa*; *por favor*: *porfi / porfa*, etc.

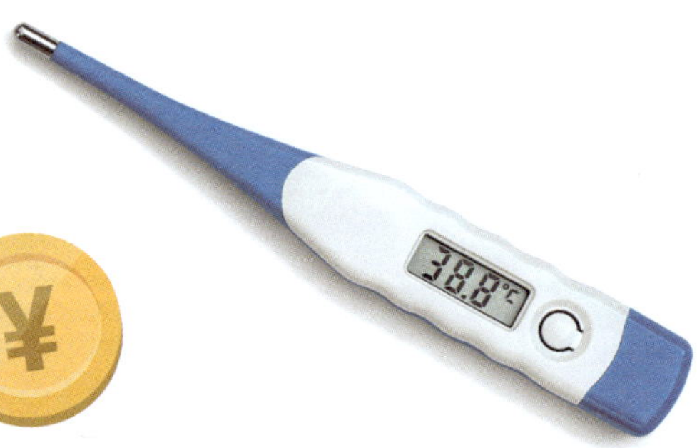

» ACTIVIDADES

34. Escribe la palabra o grupo de palabras que representan las abreviaturas de estos anuncios:

a) Abra una cta. cte. con nosotros.

____

b) Envíe su currículum al apdo. de correos 2234.

____

c) Mañana a las 20:00 horas, reunión en la sdad. gastronómica.

____

d) Fiesta del libro en la bibl. del barrio.

____

35. Rellena los huecos con la abreviatura adecuada a la palabra o expresión indicadas al final de la oración:

a) Cuando la gente envía cartas, olvida indicar quién es el ________. (remitente)

b) El general ordenó llamar al ________ Suárez y al ________ Brofau. (capitán/teniente)

c) ________ deberán enviar el ________ solicitado. (ustedes/documento)

d) Hay que catalogar toda esta ________ de vinilos e indicar con claridad su ________ en la base de datos. (colección/registro)

36. Copia las oraciones y sustituye las palabras destacadas por sus símbolos correspondientes.

a) Desembarcaron 200 sacos de 100 *kilogramos* de garbanzos.

____

b) ¿0,35 es *mayor que* 0,25?

____

c) No te olvides de devolverme los 20 *euros* que me debes.

____

37. Completa los siguientes pares de oraciones con la palabra adecuada o con su acortamiento, según se trate de un uso más formal o menos.

biberón

- Dale el ________ al niño, que tiene hambre.
- La esterilización del ________ es una medida higiénica necesaria.

árbitro

- El ________ cumple una difícil tarea en el terreno de juego.
- ¡________, que ha sido falta!

cariño

- Siempre te he tenido mucho________.
- ________, ¿vamos a comer a casa de mi madre?

compañero

- El ________ del finado no vio el accidente.
- Mis ________ y yo vamos a la playa el sábado.

director

- El ________ ha presentado el plan de convivencia del centro.
- Se ha convocado a la reunión al ________ de la institución.

38. Escribe la abreviatura o el acortamiento de las palabras destacadas en las siguientes oraciones:

a) *Don* (________) Ramón y *Doña* (________) Severina pasean por la alameda.

b) Mis hermanos y mi *abuelo* (________) han visitado *Barcelona* (________).

c) Averigua tú el *número* (________) de *teléfono* (________) de Juan.

d) Los amigos tenían mucha *confianza* (________) y se prestaban los *bolígrafos* (________).

e) Me senté en un banco en la *plaza* (________) Pilatos y leí 50 *páginas* (________) de mi nuevo libro.

» ORTOGRAFÍA

1. Signos de puntuación (II)

	EJEMPLOS
Se escriben **comillas** para indicar que se **reproducen textualmente** las palabras de alguien o un fragmento breve de un texto.	*Recuerda el dicho:* **«***Bicho malo nunca muere***»**.
Se escriben comillas (también cursiva en los textos no manuscritos) para señalar **palabras extranjeras**.	*En el jardín había un enorme* **«***jacuzzi***»**.
Se escriben comillas para destacar palabras usadas con un **énfasis** especial o con **sentido irónico**.	*Sí, es muy* **«***valiente***»***: en cuanto nos ha visto se ha echado a correr.*
Los **dos puntos** indican que lo que sigue a continuación completa el sentido de la oración.	*Te lo cuento por dos motivos***:** *uno, que eres mi amiga; dos, que sé que no se lo dirás a nadie.*
Se escriben dos puntos delante de una **enumeración**.	*Te diré lo que llevaba en la maleta***:** *unos pantalones, una camisa, un jersey y algo de ropa interior.*
Se escriben dos puntos **detrás del saludo** de las cartas, los mensajes formales u otros documentos.	*Estimada Clara***:** *Te escribo este mensaje desde el país más hermoso que conozco…*
Se escriben dos puntos antes de una **cita textual** y para **introducir las palabras de otra persona**.	*Ya lo dice el refrán***:** *«No por mucho madrugar amanece más temprano».*
Cuando una oración es un **resumen de lo dicho anteriormente**, se introduce mediante dos puntos.	*Es simpático, es divertido, es un buen cocinero***:** *mi padre es perfecto.*
Los **puntos suspensivos** indican que se deja incompleto un enunciado.	*«Érase una vez, en un país muy lejano***…***».*
Se escriben puntos suspensivos al final de una **enumeración incompleta.**	*Se compró perfume, pintalabios, colorete, maquillaje***…**
Se escriben puntos suspensivos al final de una **oración que no se quiere terminar** porque se sobreentiende.	*Te lo he dicho muchas veces: «Más vale pájaro en mano***…***».*
Se escriben puntos suspensivos para **expresar temor, duda, sorpresa, enfado, etc.**	*Por favor***…** *¡pero es que no tenéis vergüenza!*

Ficha ortográfica

- Todos los nombres propios y los apodos se escriben con mayúscula: nombres de persona, apellidos, nombres geográficos, nombres de planetas, etc. Si el artículo forma parte del nombre propio, también se pone en mayúscula. Ejemplo: *Los Ángeles*.
- Los nombres de entidades, instituciones, organismos, asociaciones, grupos musicales, festividades religiosas y apodos se escriben con mayúscula: *Biblioteca Nacional, Instituto Cervantes, Museo del Prado*.
- Se escriben con mayúscula los nombres propios de barrios, calles o plazas, pero no los nombres comunes que las introducen: *la calle Cerdeña, la plaza Mayor*.
- La primera palabra del título de libros y películas va con mayúscula: *El bosque de los pigmeos, La sirenita*.
- No se escriben con mayúscula los días de la semana ni los meses del año. Tampoco los gentilicios, como *irlandés*, ni los nombres de idiomas, como *francés*, *alemán*, etc.

» ACTIVIDADES

39. Escribe las comillas que faltan en las siguientes oraciones:

a) Se excusaba diciendo: Quien bien te quiere, te hará llorar.

b) Mi hermana pequeña dice que ha comido cocretas.

40. En las siguientes oraciones, los dos puntos están mal colocados. Tacha el error y escríbelos donde corresponda.

a) Apunta en un papel: todo lo que tienes que llevarte pantalones, camisetas, ropa de abrigo etc.

b) El entrenador: declaró «Estamos preparados para ganar con tranquilidad».

41. Marca con una cruz los enunciados que estén bien puntuados.

- ☐ «Había una vez en un remoto país...».
- ☐ Pero..., tú quién te has creído que eres para contestarme de ese modo?
- ☐ Y tomándolo de la mano y diciéndole vámonos, hijo, que se está haciendo tarde, salieron los dos por la puerta.
- ☐ Todos, incluso la cocinera, sabían que la comida healthy estaba de moda.

LUDOLENGUA

42. Completa el nombre de los planetas del sistema solar y escríbelos ordenadamente en tu cuaderno.

M							
	E						
			T				
				S			
U							
	I						
		P					
			U				

43. En las siguientes oraciones, escribe mayúscula donde sea necesario.

a) temen que el huracán iván arrase la habana, la capital de cuba.

b) el barroco es un movimiento artístico del siglo XVII.

c) el golf se juega en escocia desde la edad media.

d) el río más largo del mundo es el nilo, que mide 6.670 km de longitud.

e) según el instituto nacional de meteorología los meses fríos son enero y febrero.

DICTADO

Premisa: Copia el texto y escribe de un color diferente todos los signos de puntuación.

El Ave Fénix

Todos los animales nacen de otros; solo hay uno, un pájaro, que se engendra a sí mismo: los asirios lo llaman Fénix. Cuando cumple cinco siglos, construye un nido con las uñas y el pico en lo alto de las ramas de una encina o en la copa de una palmera temblorosa; lo reviste de canela, suave nardo, trozos de cinamomo y amarilla mirra. Luego le prende fuego y se lanza a él: muere entre aromas y llamas. De las cenizas de su cuerpo renace una nueva Ave Fénix que va a vivir otros tantos años.

ROSA NAVARRO DURÁN: *Mitos del mundo clásico*.

» PONTE A PRUEBA

Lee y comprueba si lo has comprendido

¿Conoces la Caja de las Letras del Instituto Cervantes?

La sede del Instituto Cervantes en Madrid alberga un secreto. En los sótanos del Edificio de las Cariátides, en el número 49 de la calle Alcalá, existe una gran caja fuerte acorazada, recuerdo de los antiguos propietarios. El actual uso del edificio ha obligado a llenarla de pensamientos, música y objetos cotidianos y poéticos. Te contamos en qué consiste.

¿Qué es la Caja de las Letras del Instituto Cervantes?
Hace más de 10 años que se buscó una función alternativa a la antigua caja fuerte que se encontraba en el sótano del edificio que ahora es sede del Instituto Cervantes, en pleno centro de Madrid. El inmueble había albergado el Banco Español del Río de la Plata, el Banco Central, el Banco Central Hispano y el ICO (Instituto de Crédito Oficial), por lo que no era de extrañar que contara con una cámara acorazada, como en las películas. Sus nuevos moradores quisieron darle un uso menos <u>prosaico</u>, y desde 2007 han sido muchas las personalidades relevantes del mundo de la cultura hispánica las que han depositado en sus cajas de seguridad una cápsula del tiempo.

¿Qué es una cápsula del tiempo?
Una cápsula del tiempo es un depósito en el que se guardan objetos cotidianos o importantes para la vida de las personas que la crean, cerrado hasta una fecha determinada, generalmente lejana, que permita poder apreciar esos objetos desde una perspectiva histórica. Aunque parece que las cápsulas del tiempo se han usado desde la antigüedad, no ha sido hasta el siglo pasado cuando se han popularizado, tanto que incluso se ha creado una Sociedad Internacional de las Cápsulas del Tiempo para poder tener un registro que las haga más fáciles de recuperar.

Las cápsulas del tiempo del Instituto Cervantes
En la Caja de las Letras del Instituto Cervantes encontramos las cápsulas del tiempo de escritores como Eduardo Mendoza, Ana María Matute o Juan Marsé, pero también permanecen bajo llave las propuestas del compositor Cristóbal Halffter, la actriz Nuria Espert o la bailarina cubana Alicia Alonso. El director de cine Luis García Berlanga dejó un mensaje en la suya hace 11 años, que no se podrá abrir hasta 2021. Hasta la fecha, solo las de la editora Carmen Balcells y las de la investigadora Margarita Salas han sido abiertas. Para el resto, habrá que esperar.

RUTH MACARRÓN, en *65ymás.com*.

Dentro de la cámara acorazada no hay otra cosa más que cajas metálicas de diferente color. Las plateadas son las que aún están vacías; **las doradas custodian un legado cultural**. Un grabado identifica al propietario e indica la fecha en que se abrirá la caja, dos cerraduras redondas aseguran que se cumplirá el plazo designado.

El primero en confiar sus bienes a la Caja de las Letras fue el escritor Francisco Ayala, que **a la edad de 100 años dejó un secreto en la cámara 1032**. No sabremos qué hay detrás de la portezuela hasta el año 2057.

1. En el texto predominan los fragmentos...

- ☐ descriptivos y argumentativos.
- ☐ expositivos y narrativos.
- ☐ argumentativos y expositivos.
- ☐ narrativos y dialogados.

2. ¿En qué orden se habla de los asuntos siguientes en el texto?

a) El uso actual de la antigua caja fuerte del sótano del edificio.
b) La ubicación del Instituto Cervantes.
c) El contenido de las cápsulas del tiempo del Instituto Cervantes.
d) El sentido y la finalidad de las cápsulas del tiempo.

- ☐ A C B D
- ☐ C B A D
- ☐ B A D C
- ☐ B D C A

3. ¿Qué es una cápsula del tiempo?

____

4. ¿Quién fue la primera persona que tuvo una cápsula del tiempo en el Instituto Cervantes?

____

5. Señala la palabra que, en el contexto de la lectura, signifique lo mismo que *prosaico* (subrayada en el texto).

- ☐ oculto
- ☐ práctico
- ☐ confidencial
- ☐ íntimo

6. Señala cuál es la definición correcta de *legado*:

- ☐ Hallazgo que puede formar parte o no de un tesoro oculto.
- ☐ Lo que se deja o transmite a los sucesores, sea material o inmaterial.
- ☐ Cantidad de dinero, valores u objetos preciosos, reunida y guardada.

7. Indica si las siguientes oraciones son simples (S) o compuestas (C).

- ☐ En los sótanos del Edificio de las Cariátides, en el número 49 de la calle Alcalá, existe una gran caja fuerte acorazada.
- ☐ Una cápsula del tiempo es un depósito en el que se guardan objetos importantes para la vida de las personas.

8. Di si las siguientes oraciones son coordinadas (C) o subordinadas (S):

- ☐ En la Caja de las Letras encontramos las cápsulas del tiempo de escritores como Eduardo Mendoza pero también está la propuesta del compositor Cristóbal Halffter.
- ☐ Luis García Berlanga dejó un mensaje en la suya hace 11 años, que no se podrá abrir hasta 2021.

9. Coloca el término correcto en cada una de las siguientes oraciones:

grabado/ gravado

a) El nuevo impuesto ha ____________ especialmente a los coches con motor diésel.
b) Su último disco, que saldrá el mes próximo, ha sido ____________ en Barcelona.

Averigua

Por grupos, responded oralmente estas preguntas:

a) ¿Qué es el Instituto Cervantes? ¿Con qué finalidad fue creado?
b) ¿Qué es el Premio Cervantes? ¿En qué consiste? ¿Quién ha sido el último escritor o escritora premiado?
c) Escribid una breve reseña biográfica de las personalidades nombradas en el texto.

Mira

En tu espacio personal de la página web *www.barcanova.cat* encontrarás el enlace a un vídeo sobre la Caja del lector.

» ¡ARRIBA EL TELÓN!

Este proyecto tiene como finalidad la representación de una obra dramática. Os proponemos la representación del paso *Las aceitunas* de Lope de Rueda. También podéis representar otros fragmentos teatrales o adaptar alguna narración (un cuento tradicional, un episodio del *Lazarillo de Tormes*, etc.).

¿Qué tenéis que hacer en este proyecto?

1. **Leer el texto.** Buscad en el diccionario el significado de las palabras que no entendáis. Repartíos los papeles y realizad una lectura expresiva.
   - Vocalizad para que se os entienda bien.
   - Respetad los signos de puntuación.
   - Utilizad un tono de voz acorde con el personaje y con la situación.
   - Poned énfasis en aquellas frases y expresiones claves para la comprensión del texto.

2. **Montar la obra.** El montaje de una obra teatral comprende todas las actividades necesarias para que la obra se pueda representar. Por ejemplo:
   - Adaptación del texto: actualización, modificación, etc.
   - Incorporación de bailes o canciones.
   - Selección del equipo de dirección y de los actores.
   - Estudio de los personajes: memorización del libreto.
   - Diseño y realización del vestuario y el maquillaje, la escenografía, la iluminación y el sonido.

3. **Ensayar y representar la obra.** La representación ante el público, que es el objetivo final, requiere del esfuerzo y la participación de todos. Antes del estreno, todo el equipo se concentra en los siguientes aspectos:
   - Ensayo de la composición de los personajes y sus movimientos en el escenario.
   - Ensayo de luces, sonido y escenografía.
   - Ensayo general.

¿Cómo tenéis que hacerlo?

1. **Organizad grupos.** Se podrían constituir los siguientes equipos:
   - Equipo de dirección.
   - Equipo de documentación y adaptación del texto.
   - Equipo de actores.
   - Equipo de escenografía, iluminación, sonido.
2. **Repartíos el trabajo.** Estas son las tareas que realizará cada equipo:
   a) Equipo de dirección: supervisa todo el trabajo: distribuye tareas, procura que se respeten los acuerdos, organiza el calendario, dirige los ensayos, etc.
   b) Equipo de documentación y adaptación del texto: busca información sobre la obra y la presenta a toda la clase. A continuación, reescribe el texto de la obra: puede incorporar cambios relacionados con los personajes, con la acción o con la época en que se desarrolla la obra y, también, introducir canciones o bailes, etc. Por último, es el responsable de la publicidad previa a la representación: carteles, programas de mano, difusión en las redes sociales, etc.
   c) Equipo de actores, maquillaje y vestuario: se ocupa de la actuación propiamente dicha, del vestuario y del maquillaje. Forman parte de él los actores y las personas que van a ayudarlos a memorizar el texto. Todos ellos serán responsables también de las tareas antes mencionadas.
   d) Equipo de escenografía, iluminación y sonido: se encarga de la decoración del espacio escénico y de la creación de todos objetos y enseres que se emplean en el escenario (atrezo). De este equipo forman parte también los encargados de las luces y del sonido.

Material complementario y modelos

En *www.espaibarcanova.cat* podéis descargar el texto de la obra cuya representación os proponemos: el paso *Las aceitunas*, de Lope de Rueda.

También podéis representar la obra *Sancho Panza en la ínsula*, de Alejandro Casona. La encontraréis en *Retablo jovial* (Anaya).

APÉNDICE

» VERBOS AUXILIARES

» REFERENCIAS BIBLIOGRÁFICAS

HABER

INDICATIVO

Presente	Pretérito perfecto compuesto
he	he habido
has	has habido
ha	ha habido
hemos	hemos habido
habéis	habéis habido
han	han habido

Pretérito imperfecto	Pretérito pluscuamperfecto
había	había habido
habías	habías habido
había	había habido
habíamos	habíamos habido
habíais	habíais habido
habían	habían habido

Pretérito perfecto simple	Pretérito anterior
hube	hube habido
hubiste	hubiste habido
hubo	hubo habido
hubimos	hubimos habido
hubisteis	hubisteis habido
hubieron	hubieron habido

Futuro simple	Futuro compuesto
habré	habré habido
habrás	habrás habido
habrá	habrá habido
habremos	habremos habido
habréis	habréis habido
habrán	habrán habido

Condicional simple	Condicional compuesto
habría	habría habido
habrías	habrías habido
habría	habría habido
habríamos	habríamos habido
habríais	habríais habido
habrían	habrían habido

SUBJUNTIVO

Presente	Pretérito perfecto compuesto
haya	haya habido
hayas	hayas habido
haya	haya habido
hayamos	hayamos habido
hayáis	hayáis habido
hayan	hayan habido

Pretérito imperfecto	Pretérito pluscuamperfecto
hubiera o hubiese	hubiera o hubiese habido
hubieras o hubieses	hubieras o hubieses habido
hubiera o hubiese	hubiera o hubiese habido
hubiéramos o hubiésemos	hubiéramos o hubiésemos habido
hubierais o hubieseis	hubierais o hubieseis habido
hubieran o hubiesen	hubieran o hubiesen habido

Futuro simple	Futuro compuesto
hubiere	hubiere habido
hubieres	hubieres habido
hubiere	hubiere habido
hubiéremos	hubiéremos habido
hubiereis	hubiereis habido
hubieren	hubieren habido

IMPERATIVO

he
haya

habed
hayan

FORMAS NO PERSONALES

	Infinitivo	Gerundio	Participio
Simple:	haber	habiendo	habido
Compuesto:	haber habido	habiendo habido	

El verbo *haber* se usa para formar los tiempos compuestos de todos los verbos.

SER

INDICATIVO

Presente	Pretérito perfecto compuesto
soy	he sido
eres	has sido
es	ha sido
somos	hemos sido
sois	habéis sido
son	han sido

Pretérito imperfecto	Pretérito pluscuamperfecto
era	había sido
eras	habías sido
era	había sido
éramos	habíamos sido
erais	habíais sido
eran	habían sido

Pretérito perfecto simple	Pretérito anterior
fui	hube sido
fuiste	hubiste sido
fui	hubo sido
fuimos	hubimos sido
fuisteis	hubisteis sido
fueron	hubieron sido

Futuro simple	Futuro compuesto
seré	habré sido
serás	habrás sido
será	habrá sido
seremos	habremos sido
seréis	habréis sido
serán	habrán sido

Condicional simple	Condicional compuesto
sería	habría sido
serías	habrías sido
sería	habría sido
seríamos	habríamos sido
seríais	habríais sido
serían	habrían sido

SUBJUNTIVO

Presente	Pretérito perfecto compuesto
sea	haya sido
seas	hayas sido
sea	haya sido
seamos	hayamos sido
seáis	hayáis sido
sean	hayan sido

Pretérito imperfecto	Pretérito pluscuamperfecto
fuera o fuese	hubiera o hubiese sido
fueras o fueses	hubieras o hubieses sido
fuera o fuese	hubiera o hubiese sido
fuéramos o fuésemos	hubiéramos o hubiésemos sido
fuerais o fueseis	hubierais o hubieseis sido
fueran o fuesen	hubieran o hubiesen sido

Futuro simple	Futuro compuesto
fuere	hubiere sido
fueres	hubieres sido
fuere	hubiere sido
fuéremos	hubiéremos sido
fuereis	hubiereis sido
fueren	hubieren sido

IMPERATIVO

sé
sea

sed
sean

FORMAS NO PERSONALES

	Infinitivo	Gerundio	Participio
Simple:	ser	siendo	sido
Compuesto:	haber sido	habiendo sido	

El verbo *ser* se emplea para la formación de la voz pasiva.

» REFERENCIAS BIBLIOGRÁFICAS

- «El tabaco ata y te mata». Campaña del Ministerio de Sanidad, Consumo y Bienestar Social, en *http://www.estilosdevidasaludable.mscbs.gob.es/tabaco/tabacoY/jovenes/home.htm*
- «SOS: Mediteplástico», en *National Geographic*. Barcelona, RBA, junio de 2019.
- Anónimo: *Lazarillo de Tormes*. Madrid, Anaya, 2014.
- Böll, Heinrich: «Anécdota para disminuir el espíritu de trabajo», en *Ni una sola lágrima por Schmeck y otros relatos*. Barcelona, Bruguera, 1981.
- Calderón de la Barca, Pedro: *La vida es sueño*. Madrid, Cátedra, 2006.
- Casals, Pedro: *Enigma en Internet*. Madrid, Anaya, 1996.
- Cervantes, Miguel de: *Don Quijote de La Mancha, I* (edición de Ángel Basanta). Madrid, Biblioteca Didáctica Anaya, 1987.
- Cervantes, Miguel de: *Novelas ejemplares* (edición de Jorge García López). Madrid, Real Academia Española, 2011.
- González, Ángel: «Alga quisiera ser enredada», en *Antología poética*. Madrid, Alianza, 1996.
- Huertas, Rosa: *La sonrisa de los peces de piedra*. Madrid, Anaya, 2018.
- Keen, Ellie y Georgescu Mara: *Orientaciones para combatir el discurso de odio en internet a través de la educación en derechos humanos*. Instituto de la juventud, 2019, en *http://www.injuve.es/conocenos/ediciones-injuve/orientaciones-manual-para-combatir-el-discurso-de-odio-en-internet*.
- Korn, Wolfgang: «La vuelta al mundo de un forro polar rojo», en *Nuevos cuentos de la esfinge*. Madrid, Siruela, 2015.
- Lope de Vega, Félix: *El Caballero de Olmedo*. Madrid, Cátedra, 2006.
- Lope de Vega, Félix: *Peribáñez y el Comendador de Ocaña*. Madrid, Cátedra, 2006.
- Macarrón, Ruth: «Conoces la Caja de las Letras del Instituto Cervantes?». 25 de mayo de 2019, en *https://www.65ymas.com/sociedad/cultura/conoces-caja-de-las-letras-del-instituto-cervantes_3972_102.html*.
- Manuel L., Alonso: *El impostor*. Madrid, Anaya, 2000.
- Matute, Ana M.ª: *Los niños tontos*. Madrid, Cátedra, 2016.
- Melville, Herman: *Moby Dick*. Madrid, Anaya, colección Clásicos a medida, 2019.
- Merino, Isidoro: *Bichos asesinos: la serpiente venenosa más grande del mundo*. 22 de septiembre de 2018, en *https://elpais.com/elpais/2018/09/22/viajero_astuto/1537619404_879963.html*.
- Molière: *El avaro; El enfermo imaginario*. Madrid, Cátedra, 2006.
- Netiqueta*: Comportamiento en línea. is4k* Internet segura for kids, en *https://www.is4k.es/sites/default/files/contenidos/materiales/netiqueta_ud.pdf*
- Pérez Oliva, Milagros: «¿Qué hacemos con tanta ropa de usar y tirar?». 23 de abril de 2018, en *https://elpais.com/elpais/2018/04/20/opinion/1524228416_666127.html*.
- Quiroga, Horacio: «Anaconda», en *Cuentos de la selva y otros relatos*. Madrid, Alianza, 2018.
- Roberts, Alice: *Domesticados: las diez especies que han cambiado la historia*. Barcelona, Seix Barral, 2019.
- Roma, Pepa: *De profesión, periodista*. Madrid, Anaya, 2000.
- Rubio Hancock, Jaime: «6 motivos (científicos) por los que es bueno leer». 10 de mayo de 2015, en *https://verne.elpais.com/verne/2015/05/05/articulo/1430838359_183888.html*.
- Wohlleben, Peter: *El bosque. Instrucciones de uso*. Rubí, Obelisco, 2018.

Este proyecto editorial de la materia de Lengua castellana y Literatura responde al Proyecto de Decreto de ordenación de las enseñanzas de la educación básica del año 2022.

Equipo editorial:

Responsable del proyecto editorial: Montse Ballaró
Coordinación editorial: María Jesús Trasobares, Esther Ordóñez
Edición: Maria Sangrà Medrano, Esther Ordóñez
Redacción: Estela Escribano, Francisca Ezquerra, Noelia Nogales

Corrección: Clàudia Sabater
Documentalista: Cristina Boj

Coordinación artística y diseño: Laura R. Dengra
Coordinación técnica: Mercedes F. Bravo, Gemma Vadillo
Maquetación: Mariona Ribó

Coordinación técnica digital: Montse Cascales
Edición digital: Glòria Jodar Pubill

Ilustraciones: Jordi Sunyer Monfort
Fotografías: 123RF, AGE-Fotostock, Album / akg-images / De Agostini Picture Library / Erich Lessing / Fine Art Images / Florilegius / Superstock / Warner Bros, Depositphotos, EFE, imágenes de Shutterstock.com, Archivo Anaya / Cosano, P. / Martin, Joseph / Osuna, J. / Sánchez, J. / Steel, M., Archivo Barcanova

Rosa Sensat, 9-11, 4.ª planta. 08005 Barcelona
Teléfono 932 172 054
barcanova@barcanova.cat
www.barcanova.cat

Primera edición: marzo de 2020
Tercera impresión: julio de 2022
ISBN: 978-84-489-5060-6
DL B 7030-2020
Printed in Spain

PAPEL DE FIBRA CERTIFICADA